EUROPAVERLAG

ZANA RAMADANI

SEXISMUS

Über Männer, Macht und #Frauen

EUROPAVERLAG

© 2018 Europa Verlag GmbH & Co. KG, München
Umschlaggestaltung: Hauptmann & Kompanie Werbeagentur, Zürich,
unter Verwendung eines Fotos von © Jörg Schulz / Chuck Knox Photography
Lektorat: Silwen Randebrock
Layout & Satz: BuchHaus Robert Gigler, München
Druck und Bindung: Pustet, Regensburg
ISBN 978-3-95890-160-5
Alle Rechte vorbehalten.

www.europa-verlag.com

Diese Buch widme ich …

… allen Ausnutzern, Übergriffigen, Vergewaltigern –
damit ihr endlich lernt.

… allen schweigenden Mitwissern, Trittbrettfahrern
und Falsch-BeschuldigerInnen –
damit auch ihr endlich lernt.

… vor allem allen wahren Opfern –
damit ihr stark seid, mutig, kämpferisch und wisst,
dass ihr niemals alleine seid.

Dieses Buch widme ich auch meiner Tochter Edda.
Und ihrem Papa. Der doch ganz ordentlich feministisch
sozialisiert worden zu sein scheint.

INHALT

1. #METOO:
ICH EMPÖRE MICH,
ALSO BIN ICH

Auf meinem Smartphone ist ein Foto gespeichert, das mich mit einem ehemaligen Bundespräsidenten zeigt; sein linker Arm umschlingt meinen Rücken, seine Hand liegt auf meiner linken Hüfte. Er hatte mich nicht gefragt, ob er das dürfe, und ich hatte ihn nicht dazu aufgefordert, das zu tun.

Nach einer Expertentagung zum Thema Integration im Schloss Bellevue im Berliner Tiergarten gab es einen Empfang. Im Vorraum zum großen Saal in der ersten Etage war ein Chichi-Buffet mit Häppchen aufgebaut, drinnen glitzerten große Kristalllüster von der hohen Decke, das Parkett glänzte, wo kein dicker Teppich die Schritte dämpfte, und an den kleinen Stehtischchen unterhielten sich die Gäste, unter ihnen Necla Kelek, Ahmad Mansour und Ali Ertan Toprak, Henriette Reker, Rita Süssmuth und Armin Laschet sowie Giovanni di Lorenzo. Die Herren trugen Anzug und Krawatte, ich hatte, dem Anlass angemessen, ein knielanges, blaues, hochgeschlossenes Schmetterlingskleid mit Rücken-Reißverschluss gewählt.

Da kam Joachim Gauck heran. Eine Freundin stellte uns einander vor. Er kannte das Interview, das kurz zuvor in der Zeitung *Die Welt* erschienen war, in dem ich meine Wut über die Exzesse in der Silvesternacht in Köln ausgedrückt und die muslimischen Mütter dafür verantwortlich gemacht hatte, dass ein erschreckender Anteil unter den muslimischen Männern so ist, wie er ist: faul, verwöhnt und frauenfeindlich, erzogen von Müttern, die Jungen wie Paschas päppeln und Mädchen zu Mägden machen. »Diese Männer lernen, dass Frauen, die einen kurzen Rock oder eine enge Hose tragen, verfügbar sind«, sagte ich damals. »Sie lernen, dass sie das Recht haben, sie respektlos zu behandeln.«[1]

Der Bundespräsident wusste auch, dass ich Mitgründerin der deutschen Sektion von Femen war, der feministischen Aktionsgruppe, die mit blanken Brüsten und pointierten Parolen gegen Sexismus und die Unterdrückung der Frauen protestierte. Ausgerechnet darauf bezog sich seine erste Frage: »Aber Sie ziehen sich doch heute hier nicht aus?«

Ich lächelte, vermutlich etwas verstört, und meinte, dem wichtigsten Mann im Staat eine Antwort zu schulden: »Nee, heute mal nicht«, hörte ich mich sagen. »Es wäre ja auch nicht so einfach, dieses Kleid auszuziehen.«

Dies schien er als Einladung misszuverstehen, vielleicht war sein nächster Satz auch einfach nur ein unbeholfener Scherz: »Wenn nur das das Problem ist, dann kann ich Ihnen helfen.«

Das machte mich tatsächlich ein wenig verlegen. Um über die peinliche Situation hinwegzukommen, winkte ich einen befreundeten Fotografen herbei und bat ihn um ein paar Aufnahmen. Ein Assistent nahm Gauck schnell das Weinglas aus der Hand, mich aber ließ der Hausherr nicht mehr los, solange wir in die Kamera blickten, und ich rechnete fast damit, dass die Hand tiefer rutschte, zum Hintern hin. Auf den Fotos ist später zu sehen, dass der alte Mann mich umarmt und seine Hand auf meine Hüfte legt. Ich schaue etwas pikiert drein, sichtlich verunsichert.

Was sollte ich tun? Er war der Bundespräsident. Ein Gedanke schoss mir durch den Kopf: Der ist ja schon ganz schön alt. Und auch in seinen jungen Jahren wäre er zweifellos nicht mein Typ

gewesen. Ich war unangenehm berührt, aber ich ließ das »Gaucken«, wie ich derartiges Betatschen seither nenne, über mich ergehen, ich spielte mit, lachte meine Bedenken weg. Wir standen
eine ganze Weile so da, auch nach dem Ende des Shootings, bis es
mir gelang, mich aus Joachim Gaucks Umarmung zu befreien.

Wie hatte dieser Mann geurteilt, als Rainer Brüderle wegen eines zu tiefen Blicks ins Dekolleté einer Journalistin und eines fre-
chen Altherrenspruchs unter Beschuss der Hashtag-Feministinnen geriet? »Wenn so ein Tugendfuror herrscht, bin ich weniger
moralisch, als man es von mir als ehemaligem Pfarrer vielleicht
erwarten würde.« Mit Sicherheit gebe es in der Frauenfrage noch
einiges zu tun. »Aber eine besonders gravierende flächendeckende
Fehlhaltung von Männern gegenüber Frauen kann ich hierzulande nicht erkennen.« Wenn es keine schlimmeren Sorgen gebe,
»dann lasst uns mal sehen, was jenseits dieser Wallungen wirklich
kritikwürdig ist«.[2]

Der Satz erschütterte und entsetzte die jungen Initiatorinnen
von #aufschrei, und so schrieben sie Gauck einen Brief. »Wir ver-
missen in Ihren Äußerungen vor allem Feingefühl und Respekt
gegenüber all den Frauen, die sexistische Erfahrungen gemacht
haben.« Eine der Initiatorinnen sagte der Zeitschrift *Der Spiegel*:
»Wenn man so ein superereigenartiges Wort wie Tugendfuror liest,
tut das weh und macht wütend.«[3]

Gehörte ich zur Gruppe der allgegenwärtigen Netzfeministin-
nen, hätte auch ich nach dem Treffen mit Gauck einen Hashtag
erfunden. Oder ich wäre auf einen der rasenden Empörungszüge
aufgesprungen, die jeden Urheber eines nicht vom Femi-TÜV ge-
prüften Worts zermalmen; laut, sehr vehement hätte ich aus dem
präsidialen Salon hinaus in die digitale Welt getippt: »Schock! Sexuelle Belästigung!« Ich habe es nicht getan. Ich fand seine Wortwahl noch erträglich. Es ist sein Alter, sage ich mir, er ist anders
sozialisiert und hat entsprechende Rollenbilder. Und irgendwann

kam ich zum Ergebnis, er sei zwar ein kleiner Grapscher, aber sicher auch ein Gentleman, der mich wahrscheinlich freigelassen hätte, wenn ich ihn darum gebeten hätte. Ich habe ihm sein verwirrendes Verhalten verziehen und das »Gaucken« ohne Schaden überstanden. Im Vergleich zu dem, was tatsächliche Opfer von Vergewaltigungen und anderen sexuellen Übergriffen erleiden müssen, war die Sünde des evangelisch-lutherischen Pastors, so ja Gaucks eigentliche Berufung, eine lässliche, die sein Gott ihm wohl verzeihen wird.

Eine Frau wie ich, die sich unter Einsatz ihres Körpers für Frauenrechte eingesetzt hat, muss nicht betonen, dass Sexismus in unserer Welt allgegenwärtig ist. Noch größer aber sind Empfindlichkeit und Egomanie. Wo lange Schweigen war, ist heute Hysterie. Zahlreiche Hashtag-Initiativen schlugen sich auf die Seite bedrängter Frauen, in Deutschland #TeamGinaLisa und #aufschrei. #MeToo erlebte ein erstes Hoch, nachdem eine Bandaufnahme des damaligen amerikanischen Präsidentschaftskandidaten Donald Trump öffentlich wurde, in dem von ihm die Worte zu hören waren: »Grapsch ihnen an die Pussy.«

Wie einer wie Trump seine Macht ausspielt und vor allem Frauen dominiert, hat NBC-Journalistin Katy Tur in ihrem Buch »Unbelievable: My Front-Row Seat to the Craziest Campaign in American History« (Unglaublich: In der ersten Reihe bei der verrücktesten Kampagne der amerikanischen Geschichte) beschrieben. Sie war die Erste, die ihn bei seinen Wahlkampfauftritten stetig begleitete. Trump habe sie als »Little Katy« bezeichnet und bei mehreren Auftritten versucht, sie zu demütigen. Vor einem Auftritt in der Frühstückssendung »Morning Joe«, so berichtete sie, habe Trump seine Hände auf ihre Schultern gelegt. »Bevor ich weiß, wie mir geschieht, sind seine Hände auf meinen Schultern, seine Lippen auf meiner Wange. Meine Augen weiten sich. Mein Körper wird ganz starr. Mein Herz hört auf zu schlagen.« Ihr erster

Gedanke sei gewesen: Hoffentlich hat das keine Kamera erfasst. Ihre Vorgesetzten würden sie nicht mehr ernst nehmen. Offenbar war dem nicht so. Und Trump bestreitet den Vorfall, nach Erscheinen des Buchs tweetete er: »Fake news.«[4]

US-Präsident Donald Trump ist ein größenwahnsinniger Caveman, ein Höhlenbewohner. Er strahlt extreme Dominanz aus, ist großmäulig und selbstbewusst, und er ist damit lange Zeit erfolgreich gewesen, sodass er Geld anhäufen und Machtpositionen besetzen konnte. Leider hat das auch viele Frauen beeindruckt, so sehr, dass sie ihn statt Hillary Clinton wählten.

Den zweiten Höhenflug erlebte #MeToo, nachdem die *New York Times* und der *New Yorker* berichtet hatten, dass und wie der Filmproduzent Harvey Weinstein seine Macht benutzt haben soll, um junge Frauen zum Sex zu nötigen. Nun offenbarte der Hashtag die Größe eines Problems, und Alyssa Milano, die ihn recycelte, gelang, was sie im Sinn gehabt hatte: »Wenn alle Frauen, die sexuell belästigt oder angegriffen werden, schrieben: ›Ich auch‹, dann könnten wir den Menschen eine Vorstellung vom Ausmaß des Problems geben.«

Zahlreiche prominente Schauspielerinnen und Journalistinnen berichteten über männliche Übergriffe nicht nur im Showbusiness. Im Dezember 2017 beerbten die »Schweigebrecherinnen« von #MeToo den US-Präsidenten als »Person of the Year« des *Time Magazine,* als einflussreichste Personen des Jahres, vor Donald Trump und dem chinesischen Staatsoberhaupt Xi Jinping. Das Cover zeigte fünf Frauen, darunter die Schauspielerin Ashley Judd und die Sängerin Taylor Swift. Das Problem aber ist bereits in seiner ganzen Dimension bekannt, seit Susan Brownmiller 1975 in ihrem Buch »Against our will. Men, women and rape« (auf Deutsch 1978: »Gegen unseren Willen«) schrieb, Vergewaltigung sei »eine Methode bewusster systematischer Einschüchterung, durch die alle Männer alle Frauen in permanenter Angst halten«.[5]

Keine Frage: #MeToo war dringend nötig. Nachdem Frauen so lange geschwiegen und damit das Verhalten der Täter gebilligt, gefördert, gestärkt und die nächsten Opfer ermöglicht hatten, sprachen sie es endlich aus. #MeToo zeigte zunächst »denen da oben«: So wird es nicht weitergehen. Aber bald nervte die Kampagne. Das Ausmaß der körperlichen Übergriffe gegen Frauen wäre auch ohne die hysterischen Übertreibungen, ohne den grassierenden Hashtag-Hype erkannt worden. #MeToo jedoch und all die Artikel und Blogs zum Thema unterschieden bald nicht mehr zwischen einer Vergewaltigung, einer unerwünschten Umarmung, Altherrenkomplimenten und unbeholfener Wortwahl. *Kritik*

Die Kampagne wäre wirkungsvoller gewesen, wäre sie differenzierter geblieben, nicht nur in den Vereinigten Staaten von Amerika. Was subsumieren wir heute alles unter dem Begriff Sexismus! Und welche Folgen hat diese Inflation der Anklagen und Anwürfe, der Verdächtigungen und Vorverurteilungen. Der Anschein entstand, als litte die eine Hälfte der Menschheit unter der Dauergeilheit der anderen. Am deutlichsten zeigte das Frankreichs Schwester-Hashtag »balancetonporc«, auf Deutsch: Schwärze dein Schwein an. Das heißt ja: Jede Frau hat ein Schwein, Frauen sind umgeben von Unholden, und es ist aussichtslos, sich als wehrloses, weiches Wesen gegen diese trieb- und testosterongesteuerten Tiere zu wehren. Aber nun formieren sie sich, die Jägerinnen, und wer auf deren Abschussliste steht, ist so gut wie tot. Das Urteil ist so schnell gesprochen wie vollstreckt. Beweisaufnahme? Unnötig.

Das Maßlose und Moralisierende in der Sexismusdebatte ist nicht neu, die Entwicklung in Richtung Hysterie und Hetze erfolgt fast zwangsläufig, weil sie von vermeintlichen Opfern bestimmt wird, die über ihre eigene Geschichte, ihre Betroffenheit, ihren Schmerz schreiben und ihren Peiniger als stellvertretend für alle Männer sehen. Die Frauen schleudern ihre Erfahrungen hinaus in eine Welt, die sie als feindlich empfinden, und sie tun das, weil sie

13

endlich Gelegenheit dazu haben. »Vergewaltigung ist so amerikanisch wie Apple Pie«, hatte eine amerikanische Bloggerin schon vier Jahre vor #MeToo geschrieben. Die Gesellschaft sei gekennzeichnet durch eine Vergewaltigungskultur. Mit dieser Behauptung verfestigte sich weltweit ein ideologischer Begriff, im Englischen *rape culture* genannt. Die Vergewaltigungskultur sei zwar unsichtbar, aber allgegenwärtig; Filme, Zeitschriften, Mode, Bücher, Musik, Humor und sogar Barbie vermittelten die Botschaft, Frauen seien dazu da, benutzt, missbraucht und ausgebeutet zu werden. Die Antwort von Caroline Kitchens, Wissenschaftlerin am American Enterprise Institute, hätte damals schon nachdenklich stimmen müssen: Natürlich sei eine Vergewaltigung ein entsetzliches Verbrechen, das keine Toleranz erfahren dürfe und logischerweise strafbar sei. Aber es sei »nicht Teil unserer Kultur«, sondern das genaue Gegenteil unserer Kultur. Die Theorie von der Vergewaltigungskultur leiste wenig für die Opfer, »aber ihre Macht, die Gehirne von jungen Frauen zu vergiften und feindliche Umgebungen für unschuldige Männer zu schaffen, ist unermesslich«. An den amerikanischen Hochschulen gebe es eine Obsession, die sogenannte rape culture zu beseitigen. Das habe zu Hysterie und Zensur geführt. Sie kritisiert »eine außer Kontrolle geratene Lobby, welche die Öffentlichkeit, unsere Lehrer und Politiker auf den falschen Weg leitet«, schrieb sie im *Time Magazine*. »Es ist Zeit, die Vergewaltigungs-Hysterie zu beenden.«[6]

So hätten »Aktivistinnen« am Wellesley College, einer privaten Hochschule für Frauen, verlangt, dass eine Statue eines männlichen Schlafwandlers beseitigt werden müsse; der fast nackte Mann könnte Erinnerungen an sexuelle Übergriffe hervorrufen (triggern).

So auch in Deutschland: In Berlin musste sich der akademische Senat der Alice-Salomon-Hochschule (ASH) mit dem Vorwurf von Studentinnen beschäftigen, die ein Gedicht aus dem Jahr 1953 als sexistisch empfanden, das seit 2011 eine Fassade zierte. Es stammt von Eugen Gomringer, der von der ASH ausgezeichnet worden war und ihr daraufhin das Gedicht schenkte. Es lautet: avenidas/avenidas y flores/flores/flores y mujeres/avenidas/avenidas y mujeres/ avenidas y flores y mujeres y/un admirador. (Alleen/Alleen und Blumen/Blumen/Blumen und Frauen/Alleen/Alleen und Frauen/ Alleen und Blumen und Frauen und/ein Bewunderer.)

Dergleichen soll also das verhasste Patriarchat repräsentieren, die Herrschaft der Väter, eine kleine Gruppe von Männern, welche die Mehrheit unterdrücken, die Frauen und die jungen Männer. Wer denkt wie die Studentinnen in Berlin und Massachusetts, kann vermutlich in einem Mann nichts anderes sehen als einen Apfelkuchen (Apple Pie), einen Frauenschänder. Und dann ist es auch nicht überraschend, dass die aktuelle Massenhysterie zu einem Generalverdacht führt. Das jedoch kann schlimme Folgen haben. Es bedarf nur einer Anschuldigung, um das Leben eines Mannes zu zerstören, ihm die Existenzgrundlage und seine Ehrhaftigkeit zu entziehen, wenn er in eine fieberhafte außergerichtliche Hexenjagd gerät und vorverurteilt an einen öffentlichen Pranger namens Internet gestellt wird. In den USA, so Kitchens, finde sich eine wachsende Zahl junger Männer wegen Vergewaltigungsvorwürfen vor Campus-Rechtsausschüssen, in denen faire Prozesse praktisch unmöglich seien; die »Angeklagten« seien »schuldig, weil beschuldigt«.

So verlor im Sommer 2015 ein anerkannter britischer Biochemiker, der für seine Krebsforschungen den Nobelpreis erhalten hatte, seinen guten Ruf und seine Ehrenprofessur. Während einer Tischrede hatte Sir Timothy Hunt sich darüber lustig gemacht, »dass ein chauvinistisches Monster wie ich gebeten worden ist, vor Naturwissenschaftlerinnen zu reden«, woraufhin er sich einen Scherz über »Mädchen im Labor« erlaubte: »Drei Dinge geschehen, wenn sie im Labor sind; man verliebt sich in sie, sie verlieben sich in einen, und wenn man sie kritisiert, weinen sie. Vielleicht sollten wir getrennte Labore für Jungen und Mädchen haben.« Dann sagte er: »Spaß beiseite«, und setzte seine Rede fort, in der er auch die Leistungen von Wissenschaftlerinnen für die wirtschaftliche Entwicklung in Korea würdigte. Die Naturwissenschaften brauchten Frauen, sie sollten sich nicht durch Hindernisse und »Monster wie mich« abhalten lassen. Es gab erfreute Rückmeldungen, aber auch eine Twitter-Initiative von drei Wissenschaftlerinnen, die damit zur Jagd auf Hunt bliesen. Sie brachten ihn schließlich zur Strecke, er verlor seinen Job.[7]

Der damals 72-Jährige war offensichtlich zu blauäugig. Er hätte wissen müssen, dass nicht alle Menschen Ironie verstehen (wollen), ganz besonders eine Sorte von Feministinnen. Das Brett vor dem Kopf erlaubt es manchen auch nicht, das Körnchen Wahrheit zu sehen, das in jedem Witz steckt. Schon gar nicht waren jene Damen in der Lage, zurückzuscherzen oder zurückzuschlagen. Die meisten Männer können das besser. Leider.

Natürlich müssen wir uns mit allen Mitteln gegen sexuelle Gewalt wehren, wo sie tatsächlich gegeben ist. Frauen zu ermutigen, dazu hat #MeToo beigetragen. Dazu trägt auch jede Anzeige gegen Täter bei, auch wenn uns viele einreden wollen, das führe zu nichts. Jeder verurteilte Täter ist eine Warnung an potenzielle Nachahmer.

Selbstverständlich gibt es auch in Deutschland Gewalt gegen Frauen bis hin zu abscheulichen Verbrechen wie Vergewaltigung. Auch in diesem Land lebt noch immer ein Rest der patriarchalen Gesellschaft, die Frauen nicht als gleichwertig betrachtet und für benutzbar hält. Aber wir müssen unterscheiden zwischen Vergewaltigung, einer Dummheit und Respektlosigkeit. Wir sollten nicht jeden törichten Ton eines geilen Greises oder eines engstirnigen, einfältigen Esels an den Pranger stellen. Die Neigung, jedes missglückte Kompliment zu sexueller Gewalt zu stilisieren, verhöhnt die tatsächlichen Opfer und bremst den Fortschritt auf den wirklichen Problemfeldern des Geschlechterkampfs. Wenn junge Frauen, die sich vermutlich als Feministinnen verstehen, sich mit solchen Banalitäten beschäftigen, dann übersehen sie die wichtigen Auseinandersetzungen, die großen Kämpfe der Frauen für Gleichberechtigung und Gleichheit, die noch längst nicht ausgefochten sind, etwa die Gleichstellung der Frauen in der Arbeitswelt.

In der hitzigen Debatte seit #MeToo wird bereits als Förderer der rape culture denunziert, wer in Erwägung zieht, unter den Beschuldigten könnte sich der eine oder andere unschuldig Angeklagte befinden; das sei Beschuldigung von Opfern, heißt es. Gefährlich ist auch die Behauptung, sexuelle Gewalt und Vergewaltigungen seien weder epidemisch noch endemisch, weder an US-Campussen noch auf dem Oktoberfest oder im Karneval. Das liegt daran, dass eine kleine Gruppe von »Aktivistinnen« versucht, die Debatte über faires und gleichberechtigtes Miteinander der Geschlechter an sich zu reißen. Über das Web und die sozialen Netzwerke haben sie die Geschlechterdebatte auf der ganzen Welt in ein geiferndes Geschrei verwandelt, das jegliche Art von Sexismus nivelliert. Keine Frage: Wir müssen jede Form von Misogynie beseitigen, wer aber unter Androphobie leidet, sollte zu einem Arzt gehen. #MeToo hat sich zu einer Debatte zwischen Hysterie und Bagatellisierung entwickelt, einen Tsunami an Beschuldigungen geschaffen, eine Inflation der Sexismusvorwürfe entfacht. In diesem Klima stehen Abschottungsfeministinnen all jenen gegenüber, die für Vernunft und Miteinander plädieren. Früher galt: Ich denke, also bin ich. In der heutigen Internethysterie lautet das Motto: Ich empöre mich, also bin ich. Wir haben neben schockierenden Fakten einen Trend zur Bevormundung von angeblich hilfsbedürftigen Frauen. Wir haben Anfeindungen von Frauen gegen jene, die Verantwortung nicht nur bei Männern sehen, sondern auch bei Frauen, die – nur ein Beispiel – ihre Mädchen zu Heidi Klum schicken. Wir haben den Versuch, Frauen aus der feministischen Bewegung auszuschließen, die – wie ich – gegen bedingungslose Abtreibung und gegen »Sexarbeit« sind, die es in Ordnung finden, mit einem Mann ein Kind zu zeugen, und der guten, alten Familie und der häuslichen Kinderbetreuung noch etwas abgewinnen können. Und wir haben Sprechverbote, verordnet aus der unbegründeten Angst, »Antifeministen« und »Männerrechtlern« Munition zu liefern.

Das Weltbild der Abschottungsfeministinnen ist eindeutig: Männer sind Täter. Frauen sind Opfer. Alle Männer sind schuldig. Hat eine Frau einen Mann angeklagt, ist für sie die Sachlage klar. So kann die außerhalb unseres Rechtsverständnisses liegende Forderung erhoben werden, Männer auf der Grundlage eines individuellen Gefühls zu verurteilen; für sie liegt eine Vergewaltigung vor, wann immer eine Frau sich vergewaltigt fühlt. In einer demokratischen Grundordnung mit einem demokratischen Rechtssystem müssen wir jedoch akzeptieren, dass Täter ist, wem Schuld nachgewiesen ist. Tatverdächtige sind noch keine Täter – können es aber werden.

Keine Frage: Männer neigen oft zu Selbstüberhöhung, verursacht durch die noch immer herrschende patriarchale Sozialisierung. Sexismus geschieht bewusst – und unbewusst. Und gerade das Unbewusste macht die Sache gefährlich und mühsam zu bekämpfen. Hinzu kommt, was manche kompromisslose Kämpferin nicht hören will: Auch Frauen agieren sexistisch.

Auf der anderen Seite stehen wir Frauen uns selbst im Weg: Wir sind uns nicht einig, was Feminismus ist. Wir sind Kannibalinnen am eigenen Geschlecht. Wenn Frauen geschlossen für ihre Rechte und gegen deren Verletzung eintreten wollen, brauchen wir eine eindeutige Definition dessen, was Sexismus, sexuelle Gewalt und Vergewaltigung bedeutet. Und wir müssen dafür sorgen,

18

dass der Vergewaltigung angeklagte Menschen vor Gericht gestellt werden und wir das Urteil abwarten und akzeptieren, statt sie an den digitalen Pranger zu stellen und beruflich und gesellschaftlich zu zerstören.

Was von radikalfeministischen Schreierinnen heute als sexuelle Gewalt verstanden wird, ist häufig eher unbedacht, unhöflich oder unmoralisch. Wenn wir den Begriff wahllos gebrauchen, sorgen wir nicht nur für eine Nivellierung, die auch die schwerwiegendste Tat in etwas Gewöhnliches verwandelt, die Schuld des Täters relativiert und die Überlebende – wie Vergewaltigte seit 1990 genannt werden sollen – und ihren Schmerz nicht mehr ernst nimmt. Vielmehr wenden sich auch wohlgesinnte, lernende und feministische Männer ab. Weil aber bei #MeToo zunehmend alles in einen Topf geworfen wurde und dieser Trend sich in vielen Beiträgen in allen erdenklichen Medien niedergeschlagen hat, ist die Kampagne übergelaufen und auf der Herdplatte verbrannt. Nun riecht es unangenehm säuerlich nach Geschlechterkrampf und Rechthaberei.

Eine einseitige, moralisierende Massenhysterie, Schwarz-Weiß-Denken und Extremismus von »Feministinnen«, die bei jedem etwas schlüpfrigen Witz in Ohnmacht fallen und ein Trauma erleiden, wenn ein 80-Jähriger ein weibliches Knie berührt, führt uns nicht in eine gleichberechtigte Zukunft. Es entstehen nur neue Opfer, wenn ein Internetmob mit ein paar Tweets einen einigermaßen prominenten Mann vernichten kann, den Menschen, den Kollegen, einen Familienangehörigen. Das als Kollateralschaden gegenüber dem Geschlecht zu rechtfertigen, das »uns« bisher geknechtet hat, ist zynisch. Jedermann, selbst wenn unschuldig und fehlerfrei, kann dieser Jagd zum Opfer fallen.

Wir sind alle Menschen, und wir können alle TäterInnen oder Opfer von Sexismus und Gewalt werden. Prozentzahlen interessieren Überlebende nicht, sie oder er ist ein Individuum. Wir müssen Sexismus gemeinsam beseitigen, um miteinander leben zu können. Dazu gehört aber, dass auch Frauen ihrer Verantwortung gerecht werden und sich zu ihrem Teil der Verantwortung an der derzeitigen Misere bekennen.

Heute sind fast alle Frauen Feministinnen, quer durch alle demokratischen Parteien; sie alle streiten für eine gerechtere Verteilung der Lebenschancen und ein Leben nach ihrem Gusto – jede einzelne von ihnen –, nicht nach den Befehlen eines Mannes. Die Männer in Europa haben inzwischen einen großen Teil ihrer Macht über Frauen verloren, die Mad Men sterben aus. Anders als die britische Autorin und Feministin Laurie Penny nahelegt, ist es nicht so, dass »Männer auf beiden Seiten des Atlantiks und des politischen Spektrums Vergewaltigung rechtfertigen«.[8] Aber natürlich ist noch längst nicht alles in Ordnung im Mit- und Gegeneinander der Geschlechter. Was fehlt in Deutschland noch, damit wir sagen können: Der feministische Kampf ist beendet, soziale Gleichheit erreicht? Dieses Buch wird es ergründen.

Schon hier ist festzuhalten: Es wird nicht ohne die Männer gehen, jedenfalls müssen wir diejenigen mitnehmen, die sich von den chauvinistischen Einstellungen der Traditionalisten, Männerrechtler und ähnlicher Steinzeitmänner abgewendet haben. Lasst uns nicht die Kerle, die – fast könnte ich sagen – feministisch sozialisiert sind, mit dem Bade ausschütten. Sogar in testosterongeladenen Cavemen steckt immer auch etwas Weiches. Je rauer die Schale, desto emotionaler der Kern. Mit den meisten Männern kann Frau doch eine Menge Spaß haben. Und Trans kann mit Trans, Homo mit Homo und Lesbe mit Lesbe und so weiter. Ich steh auf Mann. Und mit einigen von ihnen habe ich schon den siebten Himmel kennengelernt, aber natürlich auch die Hölle, anstrengende Auseinandersetzungen und stürmische Streitereien, die es in jeder lebendigen Beziehung gibt. Aber das ist nun wirklich privat.

2. SEX UND LÜGEN IN HOLLYWOOD

Vergewaltigung: das schlimmste Verbrechen
gegen Frauen

Jede Frau kennt das: Ich gehe spät in der Nacht allein nach Hause, die Straße ist nur spärlich beleuchtet, und ich höre Schritte hinter mir. Schon ist sie da, die Angst. Die Angst vor dem Unvorstellbaren. Die Angst, zum Sex gezwungen zu werden. Vergewaltigt zu werden. Wir leben noch immer in einer Männerwelt, in der Frauen tagtäglich sexueller Gewalt ausgesetzt sind. Die Männer sind körperlich die Stärkeren, täglich ist in den Zeitungen zu lesen, dass manche das ausnutzen, und allein das begründet jegliches Gefühl der Angst. Ein Schauer läuft mir über den Rücken, und mein Herz schlägt schneller, wenn ich eine dunkle Gasse durchschreite und ein Mann mir begegnet – oder mehrere. Deshalb vermeide ich dunkle Gassen und unbeleuchtete Straßen sowie unbewachte Parkplätze. Wenn ich aus dem Auto aussteige oder nachts unterwegs bin, habe ich mein Handy fest in der Hand. Auf Treppen achte ich darauf, dass kein Mann mir folgt, der mich hinuntertreten könnte. Eine Frau ist ständig in Alarmbereitschaft.

Ich habe keinen Selbstverteidigungskurs absolviert, ich bin unsportlich, messe von Kopf bis Fuß nur einen Meter und siebenundfünfzig Zentimeter. Meine Waffen sind eine verdammt laute Stimme, ein Pfefferspray und mein Tactical Pen (ein Druckpunktverstärker fürs Zuschlagen). Ich weiß auch, wohin ich treten muss, um einem Mann wehzutun. Ob das den körperlichen Unterschied wettmacht, will ich nicht erproben müssen. Ich weiß, dass er mich mit einem Schlag zu Boden schmettern könnte. Der körperliche Unterschied zwischen Mann und Frau ist nun einmal da.

Der Gedanke, einen solchen Überfall erleben zu müssen, sprengt jede Vorstellungskraft, und ich ahne, dass ich danach nicht mehr in der Lage wäre, mein Leben fortzusetzen. Lieber tot, als nach einer Vergewaltigung als Opfer weiterleben zu müssen. Mich in meinem eigenen Körper nicht mehr wohlzufühlen. Mich bedauern lassen zu müssen. Mich fragen zu müssen, wie ich jemals wieder mit dem geliebten Partner intim sein könnte. Hören zu müssen, ich solle mich zusammenreißen, das Krönchen wieder richten und weitermachen; oder vielleicht im Gegenteil mit Vorwürfen konfrontiert zu werden, wenn ich mich doch als überlebensfähig erwiese und nicht den Rest meines Lebens in Schwarz ginge wie eine alte Witwe. Träfe mich das Schicksal einer Vergewaltigung, so hoffe ich, mithilfe anderer mit dem Erlebten fertigzuwerden. Wie eine Frau das Grauenvolle bewältigt und wie lange es dauert, müssen wir ihr überlassen.

Jede Frau kennt diese Angst. Und auch wenn mir außerhalb meiner politischen Arbeit in meinem Freundes- und Bekanntenkreis bisher keine Frau offenbart hat, vergewaltigt worden zu sein, so geschieht es doch, unzweifelhaft. »Wer Spaß an Schizophrenie hat, ist beim Thema Vergewaltigung an der richtigen Adresse«, schreibt die Kulturwissenschaftlerin Mithu Sanyal. »Wo sonst soll man sich vor etwas fürchten, das als Gefahr hinter jeder Ecke lauert, während es gleichzeitig der Ausnahmefall sein soll – wie vom Blitz getroffen zu werden –, der in unserem Alltag nahezu nicht thematisiert wird?«[9]

Aber Angst kann niemand wegreden. Sie ist da, und sie ist nicht unbegründet, das zeigt die ganze Menschheitsgeschichte. Seit Urzeiten machen Männer sich Frauen gegen deren Willen gefügig, dringen in sie ein, nicht nur mit ihrem Penis, demütigen sie und mit ihnen die Männer, die sich grämen, wenn sie ihre Frauen nicht beschützen konnten. In patriarchalen Gesellschaften ist die Frau bis heute eine Art von Ware, die der Mann nach Gusto benutzt. Aber auch in vermeintlich zivilisierten Gesellschaften erlauben sich Männer bis heute, Frauen einfach und sprichwörtlich zu nehmen.

In Deutschland werden täglich durchschnittlich 20 Vergewaltigungen angezeigt, 94 Prozent davon von Frauen. Bei einer anonymen Befragung des Universitätsklinikums Ulm aus dem Jahr 2015 gab eine von 200 Frauen an, im vergangenen Jahr zum Sex gezwungen worden zu sein; sexueller Gewalt ausgesetzt sehen sich in diesem Zeitraum 1,2 Prozent der Frauen. Sich sexuell aggressiv verhalten zu haben gaben 1,5 Prozent der befragten Männer zu.[10]

Auch ich kannte den Mann, der gegen meinen ausdrücklichen Willen handelte. Bei mir war es ein Date mit einem Juristen. Es geschah in einer Lebensphase, in der nichts klappte, eine leichte Krise, ich war auf der Suche nach einer Beziehung, nach Nähe, nach dem Ankommen, nach dem richtigen Leben. Er war höflich. Und er schien sich für mich zu interessieren. Aber er kam mir immer wieder zu nah, ich drängte ihn immer wieder zurück. Beim dritten Treffen nach einem gemeinsamen Flohmarktbesuch gingen wir – von mir nicht geplant – zu ihm nach Hause. Es war Tag, und wir tranken keinen Alkohol. Aber er bedrängte mich, ich sagte mehrfach, ich möchte nicht. Ich hätte gehen können, aber ich ging nicht. Und dann ist es geschehen. Vermutlich kennt jede Frau auch diese Situation. Es gibt Typen, die eine Frau ganz gegen ihren Willen ins Bett quatschen.

Wie kann das passieren? Solche Männer verstehen es, Frauen

zu manipulieren. Sie spüren deine Zerrissenheit und finden immer das richtige Wort. Sie bedrängen dich, bis du an der Wand stehst, überrascht und etwas ängstlich, und wenn sie das merken, geben sie nach. Dann stellt sich das Gefühl ein, dass er es gar nicht so meint, wie du dachtest. Kaum hast du dich beruhigt und durchgeatmet, drängt er wieder voran, ein bisschen aggressiver als zuvor, ein bisschen fordernder. So verschiebt sich die Grenze Stufe um Stufe. Und ehe man sich's versieht, ist es passiert.

Zu Hause fühlte ich mich schlecht. Ich wollte ihn nicht wiedersehen, schrieb ihm – was mich bis heute ärgert – eine höfliche SMS und wünschte ihm »nur das erdenklich Beste«, statt zu sagen: Ich wünsche dir, dass jemand deine Grenzen überschreitet und dir etwas antut, was du nicht willst! Er antwortete, er habe es für ein Spiel gehalten. Was er damit sagen wollte: Du wolltest es doch auch!

Noch immer glauben Männer, Frauen zierten sich. Wenn sie Nein sagen, meinen sie Ja. Sie wollen erobert werden. Natürlich will ich auch erobert werden. Aber ich will Respekt. Und das gab er mir nicht. Ich schrieb ihm ein letztes Mal: »Du respektierst keine Grenzen!« Damit endete unsere Kommunikation.

Damals begriff ich dieses Ereignis nicht als Vergewaltigung. Viele Feministinnen würden heute sagen: Klar war es das. Du fühltest dich gefangen, warst in einer depressiven Phase, und er bemerkte es und nutzte deine Schwäche aus. Deshalb konntest du dich nicht ausreichend wehren, deshalb konntest du dieser Situation nicht entkommen. Ich denke dann: Ich hätte ja gehen können; er hätte mich nicht gehindert. Sicher ist: Ein Trauma habe ich nicht erlitten. Nein, ich habe etwas gelernt; das passiert mir nie wieder!

Harvey Weinstein lässt antanzen

Auch Ashley Judd kannte ihren Peiniger. Die US-amerikanis[che]
Schauspielerin war eine von drei Frauen, die uns am 5. Oktober
2017 aufrüttelten. Seither wissen wir, dass Harvey Weinstein nicht
nur ein erfolgreicher Filmmogul ist, sondern ein Mann, der seine
Macht ausgenutzt haben soll, um Frauen zu Sex zu nötigen. In der
New York Times berichtete Judd, dass Weinstein sie vor zwei Jahrzehnten ins Peninsula Beverly Hills Hotel eingeladen haben soll.
Sie habe das Treffen für ein geschäftliches Frühstück gehalten, aber
er habe sie in sein Hotelzimmer geschickt, wo er bald in einem Bademantel erschienen sei und sie gefragt haben soll, ob er ihr eine
Massage geben könne oder sie ihm beim Duschen zusehen wolle.

2014 soll Weinstein seine neue Angestellte Emily Nestor an
ihrem ersten Tag ins selbe Hotel einbestellt haben. Er soll ihr angeboten haben, ihre Karriere zu fördern, wenn sie seine sexuellen
Avancen akzeptiere. Eine weitere Assistentin behauptete, Weinstein habe von ihr verlangt, ihn zu massieren, während er nackt
gewesen sei. Schließlich habe Weinstein sie »weinend und sehr
verstört« zurückgelassen. Lauren O'Connor, die das in einem
Memo über sexuelle Belästigung und anderes Fehlverhalten ihres
Chefs festgehalten hatte, sagte der *New York Times*: »In dieser Firma besteht eine giftige Umgebung für Frauen.« Ich bin überzeugt:
Firma steht für ganz Hollywood.

Bevor er sich in eine Klinik begab, wo er angeblich eine Therapie beginnen wollte, verabschiedete sich Weinstein mit einem
Statement, das als Geständnis aufgefasst werden kann: »Ich erkenne an, dass die Art, wie ich mich in der Vergangenheit Kollegen/
Kolleginnen gegenüber verhalten habe, eine Menge Schmerz bereitet hat, und ich bedaure das aufrichtig. Ich versuche, es künftig
besser zu machen, ich weiß, das wird ein langer Weg. Das ist meine Verpflichtung. Mein Weg wird es nun sein, mich kennenzuler-

nen und meine Dämonen zu bekämpfen.« Er arbeite mit Therapeuten und beabsichtige, eine Weile auszusteigen, um sich mit dem Problem auseinanderzusetzen.[11]

Mit Jessica Hynes meldete sich tags darauf via Twitter eine britische Schauspielerin. Sie war 19, als sie bei Weinstein für eine Filmrolle vorsprechen sollte – im Bikini. Sie habe den Job nicht bekommen, und sie sei sicher: »Da gibt es mehr.« Und es kam mehr: Wenige Tage nach dem Artikel in der *New York Times* berichtete Ronan Farrow (Jurist und Journalist), Sohn der Hollywoodstars Woody Allen und Mia Farrow, im Magazin *New Yorker* über gewaltsamen Oral- und Vaginalsex Weinsteins mit zahlreichen Frauen. Weinstein habe 1997 die Schauspielerin Asia Argento in einem Hotelzimmer um eine Massage gebeten und sie schließlich zu Oralsex genötigt. Später hätte sie mehrmals einvernehmlich mit ihm geschlafen, was nicht im Wortsinn zu verstehen sei, denn sie habe befürchtet, er würde andernfalls ihre Karriere behindern.

Sicherlich sehe nicht nur ich es so: Man kann das als erzwungene oder vorauseilende Prostitution bezeichnen, aber nicht als einvernehmlichen Sex.

Ronan Farrow plauderte weiter: »Vier Schauspielerinnen, darunter Mira Sorvino und Rosanna Arquette, sagten mir, dass sie fürchteten, Weinstein würde sie entlassen oder anderen von einem Engagement abraten, wenn sie seine Avancen zurückwiesen.« Bei und im Umfeld von Veranstaltungen sollen Weinstein junge Schauspielerinnen und Models zugeführt worden sein. Das sei, so Farrow, in der Company bekannt gewesen. Die Geschäftsführung bestritt, davon Kenntnis gehabt zu haben.

Auch Lucia Evans berichtete über ein Treffen mit Weinstein: Sie habe damals Schauspielerin werden wollen, und obwohl ihr Gerüchte über Weinstein zu Ohren gekommen waren, habe sie ihm bei einer Gelegenheit ihre Visitenkarte gegeben. Er habe sie spät in der Nacht mehrfach angerufen, aber sie habe ihn abblitzen lassen. Eines Tages aber habe Weinstein sie zu einem Meeting ins Miramax-Gebäude eingeladen, zuerst mit ihm, dann mit einer »Casting Executive«, so habe er angekündigt. Sie habe gedacht: »Oh, eine Frau, toll, dann fühle ich mich sicher.« Am Treffpunkt angekommen, habe jemand sie in Weinsteins Büro geführt. Evans behauptete, sie habe ihn als beängstigend empfunden, allein seine Gegenwart sei einschüchternd gewesen. Sofort habe er begonnen, ihr gleichzeitig zu schmeicheln und sie zu erniedrigen. Er habe gesagt, sie würde toll in eine Show passen, die bald starten sollte – aber nur wenn sie abnehme. Weinstein habe außerdem von zwei Drehbüchern, einem Horrorfilm und einer Teeny-Lovestory erzählt; darüber würden seine Assistenten mit ihr reden. Schließlich habe er sie zum Oralsex genötigt. Als sie widersprach, habe er seinen Penis aus der Hose geholt und ihren Kopf nach unten gedrückt. »Ich sagte immer wieder: ›Ich will das nicht tun, stopp, tu es nicht.‹« Sie habe auch versucht zu entkommen. »Vielleicht habe ich es nicht bestimmt genug versucht. Ich wollte ihn nicht treten oder mit ihm kämpfen«, sagte sie. Und dann habe der große Kerl sie überwältigt. »Ich gab irgendwie auf. Und das ist der schrecklichste Teil dieser Geschichte, deshalb konnte er das so lange tun: weil Menschen aufgeben und sich dann fühlen, als seien sie selbst schuld.«

Nach Erscheinen dieses Artikels verbreiteten Weinsteins Anwälte folgendes Schreiben: »Mr. Weinstein bestreitet unmissverständlich alle Vorwürfe von nicht einvernehmlichem Sex. Mr. Weinstein hat außerdem bestätigt, dass es niemals Vergeltungsmaßnahmen gegen Frauen gegeben habe, die seine Avancen ablehnten. Selbstverständlich kann Mr. Weinstein nicht über anonyme Behauptungen sprechen, aber mit Rücksicht auf die Frauen, die in dem Bericht Vorwürfe erheben, glaubt Mr. Weinstein, dass alle Beziehungen auf gegenseitigem Einvernehmen beruhten. Mr. Weinstein hat eine Therapie begonnen, hat auf die Community gehört und will einen besseren Weg einschlagen. Mr. Weinstein hofft, dass er, wenn er genügend Fortschritte macht, eine zweite Chance erhält.«[12]

Nach den beiden Artikeln wagten sich binnen Tagen mindestens 30 Schauspielerinnen aus der Deckung. Gwyneth Paltrow sagte der *New York Times,* sie habe sich dem Wunsch Weinsteins nach einer Massage verweigert und später ihrem damaligen Freund, Brad Pitt, davon erzählt. Pitt habe Weinstein zur Rede gestellt, woraufhin dieser ihr eine Szene gemacht habe. Auch Angelina Jolie fühlte sich von Weinstein belästigt; sie arbeitete nie mehr mit ihm und sagte, sie habe andere vor einer Zusammenarbeit mit Weinstein gewarnt. Als die Schauspielerin Rosanna Arquette in einem Hotelzimmer ein Drehbuch abholen sollte, habe Weinstein sie in einem Bademantel erwartet und versucht, ihre Hand in Richtung seines Schritts zu ziehen. Sie habe sich erfolgreich widersetzt, worauf Weinstein gesagt haben soll, sie mache einen Fehler. Tatsächlich sei ihre Karriere danach eingebrochen. Die Schauspielerinnen Rosario Dawson und Lupita Nyong'o berichteten nun auch in der *New York Times* offen, was sie bisher für sich behalten hatten. Die französische Schauspielerin Léa Seydoux schrieb in ihrem Gastbeitrag in der Zeitung *The Guardian:* »Wir saßen und sprachen auf dem Sofa, plötzlich sprang er auf mich und versuchte, mich zu küssen.«[13] Auch die Schauspielerin Kate Beckinsale, der Weinstein ebenfalls im Bademantel entgegengekommen sein soll, schrieb auf Instagram: »Ich war unglaublich naiv und jung, und es kam mir nicht in den Kopf, dass dieser ältere, unattraktive Mann erwartete, ich könnte irgendein sexuelles Interesse an ihm haben.«[14] Cara Delevingne berichtete ebenfalls auf Instagram von einem »unangenehmen Anruf«, in dem Weinstein sie über ihre Sexualität befragt haben soll: »Er sagte mir, wenn ich homosexuell wäre oder entschiede, mit einer Frau zusammen zu sein, insbesondere in der Öffentlichkeit, würde ich niemals eine Rolle als heterosexuelle Frau bekommen oder es als Schauspielerin in Hollywood schaffen.«[15] Die Schauspielerin Claire Forlani sprach darüber, dass »einige enge Freunde, interessanterweise Männer« ihr abgeraten hätten, mit Ronan Farrow über ihre Erfahrungen mit Weinstein zu sprechen, weshalb sie es unterließ.[16]

Für die Journalistin Verena Lueken ist »sehr wahrscheinlich«, dass Weinstein »Karrieren von Frauen, die ihm nicht zu Diensten waren, behindert oder verhindert hat«. Die Festschreibung des weiblichen Rollenbilds habe dafür gesorgt, »dass viele Karrieren gar nicht erst begonnen, viele Projekte im Keim erstickt, Talente unentdeckt und Biografien unerfüllt bleiben«. Einige hätten es trotzdem geschafft, sie nennt Gwyneth Paltrow und Angelina Jolie. Unausgesprochen schwingt bei ihr die Frage mit, welchen Preis diejenigen bezahlt haben könnten, die es geschafft haben, weil er sie gefördert hat.[17]

Aber bleiben wir zunächst bei den Weinsteins dieser Welt. Sind solche Männer krank? Wieso andere nicht? Müssen sie etwas kompensieren? Haben sie Minderwertigkeitskomplexe? Welche? Hassen sie Frauen vielleicht sogar? Und brauchen sie sie zugleich? Wollen sie die frühere Unterdrückung oder Bevormundung durch ihre Mütter umkehren? Ist das eine Spirale, die nie enden wird? Letzte Frage: Klingt es nicht wie eine Satire, dass Harvey Weinstein vor Trumps Wahl zum Präsidenten 100 000 Dollar für den Gloria Steinem Lehrstuhl für Medien, Kultur und Feministische Studien an der Rutgers University in New Jersey spendete?

Über Woody Allen ist »schwierig zu reden«

Ausgerechnet Regie-Legende Woody Allen sprang Harvey Weinstein bei. Ausgerechnet er! In einem Interview mit der BBC nannte er die »Welle von Beschuldigungen« gegen Weinstein »traurig für alle Beteiligten«, die Sache sei »tragisch für die armen Frauen und traurig für Harvey, dass sein Leben so fertig ist«. Er habe derartige Horrorgeschichten nicht gehört. Gleichzeitig warnte er vor einer »Hexenjagd-Atmosphäre«, eine »Salem-Atmosphäre, in der jeder Kerl in einem Büro, der einer Frau zublinzelt, plötzlich einen Anwalt anrufen muss, um sich zu verteidigen. Das ist auch nicht in Ordnung.« Nach einem Shitstorm korrigierte er sich und nannte Weinstein einen »traurigen, kranken Mann«.[18]

Woody Allen selbst musste sich mit Vorwürfen wegen sexueller Übergriffe auseinandersetzen. Sie sollen 1992 begonnen haben, als er und Mia Farrow noch ein Ehepaar waren, aber in jeweils eigenen Wohnungen am Central Park in New York lebten. Als Mia Farrow Woody Allen besuchte, habe sie auf dem Kaminsims Aktfotos von ihrer damals 21-jährigen Adoptivtochter Soon-Yi Previn entdeckt. Nach der Trennung stritten sie sich vor Gericht, auch wegen des Sorgerechts für Kinder und Adoptivkinder. 2014 erhob ihre Adoptivtochter Dylan Farrow den Vorwurf, Allen habe sie 1992 missbraucht; da war sie sieben Jahre alt. Er bestreitet die Vorwürfe und nennt sie »unwahr und erbärmlich«. Von seinem Anwalt, Elkan Abramowitz, war zu hören: »Sie war eine Schachfigur in einem riesigen Kampf zwischen ihm und Mia Farrow, und die Idee, dass sie belästigt worden sei, ist ihr von ihrer Mutter eingepflanzt worden.«[19]

Wochen nach Beginn der #MeToo-Kampagne, im Dezember 2017, erneuerte Dylan Farrow den Vorwurf, Woody Allen habe sie auf den Dachboden geleitet, weg von den Babysittern, die instruiert gewesen seien, sie nie mit ihm allein zu lassen. Dort habe er sie missbraucht. Nun fragte Dylan Farrow, weshalb die »#MeToo-Revolution« sich nicht mit Woody Allen beschäftige.[20] Im Fokus dieser »Revolution« stünden Studioleiter und Journalisten, Zimmermädchen berichteten von Missbrauch während der Arbeit, Frauen deckten die Wahrheit auf, und Männer verlören ihre Jobs. Aber die Revolution sei eine selektive. »Warum wurden Harvey Weinstein und andere beschuldigte Prominente aus Hollywood vertrieben, während Allen sich kürzlich einen Multimillionen-Dollar-Vertriebsdeal mit Amazon sichern konnte, freigegeben von Roy Price, Chef der Amazon Studios, kurz bevor er wegen Belästigungsvorwürfen suspendiert wurde?«

Was warf Dylan Farrow Woody Allen vor? »Allens Schema unangemessenen Verhaltens – er steckte seinen Daumen in meinen Mund, er stieg in Unterwäsche in mein Bett, dauerndes Streicheln und Anfassen – haben Freunde und Familienmitglieder bezeugt. Zur Zeit des behaupteten Übergriffs war er wegen seines Verhaltens mir gegenüber in Therapie. Drei Augenzeugen bekräftigten meinen Bericht, darunter ein Babysitter, der sah, dass Allen seinen Kopf in meinen Schoß gelegt hatte, nachdem er mir die Unterwäsche ausgezogen hatte.«

Allen musste sich danach von Dylan Farrow fernhalten, das Gericht fand, es müsse sie schützen. Es sah keinen Anlass zu glauben, Mia Farrow habe ihrer Tochter etwas eingeredet. Aber Allen wurde nicht verurteilt, auch, so ein Staatsanwalt, um dem minderjährigen Opfer eine aufreibende Verhandlung zu ersparen. Dass diese Fakten nicht allgemein bekannt seien, habe Allen seinem PR-Team und seinen Anwälten zu verdanken. »Es spricht auch für die Kräfte, die schon immer Männer wie Allen geschützt haben: das Geld und die Macht, das Einfache kompliziert zu machen, die Geschichte zu kneten. In diesem absichtlich erzeugten Nebel treten die besten Schauspieler in Allens Filmen auf.«

Dylan Farrows Vorwurf richtete sich mutmaßlich gegen Schauspielerin Kate Winslet, die 2017 in Allens Film »Wonder Wheel« mitspielte. Sie hatte sich zwar über Weinsteins rohes Fehlverhalten schockiert gegeben und beeindruckt vom Mut der Frauen. Über Allen aber habe sie gesagt: »Ich kenne Woody nicht und weiß nichts über seine Familie.« Sie wisse nichts über die Vorwürfe und ob sie wahr seien oder nicht. »Nachdem du alles abgewogen hast, legst du es zur Seite und arbeitest mit der Person. Woody Allen ist ein wunderbarer Regisseur.« Auch die Schauspielerin Blake Lively nannte es »wichtig, dass Frauen nun wütend sind und aufstehen«. Zu Woody Allen aber sagte sie nur, »es ist gefährlich, dich in Dinge einzumischen, über die du nichts weißt. Was ich sicher wissen kann, ist meine eigene Erfahrung.« Schauspielerin, Drehbuchautorin und Filmregisseurin Greta Gerwig, die Allen als ihr »Idol« bezeichnet habe, nannte die Veröffentlichungen über Weinstein und andere »herzbrechend und überfällig«; zu Woody Allen aber fiel ihr nur ein, es sei »schwierig, darüber zu reden«, sie sei vorsichtig, weil sie glaubt, »in einem Raum der Angst zu leben«.

»Mir bricht das Herz«, schreibt Dylan Farrow, »wenn Frauen und Männer, die ich bewundere, mit Allen arbeiten. Es bedeutete mir sehr viel, dass Ellen Page sagte, sie bedaure es, mit Allen gearbeitet zu haben, und dass Jessica Chastain und Susan Sarandon der Welt sagten, sie würden das nie tun. Es ist nicht nur Macht, die es des sexuellen Missbrauchs beschuldigten Männern erlaubt, ihre Karrieren und ihre Geheimnisse zu bewahren. Es ist auch unser aller Entscheidung, einfache Situationen als komplizierte zu betrachten und offensichtliche Schlussfolgerungen als ›wer kann schon sagen‹ abzutun. Das System arbeitete jahrzehntelang für Harvey Weinstein und es arbeitet nicht immer für Woody Allen.«[21]

Dylan Farrow ist zuzustimmen. Wie können Schauspielerinnen auf #MeToo posten, die noch immer mit Woody Allen drehen? Wer hinter der #MeToo-Kampagne steht, kann nicht mehr mit ihm arbeiten und das Ziel verfolgen, in seinem Film einen Oscar zu gewinnen. Ganz klar: Das ist Doppelmoral. Ich mochte Woody Allens Filme früher sehr. Seit Jahren schaue ich sie nicht mehr an.

Dustin Hoffman ist ein »Lustmolch und großer Entertainer«

Harvey Weinstein blieb nicht der einzige Hollywood-Tycoon, den Frauen nun beschuldigen. Am 22. Oktober 2017 klagten 38 Frauen den Filmregisseur James Toback des sexuellen Missbrauchs an, und alle berichteten von einem ähnlichen Muster: Er habe junge Frauen Anfang 20 in Manhattan aufgegabelt, habe ihnen eingeredet, er könne einen Filmstar aus ihnen machen; er habe sie gecastet, sie sehr intim befragt und gedrängt zu tun, was sie nicht hätten tun wollen – etwa, sich vor ihm auszuziehen. »Wenn du das nicht vor mir in einem Hotelzimmer kannst, wie könntest du das dann in einer provokativen Sexszene vor einer Filmcrew?« In der Regel sollen diese Treffen mit einer Masturbation geendet haben. Wenn wieder eine Frau davon erzählt habe, habe es geheißen: »Oh, nein, du wurdest ›getobackt‹«.[22] Die Reihe der Beschuldigten in den USA verlängerte sich täglich, Fernsehmoderatoren wie Bill O'Reilly von Fox News mussten gehen, Vorwürfe richteten sich gegen Politiker wie John Conyers (Demokraten) und Roy Moore (Republikaner) und Politikjournalisten wie Mark Halperin.

Am 1. November 2017 erschien im *Hollywood Reporter* ein Artikel, der die Scheinwerfer auf einen ganz großen Schauspieler richtete: Dustin Hoffman. Anna Graham Hunter berichtete darin, was sich im Januar und Februar 1985 während ihres fünfwöchigen Praktikums am Set des Fernsehfilms »Tod eines Handlungsreisenden« zugetragen haben soll. 17 sei sie damals gewesen, Schülerin an einer Highschool in New York. Am ersten Tag habe Dustin sie gebeten, ihr eine Fußmassage zu geben. Sie tat es. »Er war äußerst kokett, befummelte meinen Hintern und sprach über Sex.« Eines Morgens sei sie in Hoffmans Räume gegangen, um nach seinen Frühstückswünschen zu fragen. Nach einer Weile habe er gesagt: »Ich möchte ein hart gekochtes Ei und eine weich gekochte Klitoris.« Seine Entourage sei in lautes Lachen ausgebrochen. Sie sei ins Bad gegangen und habe geweint.

Vieles habe ihr gefallen am Set: das Zusammenwachsen des Teams, das täglich 16 Stunden schuftete, Polka zu tanzen mit Charles Durning, der jeden Raum zu einem fröhlicheren Ort gemacht habe, John Malkovich, in den sie sich sehr verliebt habe, und sie habe auch die Aufmerksamkeit von Dustin Hoffman geschätzt – bis sie das nicht mehr mochte.

In ihren Briefen an ihre Schwester nennt sie Hoffman einen »großen Geschichtenerzähler«, der sie und andere am Set unterhielt (entertained). Später nennt sie ihn einen »Lustmolch«. Sie sei »völlig desillusioniert«. Er habe ihr immer wieder an den Hintern gegriffen. Sie habe ihn geschlagen und ihn einen »schmutzigen alten Mann genannt«. Und schließlich habe er sie vor versammelter Mannschaft gefragt: »Anna! Du hältst mich also für ein sexistisches Schwein. Huh!« Sie habe, ebenfalls für alle hörbar, geantwortet, sie schätze weder seine herumirrenden Hände noch seine Bemerkungen. Daraufhin habe er sich entschuldigt und versprochen, es zu lassen.

Wie allen Mädchen habe Hoffman auch ihr in der vierten Woche einen Schlüsselring mit einem kleinen Herz geschenkt, den sie, so formulierte sie es voller Vorfreude, in der Schule stolz zur Schau stellen werde. Niemand sei zu hundert Prozent gut oder schlecht, schrieb sie in der fünften Woche, »Dustin ist ein Schwein, aber ich mag ihn sehr«.[23]

Als ich das las, dachte ich: Sie hat recht. Ihren Hintern zu befummeln, das überschreitet die Grenze des Erlaubten. Das gilt für heute. Aber vielleicht war die Welt 1985 eine andere. Vielleicht gelten an Sets, wo Serien wie »Mad Men« und »Desperate Housewifes« gedreht werden, andere Regeln. Wo jeder und jede eine Rolle spielt. Wer kann schon bei 16 Stunden am Set den Schalter immer wieder umlegen – vom fiesen Frauenhelden zum braven

Buben. Heraustreten aus der Scheinwelt in die Realität? Und hat nicht auch Anna Graham Hunter das Spiel mitgespielt? Sie hat das Schwein sehr gemocht, wie sie schreibt. Obwohl sie völlig desillusioniert sei. Sie hat eine Lektion gelernt und dafür keine Moralapostel gebraucht, die es damals noch nicht gab. Und sie hat gelernt, dass es sich lohnt, früh Nein zu sagen. Wie hat er reagiert? Korrekt. Er hat sich entschuldigt und versprochen, es nicht mehr zu tun. Darauf kommt es an: Auf ein klares Nein folgt ein klares: Ich habe verstanden. Hoffman gehört vielleicht zu den Lernfähigen, die Grenzen respektieren, wenn sie klar und deutlich gesetzt werden, und die wissen, dass ihr Verhalten sexistisch ist, wenn sie es nach einer Ermahnung fortsetzen.

Rückblickend schreibt Hunter nun, sie fühle sich schlecht, wenn sie die alten Briefe lese und die Fotos betrachte. Das tat sie unter dem Eindruck von Dutzenden Frauen, die über ihre Schmerzen wegen der brutalen Übergriffe von Harvey Weinstein geklagt hatten. Ist die Frage erlaubt, ob eine Frau, die mit ihrer diesbezüglichen Erfahrung mehr als 30 Jahre lang im Reinen war, sich nun schlecht fühlt, weil alle zeigen, wie solche Erfahrungen heute abgearbeitet zu werden haben?

Ihr Herz schmerze, schreibt Hunter 32 Jahre nach Hoffmans Fummeleien und schlüpfrigen Bemerkungen, angesichts dieser Teenagerin, die so begeistert war, bei einer Party eines Filmstars dabei zu sein, dass sie ihm eine Fußmassage gab, obwohl sie das nicht wollte. Ihr Herz schmerze über die peinliche Jungfrau, die in ihrem Leben erst dreimal geküsst worden war, und lachte, wenn der Mann, der so alt war wie ihr eigener Vater, über Brüste und Sex sprach. »Ich möchte weinen, dass sie das reizend fand. Und ich möchte sie dafür drücken, dass sie den Mumm hatte, ihm zu sagen, er solle damit aufhören, auch wenn ihre Stimme zitterte.«

Ja, wir sollten alle an unser Herz drücken, die Nein sagen, bevor etwas geschieht, und zwar sofort, und wir sollten es offenbaren, wenn etwas Schlimmes passiert ist. Aber hätte sie das auch getan, fragt Anna Graham Hunter selbst, wenn sie das Ziel gehabt hätte, ins Filmgeschäft einzusteigen?

Sie wisse: Ihre Zuhörer wollen ein Opfer und einen Schurken. Und sie wünschte, ihre Gefühle wären so klar wie die ihrer Zuhörerschaft. »Ich fühlte mich besser, wenn ich nichts als Ekel empfände für einen Mann, der Macht hatte über mich und das ausnutzte.« Aber so sei es nicht, sie sehe Hoffman immer noch gern auf der Leinwand. Und es sei verrückt, dass sie ihn »irgendwie sexy« finde nach allem, was geschehen sei. Und doch, sagt sie nun, sei ihr jetzt klar: »Er war ein Raubtier, ich war ein Kind, und das war sexuelle Belästigung.«[24]

Weshalb hängt sie diese Geschichte nun an die große Glocke? Wieso misst sie nun Hoffmans Verhalten an den derzeitigen Moralmaßstäben? Dürfen wir das? Als Anna Graham Hunter ihre ersten Erfahrungen mit reichlich extrovertierten Erwachsenen machte, 1985, berichtete ein deutsches Reisemagazin in einem »Führer durch die Fleisch-Töpfe dieser Welt« noch über »Die Hauptstädte des Sex«. Darin ist die Rede von Massagesalons in Tokio, von »vielen lebendigen, freundlichen Mädchen« in Manilas M. H. Del Pilar Street, von Türstehern in Amsterdam, die Männer mit dem Ruf »Live fucky-fucky« in ihre ekligen Etablissements locken, sowie von den Mädchen in Hamburg, die »erstaunlich jung und gut aussehend« seien, die aber leider »norddeutsche Kühle und Geschäftsmäßigkeit« kennzeichne: »Es handelt sich hier um Schnell-Sex mit laufendem Gebührenzähler.«[25] So widerlich war die Welt damals, unvorstellbar moralfrei, ein Grauen nicht nur für Moralapostel. Der Mann als tumber Höhlenmensch hatte damals noch seine Daseinsberechtigung, und ein Kompliment war damals noch ein Kompliment. Ein Handbuch für Sekretärinnen empfahl damals: »Geben Sie sich auch optisch so frisch und appetitlich wie der Obstsalat, den Sie servieren.« Das war lange bevor der deutsche Bundeskanzler Gerhard Schröder das Bundesministerium, das auch für Frauen zuständig war und ist, als jenes für Familie und »das andere Gedöns« abqualifizierte – und damit auch die Frauen. Das ging damals durch, kein Rücktritt.

Hätten die älteren Frauen am Set mit Dustin Hoffman damals gemeinsam aufbegehrt, statt sich einzuordnen, hätten sie sich gegen das damalige Miteinander von – in der Regel – männlichen Vorgesetzten und weiblichen Erfüllungsgehilfinnen gewehrt, wären wir heute weiter; wir hätten uns und Dustin Hoffman eine Menge ersparen können. Als das Magazin *Hollywood Reporter* Hoffman auf Hunters Vorwürfe ansprach, sagte er: »Ich habe den größten Respekt für Frauen und fühle mich hundeelend, dass etwas, was ich getan haben könnte, sie in eine unangenehme Situation gebracht haben könnte. Es tut mir leid, das spiegelt nicht wider, wer ich bin.«[26]

Doch, so war er, so waren die meisten Männer zu jener Zeit. Und die Frauen spielten mit. Emanzipation war in aller Munde, aber offenbar noch nicht in allen Köpfen. Keine Frage: Hoffman hat sich benommen wie ein Mad Man, aber ein sehr unkultivierter. Generell fehlte es an Problembewusstsein, man witzelte, Frau lachte (oder hatte zu lachen). Dazu ist ergänzend festzuhalten: Die verbale Form der sexuellen Belästigung war in den USA erst 1986 ein Straftatbestand. (In Deutschland gilt das erst seit der Reform des Sexualstrafrechts im Jahr 2016.)

Erst in den Neunzigerjahren begannen Unternehmen in den USA, ihre Angestellten dafür zu sensibilisieren, was außerhalb des akzeptablen Miteinanders liegt, und nichts anderes ist als sexuelle Belästigung: dass ein 33-jähriger Chef seiner 25-jährigen Untergebenen schlüpfrige Komplimente macht, ihr gegenüber mit seiner sexuellen Potenz und der Größe seines Penis prahlt und ihr Einzelheiten aus pornografischen Filmen erzählt. Derartiges und andere Übergriffe hatte sich der designierte, von George Bush vor-

gene Bundesrichter Clarence Thomas zuschulden kommen
, wenn man seiner damaligen Mitarbeiterin Anita Faye Hill
. Im Justizausschuss, der sich mit der Sache beschäftigen
musste, ärgerte sich einer der Senatoren, dass er und seine Kollegen sich »mit diesem sexuellen Belästigungs-Scheiß« (zweier
Schwarzer) beschäftigen mussten. Im Senat, dem »feinsten Club
der Welt«, saßen damals 100 Weiße, davon 98 Männer. Clarence
Thomas wurde dennoch Bundesrichter, aber immerhin begann
Amerika, darüber zu sprechen, was geht und was nicht.[27]

Deshalb ist im Fall von Hoffman die Frage wichtig, ob er bei
anderen Frauen fortsetzte, was er bei Anne Graham Hunter getan
hatte. Ein Mensch, ein Mann, der ein Fehlverhalten korrigiert,
nachdem er darauf aufmerksam gemacht worden ist, verdient Respekt. Und erst recht eine Frau, die einen solchen Fehltritt sofort
anspricht, auch wenn das Konsequenzen haben könnte. Nur so
können wir die Welt verändern. Mehr als 30 Jahre später Hysterie
zu verbreiten und aus einem Kindskopf einen Sexualstraftäter zu
machen, hilft Frauen nicht. Nicht den Opfern von gestern. Nicht
den Opfern von heute – und von morgen.

Der deutsche Regisseur Volker Schlöndorff versuchte, seinen
Schauspieler zu verteidigen, indem er die Atmosphäre am Set des
Films »Tod eines Handlungsreisenden« 1985 darstellte. Im Feuilleton der Wochenzeitung *Die Zeit* schrieb er, Hoffman sei der
»Kantinenclown« gewesen, was der Dokumentarfilm über die
Dreharbeiten belege. Hoffman war, so Schlöndorff, »kein Scherz
zu billig, kein Kalauer zu abgenutzt, um das Team zum Lachen zu
bringen, die Atmosphäre zu entspannen«. Montagmorgens sei
Hoffmans Standardfrage gewesen: »Hattest du am Wochenende
guten Sex?« Diese Frage habe er nicht nur jungen Praktikantinnen
gestellt, sondern allen im Studio. »Alle lachten. Nicht über die
Frage, sondern ihre ständige Wiederholung.«

Fußmassagen? Ja, die habe es gegeben. »Dustin war 16 Stunden am Tag auf den Beinen. Auch seine Filmfigur Willy Loman beklagt sich übrigens über die verdammten Einlagen in den Schuhen und die Schmerzen, die sie verursachen. Hoffman, der method actor, übernahm die Klage eins zu eins. Fast jeder auf dem Set gab ihm mal eine Fußmassage, mehr oder weniger professionell, nicht in seiner Garderobe, sondern vor allen, inmitten des üblichen Chaos auf dem Filmset. Schwer nachzuvollziehen, dass eine noch so junge New Yorker Praktikantin die Einladung dazu als unanständig oder als Nötigung empfand. Auch die Anspielung, nur eine weiche Klitoris sei angenehmer als eine Fußmassage, gehörte zu den peinlichen Scherzen des Hoffman-Handlungsreisenden, mit denen Dustin mich, uns, die Galerie, sein Publikum auf dem Set zu unterhalten versuchte. Wo Willy Loman aufhörte, wo Hoffman begann, wussten oft weder er selbst noch wir. Wir hatten die Rolle ja als tragischen Clown angelegt, und Hoffman probierte sie auch jenseits der Kamera aus, ohne Angst vor Geschmacklosigkeiten.« Seine Scherze habe man nur mit viel Fantasie als ernsthafte Avancen missverstehen können.

Eines Tages habe Hollywood-Legende Warren Beatty das Team besucht und auch mit der aufgeregten Praktikantin ein paar Worte gewechselt. »Als er ging, stand sie noch so starstruck da, wie es nur Amerikaner können. ›Oh my God, he spoke to me!‹«, habe sie gestammelt. »Dustin bemerkte es und fragte sie, ob Warren wohl den Abend mit ihr oder mit ihm, Dustin, verbringen würde. Solche Frotzeleien waren seine Art, jeden einzubeziehen, Verlegenheit angesichts all der Celebritys abzubauen.« Hat er sie beim Gang zum Wagen auf den Po gehauen? Geschah das mehrmals? Schlöndorff schreibt: »Sicher, weil sie jedes Mal zurückhaute und ihn als ›dirty old man‹ beschimpfte. Es war ein kumpelhaft-albernes Spiel ohne jede Anzüglichkeit, auf das sie einging, wohlgemerkt in Anwesenheit von Fahrern und Aufnahmeleitern. Derartige Zoten würde man sich heute bestimmt nicht erlauben. Aber 30 Jahre später hätte die Betroffene ihre Erlebnisse einordnen können, statt Dustin Hoffman ein ›Raubtier‹ zu nennen.«[28]

Wenn allerdings zutreffen sollte, was eine Frau im Dezember 2017 gegen Hoffman vorbrachte, dann wäre auch er nicht mehr zu retten. Die Videoproduzentin Melissa Kester hatte Hoffman während der Dreharbeiten zum Film »Ishtar« getroffen. Ihr Freund habe sie ins Tonstudio eingeladen. Eines Tages sei sie mit Hoffman in einer Sprecher-Kabine gestanden, von außen seien sie nur von der Brust aufwärts zu sehen gewesen. Ohne Vorwarnung habe er seine Hand in ihre Hose gesteckt und sei mit seinem Finger in ihre Scheide eingedrungen, berichtete die damalige Studentin im Magazin *Variety*. Worunter sie am meisten leide, sei, dass sie nicht gewusst habe, was sie tun sollte. Sie sei erstarrt, das sei schockierend. »Er lachte irgendwie, und ich rannte hinaus und saß weinend im Badezimmer. Ich dachte, ›Oh, mein Gott.‹ Ich fühlte mich wie vergewaltigt. Es gab keinerlei Vorwarnung.«

Eine zweite Frau, die Hoffman dasselbe Vergehen vorwarf, wollte anonym bleiben. Sie berichtete, Hoffman habe ihr 1986 nach einer Party am letzten Tag des Drehs von »Ishtar« angeboten, sie nach Hause zu fahren. Die Limousine habe sich mit weiteren Fahrgästen gefüllt, und als der Fahrer losgefahren sei, hätten sie und Hoffman nebeneinander auf dem hinteren Sitz des Wagens gelegen. »Da waren Leute nah bei uns«, sagte sie dem Magazin, »und er bewegte seine Hand und steckte seine Finger ganz einfach in mich rein. Ich wusste nicht, was ich machen sollte. Er lächelte mich an. Ich war starr. Ich war außerhalb meines Körpers.« Sie wisse nicht mehr, wie lange der unerwünschte Kontakt gedauert habe. Sie habe keine Möglichkeit gesehen, das zu beenden. »Da waren Leute«, sagte sie. »Was würden die von mir denken, wenn ich etwas sagte? Dass ich eine Hure bin? Was sollte ich sagen? Er ist Dustin Hoffman.«

Die Geschichte soll damit nicht zu Ende gewesen sein: Als sie an ihrem Apartment angekommen waren, sei sie ausgestiegen. Hoffman habe ihr 20 Dollar in die Hand gedrückt und sie instruiert, ins San Remo Hotel zu kommen, wo er zu dieser Zeit wohnte. »Ich wusste nicht, was ich tun sollte«, sagte die Frau, die sich nach ihren Worten »in einer Art Wachkoma« befand, ausgelöst von der Begegnung mit Hoffman und einem angeblichen Missbrauch in ihrer Kindheit. Sie habe ein Taxi gerufen und den Fahrer gebeten, ein paar Minuten »herumzufahren«. Dann wusste sie offenbar, was sie wollte: Sie ließ sich zu Hoffmans Hotel bringen. Er stand draußen vor der Tür, offenbar sicher, dass sie kommen würde. Sie habe Hoffman nach oben begleitet, wo er sie, so behauptete sie, oral befriedigt habe und sie Geschlechtsverkehr gehabt hätten. Die Begegnung im Wagen sei nicht einvernehmlich gewesen, sagte sie, die Frage, ob sie so auch das Treffen im San Remo Hotel bezeichnen würde, beantwortete sie mit: »Ich weiß nicht.«[29]

Selbstverständlich ist es eine Vergewaltigung, wenn ein Mann einer Frau ohne deren Einverständnis den Finger in die Vagina steckt. Aber dürfen wir hier auch einmal die Frage nach der Verantwortung und der Glaubwürdigkeit der Frauen stellen, insbesondere im umfassender beschriebenen zweiten Fall? Weshalb fährt sie in Hoffmans Hotel? Und hätten wir von ihm erwarten müssen, ihr Kommen als klares Nein zu werten?

Vier Buchstaben gegen übergriffige Männer: N E I N

Die Leiterin des Maxim-Gorki-Theaters in Berlin, Shermin Langhoff, weiß, wie eine Frau sich wehren kann. Als Jugendliche beteiligte sie sich an der Kampagne der »Lila Nadeln« in Istanbul. Damals gehörte es zum Alltag, wie sie sagt, dass ein Mann sich im Bus an einer Frau rieb. Aber die jungen Frauen hatten sich mit Nadeln bewaffnet und stachen zu. Das war eine vorbildliche und wirksame Maßnahme gegen zudringliche Kerle, und eine gute Selbstverteidigung ist allemal wirkungsvoller, als nur zuzusehen, nichts zu sagen und sich nach Jahren zu beklagen oder zu twittern.

Aber das Problem ist weder in der Türkei noch in den USA gelöst, und auch nicht in Deutschland. »Jede Frau hat Sexismus-Erfahrungen«, schrieb Shermin Langhoff in der Zeitung *Der Tagesspiegel*. »Frauen sind nicht sicher, nicht im Theater, nicht im Film, nicht an anderen Arbeitsplätzen, nicht auf der Straße und nicht einmal zu Hause.« Es ärgert sie maßlos, dass die Täter häufig nicht bestraft werden. »Der eigentliche Skandal« sei, dass Frauen oft beweisen müssen, »dass sie sich wirklich gewehrt und nicht selbst verführt haben«. Notwendig sei »eine politische und juristische Praxis, die hinsieht und nicht wegsieht«.[30]

Auch Shermin Langhoff ist vorzuhalten, dass es in unserem Rechtssystem die Umkehr der Beweislast nicht geben wird. Und das ist gut so. Wir dürfen trotzdem nicht über eine Vergewaltigung einfach hinwegsehen und uns verkriechen. Wir könnten nach der Tat eine Ärztin konsultieren. Wir könnten ein anonymes Beweissicherungsverfahren einführen, um den Täter später zu verklagen, nach reiflicher Überlegung und wenn die Kraft dazu da ist. Wenn wir das tun, dann stehen nicht Frauen am Pranger, sondern die Täter. Wir schützen, wir decken sie, solange wir uns verstecken, solange wir schweigen. Selbst wenn eine Verurteilung nicht möglich ist, können wir ein Statement setzen – indem das Opfer den Täter mit der Tat konfrontiert, die Folgen für das Opfer und mögliche Konsequenzen für den Täter klarmacht. Denn oftmals kann eine Frau sich nicht darauf verlassen, dass Selbsterkenntnis der beste Weg zur Besserung ist. Dann ist dafür ein Impuls von außen notwendig. Das ist das Opfer sich selbst, aber auch der Gesellschaft schuldig; das ist ein Weg, um weitere Opfer zu verhindern. Man nennt es Verantwortung gegenüber der Gesellschaft. Wer aus Angst vor dem Karriereende schweigt, macht sich mitschuldig.

42

Wir können übergriffigen Männern ihr »Schwanzwerk« legen. Es gibt ein einfaches Wort: Nein! Wir müssen den Mut haben, es sofort auszusprechen, nicht erst Monate oder gar Jahre später. Wenn alle Frauen Nein sagen, sind sie nicht mehr austauschbar, könnten sie im Unternehmen nicht mehr als Nestbeschmutzerin geschnitten, von Betriebsrätinnen missachtet, von Personalchefs auf unattraktive Stellen verbannt, am Aufstieg gehindert werden. Welch ein Statement wäre es gewesen, hätte Salma Hayek sich geweigert, sich Harvey Weinsteins erniedrigendem Befehl zu beugen: gänzlich gegen ihren Willen eine Nacktszene für den Film »Frida« zu spielen. Wenn sie doch hingeworfen hätte! Wenn sie doch mutiger gewesen wäre! Die Belohnung wäre gewesen: Solidarität von Frauen und Respekt von Männern.

Der Widerstand beginnt mit dem Wörtchen: Nein! Die Schauspielerin Lupita Nyong'o hat das anscheinend vorbildlich getan. Nach ihrer eigenen Schilderung hatte Weinstein mehrfach versucht, ihr näherzukommen. Im Jahr 2011, so versichert sie, sei sie mit ihm in einem Restaurant verabredet gewesen. Entgegen den Absprachen sei er allein gewesen. Noch vor der Vorspeise soll er gesagt haben: »Lass uns zum Punkt kommen. (»Let's cut to the chase.«) Ich habe oben ein privates Zimmer, in dem wir den Rest des Mahls essen können.« Sie habe ihm gesagt, sie wolle lieber im Restaurant bleiben. Er, so Nyong'o, habe entgegnet, sie solle nicht so naiv sein. Wenn sie Schauspielerin sein wolle, dann müsse sie diese Art von Dingen tun. Er habe die berühmten Schauspielerinnen X und Y gedatet, »und schau, wohin sie es gebracht haben«, habe Weinstein gesagt. Sie habe keine Ahnung, was sie verpasse.

»Bei allem Respekt«, habe sie geantwortet. »Ich könnte heute Nacht nicht schlafen, wenn ich täte, was Sie verlangen.«

An diesem Punkt habe sich sein Benehmen völlig verändert. Er habe entgegnet: »Dann denke ich, dass unsere Schiffe in die Nacht hinausfahren.« Weil sie nicht verstanden habe, was das bedeute, habe er auf Nachfrage gesagt: »Es bedeutet nur, dass wir zwei Schiffe sind, die in verschiedene Richtungen fahren.«

»Ich denke, das stimmt.«

»Dann sind wir fertig. Du kannst gehen.«

Ohne etwas gegessen zu haben, sei sie aufgebrochen. Er habe sie aus dem Restaurant begleitet, ihr Herz habe sehr schnell geschlagen. Bevor sie in ein Taxi gestiegen sei, habe sie sicher sein wollen, »dass ich nicht eine Bestie geweckt hatte, die meinen Namen ruinieren und meine Chancen im Filmgeschäft zerstören würde, bevor ich dorthin überhaupt kommen konnte«.

Sie habe Weinstein gefragt: »Ich möchte nur wissen, dass wir gut sind.«

Er habe geantwortet: »Ich kann nichts über deine Karriere sagen, aber es wird in Ordnung sein.« Das habe für sie wie eine Bedrohung und eine Beruhigung zugleich geklungen.

Im September 2013 habe sie Weinstein bei der Premiere von »12 Years a Slave« wiedergesehen, so Lupita Nyong'o. Da war ihr Stern längst aufgegangen, und bald sollte sie auch ohne Weinsteins »Förderung« für die Rolle der Patsey ihren ersten Oscar erhalten. Er habe ihr sein Bedauern darüber ausgesprochen, sie früher so schlecht behandelt zu haben. Er habe sich geschämt und versprochen, ihren Aufstieg zu respektieren. Sie habe sich bedankt und die Party mit dem festen Vorsatz verlassen, niemals mit Harvey Weinstein zusammenzuarbeiten. (Das hätte sie ihm gern auch ausdrücklich sagen können.) Sie hat sich daran gehalten und, wie sie sagt, Projekte gefunden, die Frauen und feministische Männer leiteten, die ihre Macht nicht ausnutzen.[31]

Einige der Tatorte in Hollywood waren Hotelzimmer, bei Dustin Hoffman soll es in einer engen Kabine in einem Tonstudio zu einem Übergriff gekommen sein. Was hindert uns Frauen daran, solche Orte nicht allein mit einem Mann zu betreten? So wie wir nachts dunkle Straßen und unbeleuchtete Parks meiden, so kön-

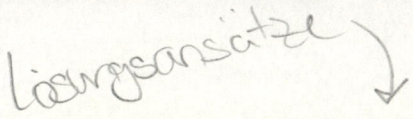

nen wir uns weigern, Männern in Hotelzimmer zu folgen, auch mächtigen. Und wenn sie uns vorwurfsvoll fragen, ob wir ihnen unlautere Absichten unterstellen? Wir können antworten: Wir wollen dir die Peinlichkeit ersparen, die Tür offen lassen oder eine Anstandsperson zum Gespräch bitten zu müssen, damit du nicht zu Unrecht beschuldigt werden kannst. Grundsätzlich muss klar sein: Ein Hotelzimmer ist kein geeigneter Raum, um Geschäftliches zu besprechen.

Was #MeToo wieder gezeigt hat, ist ja nicht neu: Sexuelle Gewalt und Belästigung finden täglich statt: auf der Straße, am Arbeitsplatz, beim Sundowner oder Absacker und nachts auf den Straßen, wo immer Männer und Frauen wie du und ich sich begegnen. Neu ist das nicht, #aufschrei hatte 2013 schon ähnliche Erkenntnisse gebracht. Aber nach #MeToo wird sich auch bei misogynen Macht-Männern etwas ändern. Sie müssen künftig befürchten, für ihr Verhalten zur Rechenschaft gezogen zu werden. Sie müssen lernen, dass ein Ramm(el)bock, dem bei Geschäftlichem jedes Mittel recht ist, sich wenigstens gegenüber Frauen rücksichtsvoller verhalten sollte.

Aber geht das überhaupt? Kann, wer wegen seiner »männlichen Qualitäten« sich gegen alle anderen durchsetzt und dafür gelobt wird, nach Dienstschluss oder bei der Begegnung mit einer ihm attraktiv erscheinenden Frau den Schalter umlegen? Kann ein Mensch, dem seine Leute allerlei Verfehlungen durchgehen lassen, ein Fehlverhalten erkennen? Will er es überhaupt? Bisher waren beide Fragen mit Nein zu beantworten.

Wenn wir einen miesen Charakter in einer Serie feiern, wieso sollte sein Darsteller sein Erfolgsrezept nach dem Take ablegen? Was geschieht mit Menschen, die mit wachsender Berühmtheit an Macht gewinnen, die ihnen die Gunst einer wachsenden Zahl von Fans beschert, auch weiblichen? Sie fühlen sich bestätigt. Müssen sie nicht ihren Weg für den richtigen halten? Wer als Herrscher

Kritik

gefeiert wird, verhält sich wie ein Herrscher. Und wer sich als Untergebener präsentiert, wird als solcher behandelt. Jede Frau, die sich erniedrigt, erniedrigt damit alle Frauen, sie erhält das männliche Machtsystem aufrecht.

Aber es scheint, als sei die Scham gebrochen. Frauen berichten freimütig, ja geradezu freizügig über alles, was sie für sexuelle Gewalt halten. #MeToo hat Frauen ermutigt, sich zu wehren. Immerhin scheinen die Zeiten vorüber zu sein, in denen Frauen versuchten, mit einem verlegenen Lächeln über Grenzverletzungen von Männern hinwegzukommen. Aber auch Hashtags werden, selbst wenn zig Millionen sich bekennen, wenig verändern – außer dass Frauen sich einen Trauerort geschaffen haben. Wir müssen es sofort aussprechen, wenn uns etwas nicht gefällt; das schafft Bewusstsein, das bewirkt Verhaltensänderung. Alles andere bedeutet Einverständnis, fordert heraus.

Auch Solidarisierungs-Hashtags einiger verweichlichter Kerle verändern nicht die Welt, Wohlmeinende, von all den Weiberaufschreien in tiefe Identitätskrisen gestürzt: Was dürfen wir eigentlich noch? Was ist noch erlaubt? Die Antworten auf diese Frage sind umso verwirrender, je mehr Frauen glauben, ihre eigenen Grenzen zu den für alle verbindlichen erklären zu dürfen. Wie soll ein Mann sich in einer Gruppe von Frauen verhalten, um jeder einzelnen gerecht zu werden? Wie soll ein Mann erkennen, wo die Grenze zwischen Flirten und Belästigung verläuft, wenn einmal ein anzüglicher Spruch oder eine Berührung weggelächelt, ein andermal ein Kompliment kriminalisiert wird? Darf man sich einer Kollegin in einer Weise nähern, wie George Bush sich 2006 beim G8-Gipfel an die Bundeskanzlerin anschlich, um ihr sodann die Hände auf die Schultern zu legen? Die Kanzlerin war nicht erfreut, die Medien sprachen von »Grapsch-Gate« und nannten Bush »Groper-in-Chief«, ein Titel, den längst Donald Trump geerbt hat.[32] Aber ist das schon ein Fall für eine Untersuchung wegen eines sexuellen Übergriffs? Darf man sich am Arbeitsplatz noch umarmen, wie es nach Urlaubszeiten oder Fehlzeiten unter langjährigen KollegInnen hin und wieder üblich ist? Oder sollen wir das aus Sicherheitsgründen besser einstellen? Ein Mitarbeitergespräch unter vier Augen? Besser nicht, besser, die Tür bleibt angelehnt oder offen. Brauchen wir getrennte Büros und Montagehallen für Männer und Frauen?

Ich fragte mich, wie wir in Zukunft umworben werden wollen. Darf der Mann noch »balzen«? Wie weit darf er gehen? Wenn der/die Werbende den Eindruck gewinnen, der/die Umworbene gehe auf seinen Flirt ein, ist dann ein Kuss nicht der nächste Schritt? Ist die langsame, schrittweise Annäherung nicht in einer Weise romantisch, dass wir sie keinesfalls gegen die Verpflichtung zu einer vorherigen schriftlichen Vereinbarung tauschen möchten? Auch wenn Missverständnisse nicht ausgeschlossen sind? (Ich trauere schon jetzt um die vielen schönen Fernseh- und Filmschnulzen, in denen ein Mensch den anderen einfach mal umarmt und küsst und der andere glücklich in dessen Arme sinkt. Welch ein Verlust!) Bleibt nicht genügend Zeit, Nein zu sagen, sofern die Annäherung kein Überfallkommando ist? Und dann, ja, bei einem klaren Nein muss das Balzen eingestellt werden.

Aber bis dahin kann eine Menge schiefgehen. Wer beim Flirt noch nie die Zeichen falsch gedeutet hat, der werfe den ersten Stein. Wer behauptet, immer kühle Entscheidungen zu treffen, wenn er oder sie vor Sehnsucht glüht, ist ein Hochstapler. Oder ein Klotz. Und denkt ein Mensch, dessen Herz überläuft, daran, dass er das Ziel seiner Begierden dominieren will? Ist es nicht eher jener, der aus der Deckung tritt und sich verletzbar macht?

Der Arbeitsplatz ist trotz der elektronischen Flirt-Foren noch immer der Platz, wo Menschen sich fürs Leben finden. Das wird angesichts der aktuellen moralischen Radikalität immer komplizierter werden. Bei einer falschen Bewegung droht der Abschuss.

Dabei ist in unserer Gesellschaft gar nicht klar ausgemacht, wann die Grenze überschritten ist, wann ein Wort, eine Tat, ein Blick oder eine Umarmung zur Begrüßung ein falsches Verhalten, sprich: sexistisch ist, weil es auf der Gegenseite eine unerwünschte Emotion auslöst oder jemand das später nur behauptet. Eine Definition ist umso schwieriger, als diese sich mit dem schnellen Wandel unserer Gesellschaften ebenfalls stetig verändern müsste. Was also verstehen wir heute unter sexueller Gewalt?

Was ist sexuelle Gewalt?

Auf der Homepage der *tageszeitung* schauen uns die Autorin Sibel Schick und auf ihrer Schulter eine Katze ganz niedlich an, während wir ihre Flirttipps lesen. Der Kampf gegen den Sexismus stehe dem Flirten nicht im Weg, schreibt sie. Ein romantisches Verhältnis anzufangen sei überall möglich, wo Menschen sich befinden, nicht nur in Clubs und Bars, sondern auch im Fitnessstudio, am Arbeitsplatz oder bei einem politischen Engagement. Wichtig sei festzustellen, »ob die Person, die angetanzt oder angesprochen wird, ein deutliches Interesse zeigt. Das lässt sich ganz leicht feststellen: Ignoriert dich die Person, vermeidet Augen- und Körperkontakt, dann hat sie keine Lust. Was macht man dann? Man lässt die Person in Ruhe. Alles, was darüber hinaus passiert, ist sexuelle Belästigung.«

Das sei sicher alles gut gemeint, schreibt Jochen-Martin Gutsch im Magazin *Der Spiegel*. »Aber manchmal fühlt sich diese Sexismus-Debatte bereits an wie der Volkshochschulkurs ›Flirten für Männer‹, und ich frage mich natürlich auch, was für ein ranziges Männerbild es da bei vielen Frauen gibt. Sind wir Männer plötzlich alle (sic!) kleine Weinsteins? Unberechenbare Triebwesen? Der Mann eine einzige sexuelle Belästigung?«

Es sei gar nicht lange her, da habe eine Journalistin in der Wochenzeitung *Die Zeit* über die »Schmerzensmänner« von heute geklagt, die, »statt fordernd zu flirten«, nur noch den »einfühlsamen Freund« gäben. Frauen fühlten sich dadurch »ungewollt«. Gutsch beklagt eine inflationäre Beschäftigung mit dem Mann, vor allem von Frauen: die neuen Väter, die Rückkehr der Machos, die Krise des Mannes. »Es gibt heute so viele Männerbilder, ich komme kaum noch hinterher.« Gutsch gibt zu: »Der inflationäre Gebrauch des Wortes ›Sexismus‹ führt dazu, dass ich immer öfter nur noch genervt mit den Augen rolle, wenn das Wort wieder irgendwo aufpoppt. Das ist eigentlich falsch. Aber ich spüre gerade keine Lust zur Solidarisierung, sondern nur eine große Sexismus-Übersättigung.«[33]

Schauen wir uns die Zahlen an: Gewalt gegen Frauen beginnt bei Vergewaltigung und endet noch lange nicht bei einem Schlag ins Gesicht. Eine noch immer häufig zitierte Studie aus dem Jahr 2004 wertete 10 264 Interviews mit in Deutschland lebenden Frauen im Alter von 16 bis 85 Jahren aus. Unterschiedliche Formen von sexueller Belästigung haben demnach 58 Prozent der Befragten mindestens einmal in ihrem bisherigen Leben erfahren. Über psychische Gewalterfahrungen sprechen 42 Prozent der Frauen, von Einschüchterungen und Anschreien bis zu Verleumdungen, Drohungen, Demütigungen und »Psychoterror«. Mehr als ein Drittel aller Befragten, 37 Prozent, hat körperliche Gewalt und Übergriffe erlebt, von leichten Ohrfeigen und wütendem Wegschubsen über Werfen oder Schlagen mit Gegenständen bis hin zu Verprügeln, Würgen und Waffengewalt.

Strafrechtlich relevante Formen sexueller Gewalt haben laut Studie 13 Prozent der Befragten, also jede achte Frau, im Lauf ihres bisherigen Lebens erlebt, sprich: erzwungene sexuelle Handlungen, darunter Vergewaltigungen (6 Prozentpunkte) und versuchte Vergewaltigung (4 Prozentpunkte). Werden sexuelle Handlungen berücksichtigt, die durch psychisch-moralischen Druck durchgesetzt werden und/oder mit einem Gefühl von ernsthafter Bedrohung und Angst verbunden sind, steigt diese Zahl. Das zeigt, wie breit die Spanne je nach Gewaltdefinition sein kann. Ebenfalls interessant: Die Hälfte der Fälle von sexueller Gewalt verüben die Partner, nur knapp 15 Prozent der Vergewaltiger sind gänzlich Unbekannte. Sieben von zehn Vergewaltigungen finden in der eigenen Wohnung statt; dagegen erfolgt »nur« jeder fünfte Fall an typischen »Angstorten« draußen, wie Straßen und Parks.

Das Entscheidende: Insgesamt erfolgt körperliche Gewalt gegen Frauen etwa zur Hälfte durch Partner oder Expartner, körperliche Gewalt durch gänzlich Unbekannte bei 19,5 Prozent der Befragten. Auch sexuelle Gewalt geht zur Hälfte auf das Konto von Partnern und Expartnern und zu 20 Prozent auf das von Freunden, Nachbarn und Bekannten, zu 14,5 Prozent auf das von gänzlich Unbekannten. Von den Opfern von körperlicher und/oder sexueller Gewalt durch Partner oder Partnerinnen gaben je ein Drittel an, dies sei bisher einmalig, zwei- bis zehnmal oder häufiger geschehen. Bei zwei Dritteln dieser gewaltsamen Übergriffe kam es zu Verletzungen wie Prellungen und blauen Flecken bis hin zu Verstauchungen, Knochenbrüchen, offenen Wunden und Kopf-/Gesichtsverletzungen. Tatort ist zu mehr als zwei Dritteln die eigene Wohnung. Straßen und Parks schlugen mit einem Viertel bei körperlicher und einem Fünftel bei sexueller Gewalt seltener zu Buche.

In dieser Untersuchung waren bei Frauen 99 Prozent der Täter Männer. Auffällig ist, dass die Werte in Deutschland vergleichsweise hoch sind. Wie ist das zu erklären? Es ist denkbar, dass in Deutschland (wie auch in Finnland und Schweden) schon als extremer Streit empfunden wird, was in Italien, Spanien oder Frankreich nicht einmal als nennenswerte Diskussion beurteilt wird. Die deutschen Frauen und ein großer Teil der Männer sind für

Gewalt in der Partnerschaft extrem sensibilisiert – vielleicht sogar zu sehr? Bei uns wird als Gewalt betrachtet, wenn ein Teller durch die Küche fliegt, für meine südländischen Freundinnen ist das »normal«; sie werfen auch selbst. Die Wissenschaftler sprechen von »sehr unterschiedlichen Definitionen von sexueller Gewalt und unterschiedliche Methoden zu ihrer Erfassung« sowie »kulturell bedingte Unterschiede im Grad der Tabuisierung der Gewaltproblematik«.[34]

Ergänzend zu diesen Zahlen weist die »Kriminalstatistische Auswertung zu Gewalt in Partnerschaften« des Bundeskriminalamts für das Jahr 2016 deutschlandweit 357 Fälle von Mord, versuchtem Mord oder Totschlag gegen Frauen aus. Die bedeuten einen Anstieg um 8 Prozent im Vergleich zum Vorjahr. Außerdem registrierte die Polizei 108 956 Fälle von häuslicher Gewalt gegen Frauen. Das ist ein Anstieg von 4,5 Prozent zum Vorjahr.

Terre des Femmes, die größte Frauenrechtsorganisation Deutschlands, erklärt dazu: »Die Politik muss endlich handeln und den Terror, den Frauen daheim erleben, bekämpfen.« Die NGO verlangt »mehr Präventions- und Aufklärungskampagnen, aber auch eine deutlich bessere Ausstattung des Hilfesystems«. Frauenhäuser seien überfüllt, in vielen Bundesländern könnten Hilfe suchende Frauen nicht mehr aufgenommen werden. »Das ist ein Armutszeugnis für ein so reiches Land wie Deutschland. Deutschland muss seinen menschenrechtlichen Verpflichtungen nachkommen und Frauen vor Gewalt schützen.«

Warum gibt es so viele gewalttätige Männer? Eine Antwort auf diese Frage ist schwierig. Ist es nicht verwunderlich, dass offenbar auch Männer nicht an einer Antwort interessiert sind? Männer sind eben so. Sie schlagen zu, weil sie Männer sind; sie texten Frauen zu, begrapschen sie, schlagen sie und vergewaltigen sie, und wenn gerade keine verfügbar ist, kaufen sie sich eine Prostituierte. Klar, Männer sind eben so. Wollen nur das Eine, gleichgültig mit wem. Aber was geht in ihnen dabei vor? Was treibt sie dazu? Verschwenden sie einen Gedanken daran, ob ihr Tun rechtens, fair oder moralisch ist? Mitnichten. Es interessiert sie nicht, weil es einfacher ist, im Vorwärtsgang durchs Leben zu fahren und nicht dauernd in den Rückspiegel zu schauen. Indianer kennen keinen Schmerz und Jungen weinen nicht. Es interessiert auch sonst niemanden.

Ganz anders die Befindlichkeiten der Frauen. Sie werden bis ins Innerste durchleuchtet, und dann wird das Furchtbare öffentlich gemacht. Gut so. Aber ändert das etwas? Die Männer? Ist es denkbar, dass auch ein Mann Traumata erlitten hat, die ihn zu dem gemacht haben, was er ist? Mit einer schrecklichen Kindheit wegen eines prügelnden – ja – Mannes, des Vaters? Wer das einsieht, müsste dafür plädieren, den Männern beizustehen, die Gewalt als Machtmittel gelernt und »geerbt« haben. Zu unser aller Gewinn könnten wir dann damit deren Sozialisierung ändern.

Mit solchen Fragen beschäftigt sich der Bundesverband Frauenberatungsstellen und Frauennotrufe (BFF) nicht, es ist nicht Auftrag der Institution, unter der mehr als 160 Frauenberatungsstellen und Frauennotrufe zusammengeschlossen sind. Der Auftrag besteht darin, die Männer anzuklagen und den Frauen zu helfen. Je mehr Opfer es gibt, desto unbestreitbarer ist seine Existenzberechtigung. Auf der Homepage sind Männer folgerichtig in erster Linie Sexisten und (potenzielle) Gewalttäter. Und was wäre da nicht alles anzuklagen! Für den Verein beginnt Gewalt »mit der ›alltäglichen Anmache‹, mit frauenfeindlicher Sprache, Witzen und Beschimpfungen. Wohl jede Frau kennt dies und schätzt das nicht einmal als Gewalt ein, weil es eben ›alltäglich‹ erscheint.« Gewalt sei auch, »wo Frauen in ihrer persönlichen Freiheit eingeschränkt werden, wenn sie bestimmte Orte, Wege oder Situationen meiden müssen, um Belästigungen oder Bedrohungen zu entgehen«. Der Dachverband fühlt sich laut seiner Homepage auch zuständig für »Gewalt und Diskriminierungen in Form von Rassismus, Behindertenfeindlichkeit, Homophobie oder Trans*phobie, z. B. auf der Straße, aber auch in Behörden und Institutionen«.

Und schließlich prangern die Frauen vom BFF noch die »direkten Erscheinungsformen« von Gewalt an, »sexuelle Belästigung, Demütigung, Beleidigung, Prügel, Bedrohung, soziale Kontrolle, sexuelle Nötigung, Stalking, Vergewaltigung«.

Dem BFF und seiner »Schirmfrau«, Fernsehköchin Sarah Wiener, geht es um »ein gewaltfreies Leben für alle Frauen und Mädchen«, was »kein Privileg, sondern ein Menschenrecht« sei. Der Verband sieht Mädchen und Frauen in allen Bereichen des Lebens Gewalt ausgesetzt. Gewalt gegen Frauen sei auch im Internet alltäglich, meint der BFF. Das Bundesministerium für Familie, Senioren, Frauen und Jugend (BMFSFJ) finanziert dem BFF ein zweijähriges Projekt »gegen digitale Gewalt an Frauen«, in dem der Verband »Cybergewalt effektiv und unter einem genderspezifischen Blickwinkel entgegenzutreten« beabsichtigt. »Häufig sind es Partner oder ehemalige Partner, die digitale Medien nutzen, um zu bedrohen, nachzustellen oder Betroffene mit der Veröffentlichung intimer Bilder bloßzustellen und zu nötigen.« Meist anonyme Hasskommentare und Shitstorms seien zwar »zunehmend im Blickpunkt von Politik und Gesellschaft, die spezifische Betroffenheit von Frauen wird aber bei allen Formen digitaler Gewalt vernachlässigt«.

Zwar sei Gewalt mittels digitaler Medien ein relativ neues Phänomen, »letztendlich ist sie aber die Fortsetzung von Gewalt und Diskriminierung, die schon im realen Raum existiert«, so der BFF. »Auch im Netz und in der Nutzung von Medien spiegeln sich gesellschaftliche Machtverhältnisse wider. Dass die Bedrohung dabei kontinuierlich aufrechterhalten werden kann, ohne dass es einen Rückzugsraum gibt, kann eine besondere Belastung sein«, schrieb Projektreferentin Anna Hartmann auf der Homepage des BFF.[35]

Dass der BFF »jede Begrenzung des Gewaltbegriffs aufgegeben« habe und Erpressung mit intimen Bildern, Erstellen von Fake-Profilen für Dating-Seiten, Löschen wichtiger Dokumente, »Love-Scamming« (Liebesbetrug), Hasskommentare, heimliches Abhören von Gesprächen, Kontaktanbahnung zu Müttern durch Pädophile und Belästigungen in Chats unter dem Begriff »digitale geschlechtsspezifische Gewalt« subsumiert, hat den ehemaligen Bundesrichter Thomas Fischer zu einer Klarstellung veranlasst. »Alles, was irgendwie verwerflich erscheint und durch Kommunikation zwischen Menschen stattfindet, ist jetzt ›Gewalt‹«, klagte er in seiner Kolumne auf *Zeit online*. »Die Grenze zwischen dieser ›Gewalt‹ und erwünschter oder tolerierter Kommunikation wird dabei selbstverständlich ausschließlich vom ›Opfer‹ definiert.«

Damit ist der Bundesrichter a. D. überhaupt nicht einverstanden – zu Recht. Man müsse schon beachten, so Fischer weiter, dass der Begriff Gewalt im Strafrecht genau definiert ist, und das aus gutem Grund. So sei »Raub« das Wegnehmen einer fremden beweglichen Sache mit Gewalt (Paragraf 249 Strafgesetzbuch), ohne Gewalt heiße dasselbe Wegnehmen »Diebstahl« (Paragraf 242 Strafgesetzbuch). Raub werde deutlich härter bestraft als Diebstahl, weil die Verletzung des Rechtsguts »Eigentum« von einer physischen Gewalthandlung und der damit verbundenen Verletzungsgefahr begleitet werde. »Niemand würde behaupten«, so Fischer, »es sei ihm einerlei, ob ihm der Geldbeutel mit oder ohne Gewalt weggenommen wird. Und niemand meint, es sei eigentlich kein Unterschied, ob man zusammengeschlagen oder nur damit bedroht wird.«

Gewalt gegen Personen sei also »das Entfalten physischer Kraft durch den Täter und das Einwirken dieser Kraft auf den Körper des Opfers«. Zwischen Gewalt und Nichtgewalt zu unterscheiden sei im Alltag selbstverständlich, bei der Debatte über sexuelle Belästigung, Sexismus und Sexualdelinquenz würden die Begriffe aber überraschenderweise ganz anders verwendet. Da gelte neben körperlicher und sexueller Gewalt auch Belästigung und psychische Gewalt in Form einer Drohung, die aber rechtlich eben gerade keine Gewalt sei.

In feministischen Kreisen hat Fischer den Begriff der »analogen Gewalt« gefunden, die eine notwendige Begleiterin der digitalen sei. »Mit dem Begriff der ›analogen Gewalt‹ (durch Schlagen, Gucken oder Witze-Erzählen) dürfte ein weiterer Meilenstein auf dem Weg der deutschen Sprache zum Moral-Pidgin gesetzt sein«, spottet Fischer.

Fischer hat recht, wenn er darauf hinweist, dass es all diese Formen von Gewalt auch gegen Männer gebe, weshalb die Beschränkung auf Frauen als Opfer und Männer als Täter absurd sei. »Würde man in einer Umfrage ermitteln, wie viele der in Deutschland lebenden Männer mehrmals oder häufig Opfer einer der als ›Gewalt‹ bezeichneten Handlungen geworden sind, käme man gewiss auf einen Prozentsatz von 100, bei Frauen ebenso.« Fischer beklagt die Kontur- und Wahllosigkeit dieser Begriffsverwendung, die allerdings Folgen für die Wahrnehmung habe. Zu jemandem »Trottel« zu sagen sei eine Beleidigung, keine Körperverletzung, schreibt er. »Kein Bürger käme auf die Idee, jemanden, der ihm den ›Vogel‹ oder den Stinkefinger zeigt, als ›Gewaltverbrecher‹ zu bezeichnen.« Bei der Debatte um »sexuelle Gewalt« seien nicht bloß Ungenauigkeiten festzustellen, sondern »gezielte Verkehrungen«, so Fischer. »Werden sie lange genug und mit genügend sozialem Druck eingeübt, fressen sie sich ins Bewusstsein und verändern die Sicht auf die Welt. Genau das ist der Zweck.«

Diese Begriffsverwirrung beruhe zu einem Teil auf Unkenntnis und der Übernahme des (Sozial-)Pädagogik- und Psychologie-Jargons. Aus diesen Bereichen stammte schließlich »die große Mehrzahl der als ›Aktivisten‹ einzustufenden AutorInnen«, die sich als InteressenvertreterInnen oder HelferInnen verstünden, dabei aber »vorgeben, sachlich zu berichten und zu informieren«. Deshalb werde der Begriff »Gewalt« unkritisch und tendenziös verwendet, ebenso die Wörter »Trauma« und »Opfer«, so Fischer. »Zugleich treten die ProtagonistInnen mit dem anstrengenden Gestus der Allwissenheit auf, der den Glaubens- und Überzeugungseifer oft kennzeichnet.«[36]

Aber was kümmert die Frauen mit der Hoheit über die Weiberstammtische das Recht, das ja ohnehin überwiegend von Männern gestaltet worden ist! Lieber stellen die Vertreterinnen des BFF Männer unter Generalverdacht und verlängern die Liste dessen, was heute als sexuelle Gewalt gelten soll, immer weiter. Die Vertreterin Ursula Schele des BFF sagte am 12. November 2017 in der Fernsehsendung »Anne Will«, jede Frau müsse selbst bestimmen dürfen, was sie als gewaltsamen Übergriff empfinde. Das könne in einem Rechtsstaat nicht Rechtsgrundlage sein. »Wenn aber Begriffe, die gesellschaftlich geächtete Verhaltensweisen bezeichnen, so ausgedehnt werden, dass sie buchstäblich alle Menschen erfassen«, so Fischer, »verlieren sie ihren Sinn.«

Oder doch nicht? Was geschieht, wenn jemand in Gegenwart einer empfindsamen Frau einen schlüpfrigen Witz erzählt und sie gelernt hat, das sei Gewalt? Dann wird ein sich witzig wähnender Mann zum Gewalttäter. Wenn der Bundespräsident der falschen jungen Dame die Hand auf die Hüfte legt, dann »gauckt« er nicht nur, er wird zum Gewalttäter. Wenn jemand in Tränen ausbricht und sich als Opfer erkennt, weil ein Mann ihr hinterherruft, sie sei eine »zimperliche Zicke«, dann ist der Mann Gewalttäter. Verbunden mit der Forderung, Gewalttäter müssten härter bestraft werden, führt diese Inflation dazu, dass sich Gerichtssäle und Gefängnisse füllen. Geschähe das nicht, entstünde unter den zu Opfern erklärten Frauen der Eindruck, der Staat käme seiner Pflicht nicht nach, die zunehmende Gewalt zu bekämpfen und zu verfolgen. Das aber sei »in den Augen der MoralunternehmerInnen nicht eine Bestätigung rechtsstaatlicher Prinzipien, sondern blankes Versagen«, so resümiert Thomas Fischer.[37]

Wenn die Welt für Frauen zu einem immer gewalttätigeren Ort wird, verstärkt das auch die Daseinsberechtigung der Kümmerinnen. Es ist also in ihrem Interesse, den Anschein permanenter Bedrohung zu erwecken, wo sachliche Argumente und Fakten das nicht begründen. Dieser Angriff auf die andere Hälfte der Menschheit kann durchaus als Sexismus bezeichnet werden. Gleichzeitig vermittelt der Anschein von Machtlosigkeit oder Pflichtvergessenheit Zweifel an der Kompetenz der Einrichtungen, deren Aufgabe es ist, Gewalt zu bekämpfen, kurz: jener des Staates. Das diskeditiert auch den Staat als solchen, schafft Legitimationsprobleme und untergräbt seine Autorität.

Fischer weist auch darauf hin, dass – wenn es zu einem Prozess kommt – nicht Opfer den Tätern den Prozess machen, sondern der Staat den Beschuldigten. Wer angeklagt ist, ist noch lange nicht schuldig und noch lange nicht Täter. Kann die Schuld nicht nachgewiesen werden, ist der Angeklagte freizusprechen; das gilt auch dann, wenn lediglich Zweifel an der Schuld bestehen: Im Zweifel für den Angeklagten. Vertreterinnen der Opfer mögen daran verzweifeln. Für sie ist ein Mann, der eines Sexualdelikts angeklagt wird, immer schon Täter. Und die Anklägerinnen sind Opfer.

Das hat unter Juristen eine neue Berufsbezeichnung hervorgebracht: »Der ›Opferanwalt‹ ist ein lukratives Geschäftsmodell geworden«, schreibt Fischer. In den Gerichtssälen säßen neben dem Opfer (dem Anzeigeerstatter) Opferbegleiter oder psychosoziale Opferbetreuer. Lange bevor die Opfereigenschaft einer Anzeigeerstatterin bewiesen sei, würden Rücksichten auf sie und ihr Befinden und ihre Befindlichkeiten genommen. »Schon die Behauptung, durch die Anwesenheit des Beschuldigten gestört zu sein, reicht aus, um ihre Zeugenaussage bloß noch per Videoschaltung

pielen.« Der Opferschutz stehe heute über allem, werde wei-
ˌsgebaut und gelte als »nobelstes aller kriminalpolitischen
ˌ – als ob es ein unendliches neutrales Reservoir von ›Rechten‹
gäbe, aus dem man für den einen schöpfen könnte, ohne dem anderen zu schaden«. Wer sich dagegen wende, gelte als mitleidlos
und frauenfeindlich. Fischer spricht von einer »Sexualstraf-
rechts-Hysterie«.

Sexismus-Hysterie: »Eine flüchtige Hand an meinem Knie«

Als die Schauspielerin Alyssa Milano wenige Tage nach den Ver-
öffentlichungen über Harvey Weinstein am 15. Oktober 2017 den
Hashtag #MeToo wiederbelebte, der erstmals ein Jahr zuvor wegen
Donald (»Grab them by the pussy«) Trump erblüht war, brachen
alle Dämme. Binnen Stunden zählte der Kurznachrichtendienst
Zehntausende Tweets, die beiden Wörter geronnen zu einem
Hashtag, auf dem überwiegend Frauen über ähnliche schmerz-
liche, herzzerreißende Erfahrungen berichteten wie die Schau-
spielerinnen vor ihnen. Sie klangen alle in etwa so:
»#MeToo während meiner Militärzeit, mehr als ein paarmal.
Um mich zu schützen, schwieg ich. Ich bedaure das jeden Tag.«
»Ich wurde in meinem Leben zweimal vergewaltigt, viermal
gestalkt und mit dem Tod bedroht, als ich es offenbaren wollte –
mit 14.«
Eine Frau wurde im Aufzug von einem Vorgesetzten unziem-
lich angefasst, der zwei Jahrzehnte älter war als sie. »Ich habe es
niemandem erzählt.«
Ein Mädchen berichtete, dass eine Gruppe von Mitschülern sie
an eine Wand gedrückt und ihren Pullover hochgezogen hätten,
»um zu sehen, ob ich meinen Büstenhalter ausgestopft hatte. Die

Jungen erhielten kaum einen Schlag auf die Hand, aber ich wurde geächtet, weil ich keinen Scherz verstand.«

»Auf dem Heimweg von der Schule an der Bushaltestelle stand ein Mann neben mir, er zeigte mir seinen Penis. Es war fürchterlich.«

»Vom damaligen Freund meiner Mutter.«

»Mit 8, 12, 14 und 19 Jahren. Me too, meine Mutter auch, meine Großmutter ebenfalls, meine besten Freundinnen.«[38]

#MeToo hat etwas gezeigt: Frauen auf der ganzen Welt fühlen sich ausgeliefert. Das Gefühl haben ganz unterschiedliche Aktionen von Männern geweckt: ein lüsterner Blick, ein schlüpfriges Kompliment, ein unerwünschter Kuss, das Versprechen von beruflicher Förderung gegen Sex, die Nötigung zu engem körperlichen Kontakt bis hin zur versuchten und vollzogenen Vergewaltigung. Bei der schieren Zahl der Meldungen drängt sich die Frage auf: Welcher Mann kann sagen, sich einer Grenzüberschreitung gegenüber einer Frau noch nie schuldig gemacht zu haben? Und welche Frau hätte noch nie einen Kerl zusammenschlagen wollen, der sie bedrängte – hätte sie nur die Kraft dazu?

Weinstein war der Auslöser, und niemand kann ernsthaft bestreiten, dass er seine Macht ausnutzte, um sich Frauen gefügig zu machen. Wir Frauen, alle, fühlen mit den Frauen, die von Männern wie ihm malträtiert worden sind. Auch Männer äußerten sich betroffen. Die #MeToo-Debatte hat den Opfern Solidarität und das Gefühl gegeben, nicht allein zu sein. Und Mut. Sie hat Mut gemacht, das vermeintlich Unaussprechliche auszusprechen. Die Debatte verbreitete und verbreitete sich, allerdings haben sich immer mehr Frauen dazu berufen gefühlt, jedes missglückte Kompliment und manchen harmlosen Flirtversuch in die Nähe sexueller Belästigung und Vergewaltigung zu rücken. Plötzlich waren Vergewaltigung und »sexuelle Gewalt« das, was Individuen dafür halten. Jedes einzelne.

eToo ist leider heiß gelaufen. Es war wichtig, Frauen zu er-
...gen, über ihre Erfahrungen zu berichten. Aber die Beliebig-
keit der Anschuldigungen ist nicht hilfreich, sie kriminalisiert Ba-
gatellen und nivelliert tatsächliche Verbrechen. Das hat dazu
geführt, dass diese wichtige Debatte von einer Hashtag-Dampf-
lokomotive niedergewalzt wurde und tatsächliche Opfer verhöhnt
werden. Wenn SPD-Fraktionschefin Andrea Nahles sagt, »eine ty-
pische Sexismus-Erfahrung ist, dass Frauen nicht ernst genommen werden«, dann kann ich das oder sie nicht ernst nehmen. Es
gibt auch Männer, die sich damit nicht ernst genommen fühlen –
viele zu Recht. Nahles' Satz bewegt sich auf der niederen Ebene der
Forderung, jede Frau dürfe selbst bestimmen, was sexistisch und
sexuelle Belästigung sei, dass als Maßstab gelten soll, was sie selbst
empfindet. In einer Zeit, in welcher der bloße Verdacht reicht, um
Menschen, im Wesentlichen Männer, zu vernichten, ist das eine
gefährliche Entwicklung. Ich rede nicht nur vom Auslöschen von
Persönlichkeiten und Karrieren aufgrund unbewiesener oder
harmloser Vorwürfe, sondern von der Gefahr der Lynchjustiz. Wir
dürfen sehr froh sein, in einem Rechtsstaat zu leben.

Es ist bemerkenswert, was heute die Karrieren von Männern
beenden kann. Wer nicht nur deutsche Zeitungen liest, dem ist
nicht entgangen, dass die britische Premierministerin Theresa
May aufgrund von Zeitungsberichten über »sexuelle Gewalt« zwei
ihrer Minister verloren hat – Berichte, die allerdings nicht ohne
Widerspruch blieben.

Eine junge Journalistin, Kate Maltby, veröffentlicht in der britischen Zeitung *The Times* einen Artikel, der im Wesentlichen von
ihrer Begegnung mit dem Politiker Damian Green im Jahr 2015
handelt. Damals war er noch nicht Theresa Mays Stellvertreter.
Green hatte mit Maltbys Mutter studiert, gehörte zum erweiterten
Umfeld ihrer Familie, und er ließ Kate Maltby verschiedentlich
Ratschläge und Hilfe angedeihen. Auch 2015 ging es um Berufli-

ches, berichtet sie, als sie sich in einem Pub trafen. Er habe ihr geraten, die Option einer politischen Karriere nicht außer Acht zu lassen, er könne ihr dabei helfen. Nachdem das gesagt war, habe Green den Unterhalter gegeben, schreibt Maltby. Er habe ihr erzählt, dass er die Cameron-Beraterin Rachel Whetstone und ihren angeblichen Geliebten, Samantha Camerons Stiefvater Lord Astor, in einem Aufzug getroffen habe, um daraufhin zu betonen, seine eigene Frau sei (diesbezüglich) auch sehr verständnisvoll. »Ich fühlte eine flüchtige Hand an meinem Knie – so kurz, dass es fast abzuleugnen war. Ich drehte meine Beine weg und versuchte, den Drink friedlich zu beenden. Dann mied ich ein Jahr lang jeglichen Kontakt.«

Eine Weile habe sie sich gefragt, ob sie sich den Vorfall einbilde. Aber sie sei aufgebracht gewesen. »Ich hatte gedacht, es entwickle sich eine wichtige politische Beziehung, und plötzlich musste ich erkennen, dass dafür ein Preis fällig gewesen wäre, den zu bezahlen ich nicht bereit war. Ich weiß, dass junge Männer sich regelmäßig ohne Komplikationen mit älteren Mentoren in Westminster auf einen Drink treffen. Warum konnte ich dieses Privileg nicht genießen?«

Als sie sich ein Jahr später für die *Times* »breitschlagen« ließ, wie sie es nennt, über die Geschichte des Korsetts zu schreiben, das wieder in Mode war, ließ sie sich darüber hinaus »überreden«, in einem »nicht sehr freizügigen Korsett« zu posen. Sie ließ offenbar auch zu, dass das Foto gedruckt wurde. Am Tag nach Erscheinen habe Green ihr eine Nachricht aufs Telefon geschickt: »Lange nicht gesehen. Nachdem ich dich in meiner bevorzugten Zeitung in einem Korsett bewundert habe, fühle ich mich gezwungen, dich zu fragen, ob du Zeit für einen Drink hast, wann auch immer.«

Sie habe die Message ignoriert. Sechs Wochen später stürzte David Cameron, und Green war unerwartet einer der wichtigsten Männer in Theresa Mays Kabinett. Nun habe sie ihm eine Nachricht geschickt, in der sie ihm gratuliert habe. Sie freue sich darauf, schrieb sie, zu sehen, was er in der Regierung erreichen könne. Das alles ließ sie nun die Leser der *Times* wissen, zu denen auch Green gehörte. »Damian«, schrieb sie, »ich bezweifle, dass du ahnst, wie peinlich, verwirrt und beruflich kompromittiert ich mich durch dich fühlte. Vielleicht hast du nicht verstanden, weshalb ich dich mied. Vielleicht weißt du nicht, dass du etwas falsch gemacht hast. Das ist das Problem.«[39]

Wie erbärmlich. Und wie erheiternd, selbstbewusst und wehrhaft dagegen die Radiomoderatorin Julia Hartley-Brewer, die über die Hand eines anderen englischen Politikers geschrieben hatte: die von Verteidigungsminister Michael Fallon. Er war es, der auch ihr vor 15 Jahren mehrfach die Hand aufs Knie gelegt haben soll. Eines Tages habe sie zu ihm gesagt: »Wenn du das noch einmal machst, dann schlage ich dir meine Faust ins Gesicht. Er nahm seine Hand weg, und damit war die Sache erledigt.« Fallon habe sich entschuldigt. Sie habe sich nicht als Opfer eines sexuellen Übergriffs verstanden und fand die Sache nicht mehr als »ein bisschen lustig«.[40]

Hartley-Brewer könne ihre Sache halten, wie sie wolle, entgegnete Maltby, »aber einige von uns widersprechen. Eine ältere Generation von Männern mag es für natürlich halten, jüngeren Frauen bei der Arbeit sexuelle Avancen zu machen. Wenn etwas Gutes aus diesem kulturellen Moment entstehen soll, dann müssen wir solche Männer lehren, dass wir ihr Verhalten gegenüber Frauen nicht mehr ignorieren.« Fallon habe keine Macht über Hartley-Brewer gehabt, und er habe ihr auch nicht angeboten, ihre Karriere zu unterstützen. Bei ihr selbst dagegen sei genau das der Fall gewesen. »Er bot mir Rat für meine Karriere an und machte im gleichen Atemzug klar, dass er sexuell interessiert ist.« Das sei für sie nicht akzeptabel gewesen, und es sollte in Westminster auch in Zukunft nicht akzeptabel sein.

Drei Tage später berichtete die Journalistin Jane Merrick in der Zeitung *The Guardian* von einem Treffen mit Fallon, den sie 14 Jahre zuvor als »nützlichen Kontakt« betrachtet hatte und deshalb ihrer Pflicht, wie sie meinte, nachgekommen war, mit ihm zu Mittag zu essen. Sie sprachen lange miteinander, tranken »höchstens einige Gläser Wein«, schreibt sie, aber dann habe er eine Dummheit begangen: Er habe beim Abschied versucht, sie zu küssen. »Das war kein Abschiedskuss auf die Wange, sondern ein direkter Angriff auf meine Lippen«, schreibt Merrick, die damit Michael Fallons Karriere beendete. »Ich schlich davon, entsetzt, und lief in mein Büro im Pressetrakt. Ich fühlte mich gedemütigt, beschämt.«[41] Danach musste sich Theresa May einen neuen Verteidigungsminister suchen. Wenige Wochen danach sah auch Green sich gezwungen, zurückzutreten.

Das ließ die politische Korrespondentin der Daily Mail, Melissa Kite, nicht ruhen. Sie übersah nicht die Rolle der Frauen bei solchen Treffen. Und sie kennt auch ihre. Sie gibt zu, Parlamentarier »ausgenutzt« zu haben. Manchen sei klar gewesen, weshalb sie zum Mittag- oder Abendessen oder auf einen Drink eingeladen waren, andere seien zu beschwipst gewesen, um es zu merken, wie furchtbar sie ausgenutzt wurden. Einer derer, an die sie sich »rangeschlängelt« habe, sei Michael Fallon gewesen. Sie habe sich auf die monatlichen Abende gefreut, weil sie wusste, »der Klatsch würde fließen wie der Wein«. Frauen seien nicht immer passive Opfer, schrieb sie. Sie entschuldige wirkliche sexuelle Übergriffe keinesfalls, aber der Stand der Debatte sei unbefriedigend, weil sie alle Frauen als hilflos darstelle. »Das wirft unsere Sache um Lichtjahre zurück.« Zu Fallon schrieb sie: »Er war Parlamentarier, ich Journalistin, er wusste Dinge, die ich nicht kannte, und ich wusste Dinge, die er nicht kannte. Miteinander hatten wir mehr Teile des Puzzles, als jeder für sich gehabt hätte. Zwei Menschen, die mit Informationen handeln, das ist ein sehr aufregendes Angebot.« Sie sei der Hannibal Lecter dieses Stücks gewesen. Während einer Konferenz der Torys habe sie Fallon einen ganzen Abend mit Karriereproblemen das Ohr abgekaut. Das sei nach heutigen Maßstäben eine Form von Belästigung gewesen. Und dann entschuldigt sie sich bei Fallon für den Fall, in betrunkenem Zustand sein Knie berührt zu haben. »Ging ich bei anderen weiter? Oh dear, ich glaube, das tat ich. Ich war jung und unsicher, reizbar und darauf bedacht, Spuren zu hinterlassen. Und ich dachte, eines Tages würde mein Prinz vorbeikommen. Also küsste ich ein paar Frösche in Westminster und dachte, vielleicht, nur vielleicht, heirate ich einen Abgeordneten.«

Westminster sei ihr Arbeitsplatz gewesen, und ein Leben an anderen Orten habe kaum existiert. Manche hätten sich in sie verliebt. Ein älterer Kollege habe ihr einen langen Liebesbrief in grüner Tinte geschrieben, ein lieber, einsamer Mann. »Eine Menge gelangweilter, in London gefangener Männer lief abends herum, und ich heiterte sie gern bei einem flirty dinner auf, wenn sie dabei ein paar interessante Informationen herausließen, was sie meistens taten.« Die Männer könnten sich ausgenutzt fühlen, räumt sie ein. »Schließlich schmeichelte ich mich ein, klimperte mit meinen Wimpern und trug die richtigen Klamotten. Wenn ein Typ mir vor dem Mittagessen sagte, ich solle das schwarze Kleid anziehen, und wenn ich großzügig war, trug ich es. Hätte er mich angefasst, hätte ich ihn hinkend zu seiner Frau heimgeschickt.« Es gebe keine Entschuldigung für wirkliche Belästigung und Missbrauch. Aber ein Flirt? »Flirten«, so Melissa Kite, »gehört zum Leben.«[42]

Lachen sollte ebenfalls zum Leben gehören! Versucht es doch mal mit Humor, statt euch auch noch darüber aufzuregen, dass Männer noch immer über Pimmelwitze lachen können, also über sich selbst.[43] Humor erheitert und hilft über manch heikle Situation hinweg. Da ist zum Beispiel der Mann für den guten Ton, der im Fernsehstudio nicht nur das Mikrofon an meiner Bluse befestigen muss, sondern auch den Sender. Wer eine Hose trägt, dem klemmt er das Ding an den Bund oder den Gürtel. Aber ich trage meistens ein Kleid. Wohin mit dem Sender? Die Rückseite des Büstenhalters ist eine Option. Weil gerade keine Frau da ist, die Zeit aber drängt, fragt er höflich und ein wenig unsicher, wie wir das Problem jetzt lösen können. Ich ziehe das Kleid nach oben und sage: Du kannst es festmachen, wo du willst. Wenn er zaudert, sage ich: »Keine Panik. Du kannst mir nichts abgucken. Und wenn, dann ist immer noch genug dran.« Dann lachen wir meistens miteinander, und alle im Studio oder am Set lachen mit. Alle entspannen sich, und wir können gemeinsam unsere Arbeit erledigen.

Wie wohltuend, dass es noch gelassene, welterfahrene Stimmen gibt, wo weltfremde Hysterie die Macht zu übernehmen droht. »Guck doch hin, wo du willst«, singt Barbara Schöneberger. »Das ist doch dafür gedacht. … Kommen Sie ruhig näher, wenn Sie sich trauen / Ich dreh mich gern auch einmal rum / Damit Sie voll und ganz auf Ihre Kosten kommen. Guck doch hin, wo du willst.«

Wie verbohrt und verblendet benehmen sich dagegen manche Redakteurinnen, die ihre Arbeit sicher als äußerst investigativ bewerten. Kurz vor Weihnachten 2017 veröffentlichte der Westdeutsche Rundfunk auf seiner Webseite ein Filmchen, auf dem der Berliner Bundestagsabgeordnete Thomas Heilmann zu sehen ist. Acht Politiker äußern sich darin zum Thema Sexismus. Die Frage lautete: »Wann haben Sie zum letzten Mal einen Mann auf sein sexistisches Verhalten angesprochen?« Gregor Gysi sagt Kluges. »Ich darf auch einer Frau mal sagen, dass ich finde, dass sie heute besonders schön gekleidet ist. Ich meine das überhaupt nicht abwertend. Ich sage das übrigens Männern auch. In aller Form zwar: Dann sag ich, Mensch, du bist ja heute edel gekleidet. Wir sollten das auch nicht überziehen.«[44] Er meinte damit die ausufernde Sexismus-Debatte. Als Letzter kommt Heilmann zu Wort, allerdings hören wir nicht seine Antwort, sondern ein Gespräch mit der Frau

en guten Ton. Sie fragt ihn, nachdem das Mikrofon etwas
f hängt, ob sie den Kragen anfassen dürfe. Woraufhin er –
reichlich unbedarft – antwortet: »Sie können alles anfassen.« Dazu
schmunzelt er. Die Folge wäre für einen klugen Politiker absehbar
gewesen: Shitstorm. Und Kommentare wie: »Warum ist er jetzt
nicht seinen Job los?«[45]

Mein erster Seufzer: Wenn du geschwiegen hättest, Thomas.
Nicht einmal eine Frau kommt mit solchen Sprüchen heute noch
durch. Zweiter Seufzer: Heilmanns Bemerkung wurde doch tatsächlich zum »Fall Heilmann« aufgebauscht – was aber zum Glück
verpuffte. Das zeigt erneut, welches Ausmaß an Verblendung die
#MeToo-Debatte nach sich zieht. Wir haben eine Epidemie, eine
Hysterie, in der jede Interaktion zwischen Menschen als Sexismus
gebrandmarkt werden kann. Es geschieht täglich. Die Rede ist
nicht von Vergewaltigungen, sondern von verunglückter mensch-
licher Kommunikation, die als sexuelle Gewalt denunziert wird.
Der Bewegung für Gleichwertigkeit von Frau und Mann hilft das
nicht. Es schafft nicht nur unter Männern das Gefühl von Über-
druss und verleitet die wohlmeinenden, unsere Bundesgenossen,
sich von uns, den fortschrittlichen Frauen, abzuwenden.

Die schweren Verbrechen, die der Filmproduzent Weinstein
mutmaßlich begangen hat, wurden für viele zum Anlass, einmal
frei von der Leber weg aufzuschreiben, welche Unerfreulichkeiten
einer Frau im tagtäglichen Umgang mit Stars und deutlich weniger bekannten Männern begegnen können: der zu tiefe Blick eines
Kollegen, die dumme Anmache in der Kantine, der unverlangt zu-
gesandte Blumenstrauß, schleimige Komplimente, im Suff ge-
schriebene SMS oder auch nur der Umstand, im beruflichen Kon-
text als schön bezeichnet zu werden, wo es doch um Kompetenz
geht. All das fällt inzwischen unter die Rubrik »sexuelle Gewalt«.

Auch die Schauspielerin Shoshana B. Roberts wollte uns im
Oktober 2014 zeigen, wie schlimm die Welt für Frauen ist, zum

Beispiel wenn sie unbegleitet von einem Beschützer durch eine Stadt spaziert. Also zog sie Jeans und Rundkragen-T-Shirt an und marschierte durch Manhatten, 40 Kilometer insgesamt in vier Etappen, zehn Stunden lang. Vor ihr läuft ein Mann, in dessen Rucksack eine Kamera montiert ist. Sie hält zwei Mikrofone in den Händen. Aus den zehn Stunden schnitten Aktivistinnen der Anti-Sexismus-Organisation Hollaback! 1:56 Minuten minus 13 Sekunden Vorspann zusammen, 1:43 also, auf denen mehr als hundert Fälle von »Catcalling« zu sehen sind, was eigentlich hinterherpfeifen meint. Zu sehen und zu hören sind billige Versuche der Anmache, von »Hi, how are you doing« bis »Hey beautiful!« und »Have a nice evening, darling«. Das Filmchen »Ten hours of silent walking through all areas of Manhattan, wearing jeans and a crewneck t-shirt« (Zehn Stunden wortloser Spaziergang in Jeans und Rundkragenshirt durch ganz Manhattan) erntete inzwischen mehr als 45 Millionen Klicks.[46]

Zu sehen sind Männer, wie sie in den Fünfzigerjahren Hauptrollen in Filmen spielten oder mit Schaufel und Spitzhacke bewaffnet Frauen aus Baugruben heraus hinterherpfiffen. Es gibt sie noch, die ungehobelten Proleten. Überrascht?

Das ganze Videoprojekt ist verlogen. Dass eine feministische Organisation eine Schauspielerin engagiert, um ein bestelltes Ergebnis zu erhalten, ist unseriös und nährt den Verdacht, dass der Gesamtvorwurf ein Fake ist. Einhundert Sprüche von Männern könnten viele Frauen sammeln, wenn sie zehn Stunden durch Manhattan gehen – oder durch Neukölln, Wedding und Kreuzberg, vor allem abends; die meisten Sprüche ernte ich von Typen mit Migrationshintergrund. In Berlin-Mitte habe ich das noch nicht erlebt (da sind die Kerle cooler) und schon gar nicht in Siegen, dort würde sich das keiner erlauben, außer den Genannten, die aber auf dem Land von Passanten zurechtgewiesen werden, wenn sie sich danebenbenehmen.

Shoshana B. Roberts' ach so grandioser Erfolg für die feministische Bewegung fand natürlich Nachahmerinnen. Eine schwarze Schöne in knappem, engem Top, bauchnabelfrei, hat auch schon mehr als fünf Millionen Klicks eingesammelt.[47] Viel aussagekräftiger sind allerdings die Parodien auf Roberts' Catwalk, vor allem »Ten hours of non-silent walking through all areas of Manhattan, wearing jeans and a jacket«. Darin wehrt sich die Frau verbal und manchmal sogar körperlich, und schon entfernen sich die Kerle – sowie eine offenbar lesbische Frau, die ebenfalls ihr Glück versucht.[48]

Eine weitere Parodie heißt: »10 Hours of Walking Around as an Unattractive Woman in Hollywood«. Eine unscheinbare Frau trägt weite Sweatpants und ein Sweatshirt, ist nahezu ungeschminkt und blickt mit traurigen, unsicheren Augen zu Boden. Die Frau, gar nicht überraschend, erleidet keinen einzigen Blickkontakt, keinen Fall von verbaler Anmache, kein Augenzwinkern, kein Pfiff. Nichts: »Ich spazierte überall herum, und niemand kümmerte sich im Geringsten um mich.« Und als sie stürzt, kommt ihr niemand zu Hilfe.[49]

Es gibt US-amerikanische Feministinnen, die auch das beklagen. Sie nennen dies Lookism, Diskriminierung aufgrund des Aussehens. Das ist nicht nur ein Fall von Gruppenschizophrenie, sondern beweist, dass, wer über Sexismus redet, auch über Sex reden muss – und umgekehrt. Weshalb spricht ein Mann eine Frau an? Weil sie ihm – rein optisch – gefällt. Heute gilt bereits diese Auswahl als sexistisch. Wenn er sie anspricht, versteht das die eine oder andere Frau heute bereits als Belästigung, als Zumutung, weil sie unterstellt, als Sexualobjekt gesehen zu werden. Meine Grenze ist noch lange nicht erreicht, wenn ich angesprochen werde. Sie ist aber überschritten, wenn es zu Übergriffen kommt, wenn eine Frau körperlich angegriffen wird. Und selbstverständlich gehört dazu das Ausnutzen von Machtpositionen, das »Weinsteinen«.

So hysterisch die Debatte vor allem in den USA ist, so erfreulich ist zu sehen, dass in diesem moralischen, verklemmten Land immer wieder Korrekturen möglich sind, dass die Vernunft sich Bahn bricht. Die erste Frau, die es wagte, gegen die Mauer der Selbstgewissen anzurennen, war Claire Berlinski in dem Magazin *The American Interest*.[50] Es erfüllt offenbar auch sie mit Wut, dass eine Gruppe von lasterhaften Männern glaubt, immer straffrei davonzukommen, die, in Hollywood, in den Medienbüros oder in den Kongresshallen thronend, sich jungen Frauen aufzwängen, viele von ihnen auch noch körperlich ekelhaft. Aber sie gibt zu bedenken, dass in den vergangenen Wochen viele Männer zur »beruflichen Todesstrafe« verurteilt worden seien, ohne vor ein Gericht gestellt worden zu sein. Manche dieser Männer sieht sie als Opfer. Bei manchen könne sie das nicht erkennen, aber sie könne es auch nicht beurteilen, schließlich habe sie nicht unterm Bett gelegen. Und einige seien beschuldigt worden »wegen geringer oder scheinbarer Vergehen«, die »eine völlige berufliche und persönliche Vernichtung« nicht rechtfertigten.

Nun gelte als Belästigung, »was Männer und Frauen normalerweise tun – flirten, spielen, schlüpfrig scherzen, begehren, verführen, albern«. Dazu brauche es nur einer Beschreibung der Handlung wie: »Ich erstarrte. Ich war in Panik.« Wie der Mann sich fühlte, spiele keine Rolle. Die Beweislast zum Verständnis der Interaktion und ihrer emotionalen Feinheiten liege ausschließlich bei ihm. Sie mahnt zur Mäßigung und zu weniger Hysterie, wenn sie schreibt: »Vielleicht hätte sie sein Verhalten als harmlos verstehen sollen, unbeholfen, süß, aber fehlgeleitet, taktlos oder klebrig, aber doch ohne ausreichend Arglist, um eine solch harte Strafe zu verdienen?«

Auch sie könnte aus einer Laune heraus die Karriere eines Oxford-Dozenten zerstören, mit dem sie auf einer Weihnachtsfeier betrunken getanzt habe, schreibt sie. Er habe an ihren Hintern gegriffen und gelallt: »Das wollte ich schon das ganze Semester lang mit Berlinski tun.« Das Wichtige daran: Sie sei nicht erstarrt, sie geriet nicht in Panik. »Ich war amüsiert und geschmeichelt und dachte wenig daran.« Klar, sagt sie, er, der Oxford-Dozent, hatte Macht über sie, wenn sie im Tutorial in seinem Zimmer saß – ohne Aufsicht. Aber sie, 20 Jahre jung, habe auch Macht über ihn gehabt – genug, um einen ehrwürdigen Dozenten auf einer Weihnachtsfeier dazu zu bringen, sich zum Idioten zu machen. »Wenig überraschend, ich liebte diese Macht. Aber nun habe ich zu viel davon. Ich habe die Macht, jemanden zu zerstören, dessen Tutorials für mich außerordentlich wertvoll waren und mein ganzes intellektuelles Leben zum Besseren formten. Diese Macht will ich nicht und sollte ich nicht haben.«

Sie habe viele mächtige Männer getroffen, die in ihrer Gegenwart schmutzige Witze gerissen und mit ihr geflirtet hätten. Meistens hätte sie diese männliche Aufmerksamkeit erfreut. »Ich fürchtete den Tag, an dem ich diese Macht über Männer verliere, die ich nutzte, damit sie mir Geheimnisse anvertrauten, die sie keinem männlichen Journalisten gewährt hätten. Ich fühlte mich auch nicht ›erniedrigt‹, wenn ich merkte, dass einige Männer mein Dekolleté mehr schätzten als mein Talent. Ich war verdammt glücklich darüber, genügend Talent zu haben, mein Dekolleté zu nutzen.«

Was aber, fragt sie, wenn sie das Geschehen von damals heute als widerlich erkenne? Wenn sie bemerkte, dass es einen großen emotionalen Schaden verursacht hat, was sie aber erst jetzt verstehe?

So sei es bei der Oscarpreisträgerin Natalie Portman geschehen, die zuerst dachte: Wie gut, dass mir das nicht widerfahren ist. Aber je länger Portman über die Vergangenheit nachgedacht habe, desto mehr Vorfälle seien ihr eingefallen, bis sie, so Berlinski, »ihr Leben im Licht der aktuellen Nachrichten überprüfte«. Das Ergebnis der Neubewertung formulierte Portman so: »Ich wechselte vom Glauben, ich hätte keine Geschichte zu erzählen, zu: ›Warte, ich habe 100 Storys‹. Und ich denke, viele Leute haben diese Abrechnungen mit sich selbst über Dinge, die wir für selbstverständlich hielten, die wir für einen Teil des Prozesses hielten.«[51]

Damit könnte man heute Leben zerstören, nur indem man ein paar Namen fallen lässt und einen Moment der Ungehörigkeit beschreibt. Claire Berlinski sagt, ihr fielen eine Menge Situationen ein, die heute der »sehr elastischen gegenwärtigen Definition von ›Belästigung‹ entsprächen, eine Kategorie, die verschwommen genug ist, um alle typischen Flirts einzuschließen, die Freude und Amüsement in vieler Leben bringt, all der vulgäre Humor, der bedeutet, dass wir unter Freunden sind und offen sprechen können, wird zu Belästigung durch ganze vier Wörter: ›Ich fühlte mich erniedrigt.‹«

Weil sie nicht als Apologetin der Vergewaltigung missverstanden werden will, sagt Berlinski ausdrücklich, dass die Vorwürfe gegen Weinstein glaubhaft seien, er vor Gericht gestellt und zu einer harten Strafe verurteilt werden müsse, nicht nur zu einer Therapie. »Keine zivilisierte Gesellschaft toleriert Vergewaltigung.« Aber Rache zu üben und nicht zu unterscheiden zwischen schuldig und unschuldig sei falsch, Verdächtige aufs Schafott zu führen habe schon die Französische Revolution in den Terror getrieben. Wenn auch diese Revolution diesen Weg gehe, dann werde das nicht nur furchtbar für Männer, sondern auch für Frauen.

Kurz vor Beendigung dieses Buchs bekomme ich auch aus Europa Bestätigung, und zwar aus dem Mutterland der Liebe, aus Frankreich. Hundert Frauen, darunter die Schriftstellerin Catherine Millet, die Sängerin Ingrid Caven und die Schauspielerin Catherine Deneuve, haben sich gegen einen Feminismus gewandt, der einen »Hass auf Männer« ausdrückt. Es treffe zu, dass einige Männer am Arbeitsplatz ihre Macht ausnutzen; das auszusprechen sei nötig gewesen. Aber die Befreiung der Rede wandle sich ins Gegenteil. Man befehle den Frauen, auf eine bestimmte, korrekte Art zu sprechen, und wer dem nicht Folge leiste, werde als Verräter oder Komplize betrachtet. Das Wort Puritanismus fällt, und die Frauen beklagen, dass Männer schon zum Rücktritt gezwungen worden seien, weil sie das Knie einer Frau berührt oder versucht hatten, einen Kuss zu stehlen. Sie sprechen von einem »Fieber, Schweine abzuschlachten«; es diene nur »den Interessen der Feinde sexueller Freiheit, religiöser Extremisten, der schlimmsten Reaktionäre«. Die prominenten Frauen nennen »die Freiheit, aufdringlich zu sein« als »unverzichtbar für die sexuelle Freiheit«. Das Recht, zu einem sexuellen Angebot Nein zu sagen, bedinge die Freiheit, jemanden zu behelligen. Auch um die kulturelle Freiheit geht es den Frauen, wenn in einer »puritanischen Säuberungswelle« hier ein Nacktbild von Egon Schiele auf einem Plakat zensiert, dort ein Gemälde des polnisch-deutsch-französischen Malers Balthus aus einem Museum entfernt werden soll, weil es sich dabei angeblich um eine Apologie der Pädophilie handle.[52]

Es gab weltweit viele, die dem widersprachen, während andere Deneuve beisprangen. Aber um eine Frage machten die meisten einen weiten Bogen. Gibt es Frauen, die ihren Körper kompromisslos einsetzen, um ihre Ziele zu erreichen? Anscheinend nicht.

3. BÖSE MÄDCHEN KOMMEN ÜBERALLHIN

Alltagssexismus

Es ist einer dieser Berliner Clubs, in die nur eingelassen wird, wer mit Empfehlung kommt. Da treffen sich Trash-TV-Stars, C-Promis, ein Teufelsgeiger, aufgedunsene Schauspieler und heruntergekommene, weltbekannte Rockstars. Es gibt Alkohol und Kokain, und natürlich stehen auch Prostituierte herum sowie Frauen, die sich wie solche benehmen.

Natürlich interessiert mich diese Unterwelt im schnieken Szeneschuppen. Und doch sitze ich beim ersten Mal betrunken, angewidert, schockiert und eingefroren in dieser Szene, während dieser Teufelsgeiger sich intensiv und intim mit einer Teilnehmerin von »Germany's Next Topmodel« beschäftigt. Plötzlich steht der Rockstar vor mir und fragt, wo ich wohne.

Meine Antwort kommt sofort: »Ich ficke nicht mit dir!«

»Ich fahre dich nach Hause.« Er will mich nach draußen bugsieren, immer wieder, bis wir uns anbrüllen, wovon aber niemand Notiz nimmt. Alle leben in ihrer eigenen kleinen Drogen-Alkohol-Sex-Scheinwelt, alle glauben, sie seien etwas Besonderes. Jeder macht, was ihm gefällt, jede, was ihr gefällt, Fotos sind verboten. Wir sind geil. Wir koksen. Wir sind Stars.

Er lässt nicht locker, steht irgendwann auf und befiehlt: »Du holst jetzt deine Jacke. Ich bin sofort wieder da.« Während er sich die nächste Line gönnt, laufe ich zur Garderobe, schnappe meinen Mantel, stürze die Treppe hinunter und springe in ein Taxi. So entkomme ich einer Situation, die unerfreulich hätte enden können.

Die meisten der Männer in diesen Etablissements der Etablierten sind, wie der alternde Rockstar, ein bisschen eklig bis widerlich, und die abscheulichsten von ihnen machen sich an die schönsten Mädchen ran. Den Mut dazu verleiht ihnen ihr Geldbeutel oder ihre Position. Ich hatte bisher Glück, keiner tat mir bisher etwas Böses – auch weil alle bald wussten, dass ich für Derartiges nicht verfügbar bin. Ich kokse nicht und ich erniedrige mich nicht für einen Drink oder eine anderweitige Einladung. Aber was in Berliner Nächten geschieht, reicht aus, um einen Teil der Männer, die ich kenne, für triebgesteuert zu halten. Ich musste aber auch feststellen, dass es genügend weibliche Pendants für sie gibt.

Es gibt eine zweite Art von Treffs, die auf anderer Ebene geschäftlich beginnen, aber enden wie jene im Szeneclub. Hier trägt jemand etwas vor oder Anzugträger und eine Quotenfrau sitzen auf einem Podium, um sich einem ernsten Thema zu widmen, aber der wichtigere Teil folgt erst danach, wenn die Gäste an der Bar oder an blumengeschmückten Stehtischchen netzwerken: Politiker und Schauspielerinnen, Fernsehfritzen und Verbandspräsidenten, Autorinnen und Literaten, Feuilletonistinnen und populäre Philosophen, die Frau von X und der Ex von der Y oder umgekehrt, sogenannte Influencerinnen mit jungen CEOs von Fintech-Start-ups, und hin und wieder verlässt auch eine Bloggerin ihre Tippstube, um mit einem stadtbekannten Sportler mal etwas anderes zu erkunden als das WWW.

In der Stadt, von der man sagt, dass hier alles geht, nehmen sich diese vermeintlichen Eliten – ALLES. Nach ein paar Partys kennst du sie, es ist wie auf dem Dorf in der einzigen Kneipe. In Berlin treffen sich ein paar Hundert Leute immer wieder an denselben Plätzen. Da wird viel ausgehandelt, werden Jobs vermittelt und Geschäfte eingefädelt. Politikerinnen im Amt und Managerinnen in Würden sind selten anwesend, sie meiden diese Atmosphäre oder verschwinden, je mehr der Abend sich ins Halbseidene wandelt, immer privater wird, auch intimer. Es ist eine Welt im Verborgenen, es sind geheime Partys, geschlossene Lobby-Veranstaltungen, abgeschottete Räume hinter den Glitzer-Promi-Kulissen der Hauptstadt. Unbemerkt von der Öffentlichkeit existiert diese Parallelwelt – jenseits von Moral und Recht.

Nachdem gegangen ist, wer am nächsten Morgen früh aufstehen muss, widmet sich der harte Kern noch intensiver dem Alkohol und anderen Drogen sowie potenziellen Sexualpartnern. Für ein Mädchen vom Lande war es zu Beginn schockierend, in dieser geschlossenen Gesellschaft das merkwürdige Verhalten geschlechtsreifer Großstädter zur Paarungszeit zu beobachten. Paarungszeit ist immer. Manchmal sofort. In einem stadtbekannten Szenelokal mit Privaträumen in der Beletage sind beide Toiletten immer besetzt, weil drin entweder gekokst oder gevögelt wird.

Ich betrete also eine dieser Locations, eine Gruppe Männer, die sich in einer Sitzgruppe lümmelt, taxiert mich; einen kenne ich schon, also geselle ich mich dazu. Ein Kellner trägt ein Tablett vorbei, ich nehme Weißwein und scanne meinerseits die Anwesenden, und als ich mich wieder den Männern zuwende, hat sich herumgesprochen: Das ist die von Femen.

Menschen suchen Ordnung. Deshalb stecken sie andere Menschen in Schubladen. Besonders gern machen das Männer mit Frauen. Ich bin das Tittenmädchen. Dieser Eigenschaft und meiner Mitgliedschaft in der Christlich Demokratischen Union Deutschlands ist es geschuldet, dass ich nach meinem Umzug nach Berlin zu solchen Events eingeladen werde, zu Lobbypartys und geschlossenen Gesellschaften in Privaträumen oder im Szenelokal mit Privatclub. Ich kleide mich, wie es sich für solche Veranstaltungen gehört, ich erscheine nicht im Hosenanzug, der mir nicht steht, sondern meist in einem engen Etuikleid. Als Feministin und Femengründerin bin ich gleichzeitig Außenseiterin und Schmuckstück der VIP-Veranstaltungen.

Die Kerle – bei Lobbyistentreffen sind meistens viele Kerle und wenige Frauen da – halten jetzt ihre Telefone in Händen, nicht um mich zu fotografieren, sondern um zu googeln. Alle starren auf ihre Smartphones, werfen sich Blicke zu oder schauen mir frech in die Augen. Sie haben die Fotos gefunden. Und nun werde ich beurteilt. Die Männer, allesamt keine 40 mehr, freuen sich wie kleine Jungs. Die hat ihre Brüste rausgehängt! Wow! Sie finden das geil. Oder interessant. Sie können sich nicht sattsehen.

Ihr Irrtum liegt darin, dass sie meine Nacktheit mit etwas Pornografischem in Verbindung zu bringen scheinen. Die Bilder lösen etwas in ihnen aus. Sie versuchen, mich zu beeindrucken, erzählen von ihren verantwortungsvollen und sehr einträglichen Jobs. Es interessiert mich nicht, ist aber offenbar ein Teil des üblichen Spiels. Nur wenige fragen, warum ich mich nackt gezeigt habe, was unser Ziel war und ob wir es erreicht haben. Männer reden gern, das Zuhören müssen sie noch üben.

Hat doch einer verstanden, was Femen war, bemerke ich Respekt. Sie haben meine politische Botschaft auf meiner Haut gesehen und schließlich verstanden. Es sind Bilder von Demonstrationen, bei denen die Menschenrechtsbewegung Femen gegen die Unterdrückung der Frauen aufmerksam machen wollte. Ich nahm als Mitgründerin der deutschen Sektion von Femen daran teil.

So zogen wir im November 2012 vor dem Kölner Bordell »Pascha« blank und zeigten Schilder: »Die Würde des Menschen ist unbezahlbar!« und »Deutschland ist kein Bordell!«. Quer über unsere Brüste hatten wir Parolen geschrieben wie: »Not for Sale«

und »Stop Modern Slavery«. Und wir riefen, so laut wir konnten: »Der Mensch ist keine Ware!«

Im Januar 2013 besuchten wir die Herbertstraße in Hamburg, um gegen die Sexindustrie zu demonstrieren. Und im Mai desselben Jahrs kaperte ich mit einer anderen Aktivistin Heidi Klums zynische TV-Casting-Show »Germany's Next Topmodel«. Auf unsere Oberkörper hatten wir geschrieben: »Heidi Horror Picture Show« und »Sadistic Show«. Für die Mädchen, fast noch Kinder, ist die Teilnahme an dieser Sendung auch der Horror – und Hoffnung zugleich. Wenn Heidi Klum ihnen sagt: »Für dich habe ich heute kein Bild«, dann brechen sie in Tränen aus. Sie haben sich so bemüht, perfekt zu sein. Und nun glauben sie, ihr ganzes Leben sei ruiniert und sie seien nichts wert.

Diese Show zeigt nicht nur jenen auf der Casting-Bühne, sondern auch den unzähligen Mädchen vor den Bildschirmen, was eine Frau im Westen heute auszeichnet. Die Botschaft lautet: Du kommst als Frau weiter, wenn du dich als Weibchen zeigst. Je mehr du mit den Augen klimperst, desto größer ist dein Erfolg. Meinung ist nicht gefragt, du hast deinen Mund zu halten bei dieser Show. Und je schlanker, je größer, je perfekter du bist, desto größer ist dein Wert. Das alles läuft unter der Überschrift: Füge dich! Keine Frau, die für sich reklamiert, Feministin zu sein, kann mit solchen Sendungen einverstanden sein, schon gar keine Mutter. Aber sie sind es, die ihre Töchter einem Millionen zählenden Publikum zum Fraß vorwerfen. Die Sendung steht für den Fortbestand von Sexismus und Unterordnung der Frau unter die (scheinbaren) Bedürfnisse der Männer, aller Männer.

Ich habe nicht blankgezogen, um mich den Männern untertan zu machen, sondern um Sexismus anzuprangern. Aber Brüste zu zeigen, das verstehen die meisten meiner Berliner Partylöwen falsch. Als Aufforderung. In meinem Fall ist das sinnlos. Privat bin ich eher zugeknöpft. Dies verkennend, halten es manche Männer für zielführend, mich per WhatsApp mit Fotos ihres Genitals zu beschenken, wahlweise hängend oder in voller Blüte. Mein »Penisordner« enthält mehr als hundert Exemplare, sie gehören Unbekannten, Politikern und Fernsehstars. Was denkt so einer? Dass ich gleich aufspringe und vor ihm niederknie? Das sind Akademiker! Wissen sie nicht, dass es Frauen gibt, die so etwas öffentlich machen und den Sextäter an den Pranger stellen? Ahnen sie nicht, dass kompromittierende Fotos oder Exzessberichte das politische Leben eines katholischen, konservativen Politikers, auf den zu Hause Frau und Kinder warten, beenden könnten? Dass ein böses Mädchen, das für eine Koks-Line allerlei mitmacht, auch vor einer Erpressung nicht zurückschrecken könnte? Dass eine enttäuschte Bewerberin, die ihren Teil zum unausgesprochenen Vertrag erfüllt hat und doch nicht ans Ziel ihrer beruflichen oder privaten Träume gelangte, aufschreit oder öffentlich den Vorwurf so vieler Frauen teilen könnte: #MeToo?

Was könnten böswillige Gendermädchen einem Fernsehmoderator antun, die im Netz Fotos von einer Oktoberfestparty finden, auf der er völlig betrunken zwischen ebenfalls betrunkenen Mitarbeiterinnen Arm in Arm auf der Bank sitzt! »Aber das war doch nur ein netter Abend, du weißt doch, dass da nichts gelaufen ist«, entgegnet er meinen Vorhaltungen.

»Klar, weiß ich das. Schließlich kenne ich dich ja lang genug. Aber du weißt doch, wie die Presse das interpretieren kann«, insistiere ich. »Du bist verheiratet!«

Wenig später kochte #MeToo hoch. »Du solltest überlegen, ob du diese Fotos nicht löschen lassen kannst«, sage ich ihm. »Sie könnten als Machtmissbrauch fehlinterpretiert werden. Das kann dich deinen Kopf und deine Karriere kosten!«

»Du hast recht«, bekennt er schuldbewusst. »So was mache ich nie wieder.«

Machen wir uns nichts vor: In der Berliner Bubble geht es zu wie in Hollywood. Auch hierzulande leben die Weinsteins, die hässlichen, kleinen, krummbeinigen Jungen, in der Schule gemobbt und von den Mädchen belächelt, damals voller Minderwertigkeitskomplexe und nun als Erwachsene erfolgreich. Jetzt zeigen sie es den Mädchen, stellvertretend: Schaut her, ich habe es geschafft! Und wo und was seid ihr! Und, ja, nun lächeln sie anders, nun suchen sie ihn auf, nun gehen die Mädchen zu und mit den hässlichen, kleinen, krummbeinigen Jungen, die sie früher ignoriert haben. Nun bekommen die Weinsteins Anerkennung und Macht. Macht, die die Verlierer von damals einsetzen in dem, was sie für ein Spiel halten, bei dem sie nun meistens gewinnen. Wie weit kann ich gehen? Wie weit geht sie für eine neue Handtasche? Für eine Koks-Line? Für ein neues Auto? Ich habe Macht und Geld, und ich kaufe mir die Welt. Widerstand? Wird gebrochen. Nein? Dann muss ich eben mein Angebot erhöhen. Irgendwann knicken sie alle ein. Welch ein Spaß! Welch ein Spaß, Gott zu sein! Sie bleibt beim Nein? Dann kann sie gehen. Hinter ihr warten zehn von ihrer Sorte.

Berechnende Biester und die »Waffen der Frau«

Die Sache – sollte sie so vorgefallen sein – war 30 Jahre her, als sie Kevin Spacey einholte. Der Schauspieler Anthony Rapp berichtete, Spacey habe ihn nach einer privaten Party ins Bett gelegt und sich dann auf ihn geworfen. Spacey entschuldigte sich am 30. Oktober 2017 via Twitter: »Sollte ich mich wie beschrieben verhalten haben, schulde ich ihm die aufrichtigste Entschuldigung für etwas, was zutiefst unangemessenes betrunkenes Verhalten gewesen wäre, und ich bedaure, dass er die beschriebenen Gefühle all die Jahre mit sich herumtragen musste.« Im zweiten Teil des Tweets machte er bekannt, was sein Umfeld bereits wusste: Er habe mit

Frauen und Männern Beziehungen gehabt. Er habe sein Leben lang Männer geliebt und mit ihnen romantische Begegnungen gehabt und er habe sich entschieden, als schwuler Mann zu leben. »Ich werde damit ehrlich und offen umgehen, und das beginnt damit, mein eigenes Verhalten zu prüfen.«[53]

Obwohl an den folgenden Tagen acht weitere Männer Spacey sexuelle Übergriffe vorwarfen, nahm die deutsche Schriftstellerin und Dramaturgin Thea Dorn ihn (und auch andere Schauspieler) in Schutz. Wenn Kevin Spacey jemanden vergewaltigt habe, »also tatsächlich rohe Gewalt angewandt hat, um Sex zu erzwingen«, dann müsse er verurteilt werden, sagte sie zunächst in einem Interview auf Deutschlandfunk Kultur.[54] Aber bis dato sei nur bekannt, dass vor vielen Jahren ein 14-Jähriger ohne Eltern allein auf eine Party von Kevin Spacey gegangen sei. Der Junge habe nie behauptet, der Filmstar habe ihn vergewaltigt, sondern dass es ihm gelungen sei, den Raum zu verlassen.

14 Jahre! Wo waren da die Eltern des Jungen, der sich in Spaceys Schlafzimmer begeben haben soll, um Filme anzuschauen. Was hatte er dort zu suchen? Spaceys Fall regte offenbar auch Thea Dorn an, sich grundsätzlich über die ausufernde Debatte zu äußern. Sie wagte es, auszusprechen, dass es manchmal die Unterlegenen, die Abhängigen sind, die einen Mächtigen herausfordern und auf eine Probe stellen. Dorn berichtete in erfrischender Direktheit darüber, was für eine junge Frau so interessant ist im Kulturbetrieb: Sie sei 19 Jahre jung gewesen, als sie ihre erste Hospitanz an der Oper machte. »Natürlich dauerte es noch keine Woche und ich hatte den erheblich älteren Regisseur am Hals.« Aber sie habe es damals »jeden Abend wieder darauf angelegt, nach der Probe, wie das so ist am Theater, noch einen trinken zu gehen, dass ich die Letzte war, die wieder mit ihm alleine übrig blieb, obwohl ich nicht mit ihm ins Bett wollte, aber natürlich in meiner bekloppten Jugendlichkeit es wahnsinnig schmeichelhaft fand, dass

dieser berühmte wichtige ältere Regisseur sich für mich offensichtlich auch erotisch interessiert«.

Heute wollen wir gern glauben, Künstler könnten »auf einmal alles brave Schwiegersöhne und Benimmlehrer sein«, so Dorn, Künstler, deren Antrieb auch das Abgründige sei, die Lust daran, massiv über die Stränge zu schlagen. »Das ist spießiger und furchtbarer als der Geist der 50er und 60er, wo der Bürger sagte, oh, oh, diese verkommenen Künstler, aber man ließ sie verkommene Künstler sein.« Wir, die wir uns tolerant und libertär wähnten, lebten in einer »hysterisch-bigott hypermoralisierten Gesellschaft«, sagte Dorn. Zu glauben, man könne Machtverhältnisse oder Kränkungen oder Beleidigungen aus der Welt schaffen, nannte sie »neuer Totalitarismus«, der »eine fürchterliche Paranoia« schüre. »In so einem System bin ich doch von morgens bis abends nur noch damit beschäftigt zu überlegen, hat mich wer beleidigt, hat mich wer komisch angeguckt, hat mich wer irgendwie genannt, anstatt den Leuten, den Menschen zu sagen: Kinder, das gehört zum Erwachsenwerden, das gehört dazu, um in dieser Welt zu überleben, dass man eine gewisse Abwehrkraft entwickelt. Und wie gesagt, ich wiederhole es noch mal: Vergewaltigung ist ein widerliches, abstoßendes Verbrechen, aber nicht jeder, der mich Mäuschen oder Pussy oder ich weiß nicht was nennt, das ist kein Problem, das muss ich aushalten.« (sic!) Würde jemand sie nach zwei gemeinsamen Flaschen Wein morgens um halb drei an der Hotelbar anmachen, würde sie vermutlich sagen: »Heute mal nicht, lass mal. Aber ich würde doch keinen Skandal draus machen.«[55]

In den vorigen Kapiteln ist beschrieben, dass und wie mächtige Männer in der Filmbranche, in Zeitungsredaktionen und in der Politik sich das Recht herausnehmen, mit Frauen das zu tun, was ihnen gefällt: verbale Anmache, betatschen und grapschen bis hin zu mehr oder weniger »freiwilligem« Sex und schließlich zur vollendeten Vergewaltigung. Wenn Frauen gegen ihren Willen und unter großem Druck gefügig gemacht werden, dann ist das – es muss wohl ausdrücklich immer wieder betont werden – ein widerliches Verbrechen von widerlichen Typen.

Aber es gibt eben auch die willfährigen, die aufstiegswilligen jungen Frauen, die ihren Körper bedenkenlos einsetzen. Auch über sie müssen wir reden, um der Redlichkeit unseres Anliegens willen. Der Zeitungs- oder Fernsehmann kann sich kaum der Angebote von Schauspielerinnen oder Models erwehren, die ihm gegen das Versprechen von Öffentlichkeit anbieten, was sie so anzubieten haben. Auch gegenüber Anzugträgern aus der Wirtschaft setzen Frauen mit Ehrgeiz all ihre Reize ein. Unter Männern gelten sie als Bitch, als leichtes Mädchen, Männer dagegen werden für ihre Affären gefeiert. Das alte Spiel des Patriarchats: Jäger und Gejagte. Über diese Ungleichbehandlung in der Beurteilung des Gleichen können wir uns aufregen. Aber wie sollen Männer den Respekt vor Frauen nicht verlieren und widerliche Worte sagen wie Donald Trump, der »Groper-in-Chief«, der oberste Grapscher: »Wenn du ein Star bist, dann kannst du alles mit ihnen machen.«

Frauen, die ihren Körper einsetzen, um Ziele zu erreichen, stehen nicht auf meiner Seite. Eine Vagina verpflichtet mich nicht zu Solidarität. Ich fühle mich der Wahrheit und der Gerechtigkeit verbunden. Die unter sogenannten Feministinnen geforderte bedingungslose und blinde Frauensolidarität wäre Nibelungentreue. Derartiger Egoismus ist der beste Täterschutz, und es ist beschämend zu lesen, dass eine Wissenschaftlerin Frauen dazu rät, ihr »erotisches Kapital« zu nutzen.[56]

Aber zweifeln Sie daran, dass einige es tatsächlich tun? Natürlich outete sich keine Frau, für einen Posten, eine Rolle oder mehr Honorar mit Sex bezahlt zu haben. Immerhin aber wies die Journalistin Emma Duncan in der *Times* darauf hin, dass die Mainstream-Vorstellung vom Opfer und der Täterin, welche die Medien mehrheitlich zeichnen, falsch sei. Jeder Einzelfall müsse gesondert analysiert werden, individuelle Fehler seien zu beurteilen, statt anhand von Vorurteilen alle Individuen eines Geschlechts über einen Kamm zu scheren. Moral entstehe nicht in Schwarz-Weiß, sondern in Grautönen. Auch sie, so Duncan, habe es als 19-jährige Praktikantin nicht gemocht, dass ihr Chef im Taxi sein stachliges Kinn in ihren Nacken steckte und sie auf den Hals küsste. Aber sie habe nicht widersprochen. Denn es habe ihr »einen Kick gegeben. Ich fühlte mich geschmeichelt von der Aufmerksamkeit eines mächtigen Mannes, so unattraktiv seine Borsten auch waren. In der Firma war ich nicht länger die unauffällige Studentin, ununterscheidbar vom Rest der ehrgeizigen Menge. Ich begann, jemand zu sein. Es gab mir auch einen Wettbewerbsvorteil. Ich konnte Leute treffen, die ich sonst nicht getroffen hätte.« Indem sie ihn gewähren ließ, schrieb sie, habe sie gegenüber anderen einen Vorsprung erzielt.[57]

Sollte es in Hollywood oder Hamburg, in Bollywood oder Berlin berechnende Biester geben, welche »die Waffen der Frau« (Achtung, Sexismus!) einsetzen und sexuelle Gunst gegen beruflichen Aufstieg eintauschen, dann wäre das ein schwerwiegendes Vergehen gegen die Frauen und deren Rechte sowie alle, die gegen Sexismus und sexuelle Gewalt kämpfen. Frauen dürfen nicht käuflich sein, sonst werden sie gekauft. Das muss aufhören, sonst hört das andere niemals auf! Wir müssen solchen Frauen ins Gesicht sagen: Was du machst, ist Prostitution.

Aber wer von uns Frauen könnte schwören, die innere Bitch immer im Zaum zu halten? Wer könnte schwören, den eigenen Körper noch nie eingesetzt zu haben, um einen Mann zu manipulieren, um mit seiner Hilfe ein Ziel zu erreichen? Es beginnt mit einer schnellen Dienstleistung für eine Line Koks oder für gefällige Berichterstattung in den Medien. (Nicht der Mann kauft sich eine Frau, sondern eine Frau dient sich an, verkauft sich.) Und es endet noch lange nicht damit, dass eine Frau einem Chefredakteur ihren Körper in der Erwartung oder Hoffnung zur Verfügung stellt, dass es als Aufwandsentschädigung eine Anstellung gibt.

Es wäre weltfremd zu glauben, nur Männer seien Täter und Frauen taugten nur als Opfer. Es wäre auch weltfremd zu glauben, wir könnten verhindern, dass es in Unternehmen zu Sex zwischen Vorgesetzten und aufstiegswilligen Subalternen kommt, in Sportvereinen, wo SpielerInnen aufgestellt werden, weil der/die TrainerIn das entscheidet, und auch in Verlagen könnten EntscheiderInnen AutorInnen verfallen, denen sie Buchverträge gegen Gefälligkeiten anbieten. Die Grenze ist da zu ziehen, wo Vorgesetzte ihre Machtposition ausnutzen. Das beginnt bei den Ärmsten, die von lausigen Löhnen hinter Kassen, in der Küche oder beim Putzen fremder Wohnungen abhängig sind. Täter sind jene, die entscheiden, und das Druckmittel dieser »Gatekeeper« ist die Macht. Und es endet noch lange nicht in Hollywood. Volker Schlöndorff schrieb in seiner Verteidigung von Dustin Hoffman, Madonna habe ihm für eine Rolle in seinem Film »Die Geschichte der Dienerin« (»The Handmaid's Tale«, 1990) angeboten, seine Wohnung ein Jahr lang zu putzen, »on my knees«.[58]

Wenn das stimmt, ist die Beteiligung an einer Anti-Trump-Demonstration wegen dessen sexistischer Äußerungen nicht mehr sehr glaubwürdig. Sie nahm am Tag nach Trumps Amtseinführung am »Women's March on Washington« teil, wo sie, einen »Pussyhat« auf dem Kopf, ihre Geschlechtsgenossinnen dazu aufrief, ihre Ablehnung gegen »dieses neue Zeitalter der Tyrannei« deutlich zu machen.[59]

Sind Menschen, die glauben, sich mit Vorgesetzten einlassen zu müssen, wehrlose Opfer? Entspräche dies nicht einem ausgesprochen rückständigen Frauenbild? Dürfen wir zur Debatte stellen, ob die auf diesem Wege angestrebte Erschleichung von Vorteilen einem Wesen leichter fällt, das nicht Rubens' Schönheitsideal entspricht, sondern dem heutigen? Verfügen nicht auch diese glücklichen Menschen über Druck- und Machtmittel? Ist es legitim zu erwähnen, dass selbst Weinstein Menschen entgegentritt, die entscheiden können, was sie wollen und was nicht? Dass diese Menschen Nein sagen können, nicht nur, wenn ein dicker oder dürrer, kurzbeiniger oder kurzsichtiger, glatzköpfiger oder schmerbäuchiger Kerl Unmögliches verlangt? (Das war, ich bin mir dessen voll bewusst, Sexismus!) Und noch etwas müssen wir ansprechen: Kann es sein, dass es leichter ist, den Avancen eines Vorgesetzten nachzugeben, der nicht dürr, kurzbeinig und kurzsichtig oder schmerbäuchig ist? Spielen bei der Beurteilung, ob eine Avance unangebracht, unangemessen oder unerwünscht ist, auch die Attraktivität und das Alter eine Rolle?

Wir dürfen nicht alles über einen Kamm scheren, wir müssen den Einzelfall betrachten und uns am Ende wohl damit zufriedengeben, dass es kein einheitliches Urteil geben wird – schon gar kein richterliches. Dass all diese verdorbenen Seelen – im Gegensatz zu ihren vermutlich recht wahllos Auserwählten – nicht gerade zu den äußerlich attraktivsten Männern zählen, ist unübersehbar, und es reizt zum Lachen, wenn ein schmerbäuchiger Schmock einer Schauspielerin rät abzunehmen. Ganz zu schweigen von den inneren Werten. Dass solche Männer die attraktivsten Frauen »bekommen«, sagt viel – manchmal leider auch über die Frauen.

Die Mehrheit derer, die potenzielle berufliche Vorteile gegen Sex gewähren können, ist noch immer männlich, und zwar heterosexuell männlich, weshalb die Macht über diejenigen, die aufstreben, noch immer mehrheitlich bei Männern liegt. (Im Umkehrschluss sind diejenigen, die potenziell Sex für berufliche Vorteile gewähren können, mehrheitlich weiblich.) Die Macht liegt allerdings nicht bei »den« Männern, denn die meisten von ihnen unterliegen ebenfalls anderen Mächten. Und können wir sicher sein, dass Frauen in Führungspositionen sich nicht die Gunst eines männlichen Kollegen mit unlauteren Mitteln erschleichen? Und wie ist es mit homosexuellen Bossen und Chefinnen? Wer sich in einem politischen Umfeld bewegt, kann die Netzwerke und Seilschaften unter Schwulen und Lesben nicht übersehen. Und bis Januar 2018 erging der Vorwurf gegen drei sehr bekannte Fotografen, männliche Models belästigt zu haben.[60]

Wir dürfen nicht verschweigen, dass es eine ganze Menge Frauen gibt, die ihren Körper benutzen, um nach oben zu kommen, wenn es nicht anders geht, auch mithilfe der hässlichen, kleinen, krummbeinigen Jungs. Um es klar zu formulieren: Es ist selbstverständlich zu verurteilen, wenn jemand seine Macht einsetzt, um Sex zu bekommen, aber es ist auch falsch, Sex einzusetzen, um Macht zu erlangen. Ein »System Weinstein« kann aber nur stürzen, wenn alle Frauen beim Nein bleiben, die Regeln nicht mehr beachten, den Mächtigen die Rolle oder die Stelle vor die Füße werfen. Handelten alle wie Lupita Nyong'o, verweigerten alle den Gehorsam, die Götter wären sofort gestürzt, sie kröchen zu unseren Füßen. Wir haben die Macht, dieses System sofort zu zerstören. Frauen, welche die Gunst der Männer ausnutzen, führen nicht nur sich, sondern alle Frauen auf dünnes Eis. Schnell ist das Urteil gefällt, alle Frauen seien Bitches. Und weil B sagen muss, wer A gesagt hat, lautet das Urteil nach einem Missverständnis: Frauen sind selbst schuld, sie haben es so gewollt.

Die Schuld der Frauen

Der heilige Augustinus des fünften Jahrhunderts glaubte offenbar, sich mit Frauen auszukennen. Er bezweifelte, dass die schöne, keusche Lucretia Opfer einer Vergewaltigung geworden war. Hatte sie nicht dem Drängen von Sextus Tarquinius, dem Sohn des römischen Königs, nachgegeben und in den Beischlaf eingewilligt? Oh Heiliger, der Königssohn stand mit einem Schwert vor ihr und drohte, sie und ihren Sklaven zu töten, sie nebeneinander zu beerdigen und zu behaupten, er habe die beiden in flagranti erwischt. Da ließ sie es über sich ergehen.

Warum hielt sie es für richtig, sich danach selbst zu richten? Um ihre Treue zu beweisen oder ihre Tugendhaftigkeit zurückzugewinnen? Um sich der Infamie derer nicht aussetzen zu müssen, die ihr übel nachreden würden? Aus einem unerklärlichen, aber überwältigenden Schuldgefühl heraus? Aus Sorge, geschwängert worden zu sein? Aus Verzweiflung darüber, möglicherweise nie wieder in ihr bisheriges, enthaltsames Leben zurückkehren zu können?

Hat sich Entscheidendes verändert? Müssen sich nicht bis heute Frauen rechtfertigen, die Lucretias Schicksal ereilt hat? Der Zweifel an der Aussage eines Opfers lebt noch immer. Spätnachts allein unterwegs gewesen? Was hattest du an? Vielleicht doch ein bisschen getrunken? Und ist dann nicht der Weg zu Schuldgefühlen kurz? Und ist es nicht so, dass es auch heute noch Männer gibt, welche die Keuschheit ihrer Töchter und Schwestern bis aufs Äußerste schützen, so wie der Armeeoffizier Lucius Verginius, dessen Tochter Verginia der mächtige Appius Claudius nachstellte, weshalb Verginius sie auf das Forum führte und tötete, weil er lieber der Mörder einer keuschen Tochter sein wollte als der Vater einer geschändeten?

Diese Fragen sind wichtig, auch die Antworten. Aber die erste wichtigste Frage angesichts Lucretias Selbstmord ist doch, wieso bis heute die Frauen den Preis dafür bezahlen, dass Männer sich an ihnen vergehen. Noch immer gibt es Männer, die Frauen als Freiwild betrachten. Eine Vergewaltigung trifft noch immer meistens Frauen, auch wenn wir wissen, dass auch Männer und jetzt auch das sogenannte dritte Geschlecht auf solche Weise traktiert werden. Aber es bleibt dabei: Die überwiegende Mehrheit der Täter sind Männer. Und es geschieht weiter trotz der Implementierung des Grundsatzes »Nein heißt Nein« ins Sexualstrafrecht. Noch immer werden Penisse, Finger oder Gegenstände ohne ausdrückliche Erlaubnis oder trotz eines klaren Neins oder anders geäußerter Ablehnung in Vaginas eingeführt.

Perfide ist das »Argument«, Frauen seien selbst schuld, weil sie sich nicht anständig anziehen. Sind etwa ein kurzer Rock oder ein sichtbares Dekolleté eine Aufforderung zum sofortigen Beischlaf? Natürlich nicht. Noch schlimmer ist, dass auch viele Frauen diejenigen verurteilen, die sich zeitgemäß modisch kleiden. »Dann mach doch die Bluse zu« ist kein »Aufschrei gegen den Gleichheitswahn«,[61] sondern eine Unverschämtheit. Den schlimmsten, den giftigsten Satz in dieser Kette der Schuldzuweisungen hat jedoch eine Frau geschrieben, die Kulturwissenschaftlerin Mithu Sanyal: Eine Vergewaltigung scheine »das Schlimmste zu sein, was einer Frau zustoßen konnte, und andererseits gleichzeitig die Messlatte für ihre Attraktivität«.[62]

Was soll das? Soll eine Frau nun stolz darauf sein, zu den Auserwählten zu gehören? Steckt in diesem Satz nicht die Unterstellung, eine Frau könnte sich klammheimlich darüber freuen, von einem Gewalttäter missbraucht zu werden? Sanyals Satz ist unbeschreiblich frauenverachtend und genauso bescheuert wie eine Frau, die »Sexismus!« ruft, weil sie weniger beachtet und umschwärmt wird als ihre Freundin, die, anders als sie selbst, blond, groß und sexy ist.

Auch optisch unattraktive Männer werden links liegen gelassen – außer sie verfügen über Vermögen oder Macht oder beides. Wir alle, Frauen und Männer, sind uns bewusst, dass Frauen keine Sexobjekte sind. Wäre es anders, hätte die Frauenbewegung die letzten 50 Jahre gar nichts erreicht. Und doch geschieht es, und doch sind die Weinsteins überall. Das System Weinstein war bekannt, das haben zahlreiche Zeugen zugegeben, auch Frauen. Aber warum nur schwiegen alle?

Die amerikanische Journalistin Melissa Batchelor Warnke verteidigte das Schweigen vieler Frauen damit, dass so vielen »Überlebenden« nicht geglaubt werde, sie nicht unterstützt würden, und dass sie von Freunden, der Familie, Mitarbeitern und Geschäftspartnern bestraft würden, wenn sie ihr Geheimnis lüfteten, »ein gewaltiges Risiko ohne erkennbare Belohnung«.[63] Auch Stefanie Lohaus, Herausgeberin des *Missy Magazine*, hat Verständnis für das Schweigen, weil Frauen ohnehin nicht geglaubt werde. »In diesem Falle hätten sie zum einen ihre Karriere ruiniert, und zum anderen hätten sie davon ja auch nichts, keine Verurteilung des Täters, wenn ihnen nicht geglaubt wird, wenn sie es nicht beweisen können und so weiter.«[64]

An diesen Sätzen ist vieles falsch. Dass Frauen nicht geglaubt wird, dass sie auf Polizeistationen noch immer nicht ernst genommen werden und sich rechtfertigen müssen, wenn sie einen Mann anzeigen, ist eine Pauschalbehauptung, die nur zu einem führt: dass Frauen sich als wehrloses, alleingelassenes Opfer verstehen. Solange Frauen glauben, untertäniges Wohlverhalten führe sie an die Spitze, werden wir immer vom Wohlwollen der mächtigen Männer abhängen. Glücklicherweise sind wir viel weiter, vielleicht schießen wir sogar hin und wieder übers Ziel hinaus. Heute schwingen sich selbst ernannte Aufklärerinnen via Blog, Twitter, Facebook und häufig auch in den seriösen Medien zu Staatsanwälten und Richtern in Personalunion auf, und ihr Urteil fällen sie auf der Basis von unüberprüften, bisweilen anonym vorgebrachten Behauptungen oder aufgrund des eigenen Empfindens. Wo ein gerichtliches Urteil sorgfältiges Befragen und Abwägen erfordert, verurteilen manche Twitterinnen nicht nur in wenigen Sekunden und mit wenigen Wörtern, sondern richten dabei manchmal Unschuldige hin.

Ich kann nicht einverstanden sein, wenn einzelne empathie-
freie sogenannte Feministinnen als Kollateralschaden weglachen,
dass auch Unschuldige zu Schaden kommen könnten. Um einen
Beschuldigten verurteilen zu dürfen, bedarf es in einem Rechtsstaat des Beweises, auch wenn das in unserer neu erblühten De-
nunziationskultur hin und wieder vergessen wird. Wollen wir
Hinrichtungen auf Verdacht? Denn um so etwas wie eine Hinrichtung handelt es sich, wenn ein Unschuldiger sein Leben verliert,
das soziale und berufliche. Deshalb ist nicht einmal ein Selbstmord wie der des walisischen Politikers Carl Sargeant am 17. November 2017 nach unspezifischen Vorwürfen (er soll mehrere
Frauen »berührt oder betastet« haben) als Schuldeingeständnis zu
werten.

Ja, wenn wieder einmal eine Frau über eine Vergewaltigung berichtet, möchte auch ich ihr sofort glauben. Wer würde das, was
danach unweigerlich kommt, schon freiwillig auf sich nehmen?
Inquisitorische Fragen, bei populären oder prominenten Frauen
die Medienmeute und am Schluss doch ein Freispruch für den Täter. Ich wünsche ihn ins Gefängnis, und in meinen dunkelsten
Fantasien hoffe ich, dass ihm dort gezeigt wird, wie sich eine Vergewaltigung anfühlt. Aber bald siegt die Vernunft. Der Mann ist
ein Verdächtiger, höchstens ein potenzieller Täter. Das Gebot der
Unschuldsvermutung mag der Frauensolidarität gegen den Strich
gehen, aber noch werden in einem Rechtsstaat Menschen nur
dann bestraft, wenn ihnen Schuld nachgewiesen ist. Ist das aber
gelungen, dann sind die Strafen bei Vergewaltigungen und Kin-
desmissbrauch meines Erachtens noch immer viel zu harmlos.

Für wirkliche sexuelle Übergriffe, sexuelle Nötigung und Vergewaltigung sieht §177 StGB Freiheitsstrafen von sechs Monaten
bis zu fünf Jahren Haft für diejenigen vor, die »gegen den erkenn-
baren Willen einer anderen Person sexuelle Handlungen an dieser
Person vornimmt oder von ihr vornehmen lässt oder diese Person

zur Vornahme oder Duldung sexueller Handlungen an oder von einem Dritten bestimmt«. Das gilt auch, wenn das Opfer sich nicht wehren kann oder durch Drohung mit einem empfindlichen Übel genötigt wird. Nicht unter zwei Jahren Gefängnis drohen, wenn die Tat das Opfer besonders erniedrigt, insbesondere wenn sie mit einem Eindringen in den Körper verbunden ist oder gemeinschaftlich von mehreren Tätern begangen wird. Auf Androhung von Gewalt, etwa durch eine Waffe, stehen mindestens drei Jahre. Nicht unter fünf Jahre Strafe drohen, wenn das Opfer körperlich schwer misshandelt oder gar getötet wird.

Demgegenüber sieht das Strafgesetzbuch bei einem besonders schweren Fall von Wohnungsdiebstahl (Überwinden einer Schutzvorrichtung oder gewerbsmäßigem Handeln) im Wert von mehr als 50 Euro eine Freiheitsstrafe von bis zu zehn Jahren vor. Dasselbe Strafmaß steht auf schweren Raub. Eine »ausgeraubte« Frau erscheint vergleichsweise »billig« zu haben zu sein, und sie wird einer Sache gleichgesetzt. Das wortwörtliche Eindringen in die Privatsphäre eines weiblichen Körpers ist mit einem ähnlichen Strafmaß bewehrt wie das Eindringen in die Privatsphäre Wohnung. Aber ein traumatisierter Wohnungsinhaber kann seine Behausung wechseln, die Frau muss weiter in ihrem Körper »leben«. Empörend ist es für sie, wenn verurteilte Täter so schnell (und überhaupt) wieder aus dem Gefängnis entlassen werden, und ihre Hoffnung mag gering sein, dass eine sogenannte Resozialisierung solcher Straftäter möglich ist.

Und trotzdem müssen wir sie anzeigen. Denn wie sollen Gerichte Männer überhaupt zur Rechenschaft ziehen, wenn es keine Klägerin und keinen Beweis für eine Tat gibt? Polizei und Gerichte müssen Straftaten verfolgen, wenn sie angezeigt werden. Und sie müssen für Beweise sorgen. Nur dann kann ein Straftäter verurteilt werden. Das mag in scheinbar klaren Fällen unbefriedigend sein, aber ich bin froh, in einem Rechtsstaat zu leben.

Falschbeschuldigungen und falsche Freisprüche

Ist es denkbar, dass eine Frau einen Mann ohne Grund des sexuellen Übergriffs bezichtigt? Wieso sollte das nicht möglich sein? Und ist es denkbar, dass eine Frau im derzeitigen hitzigen Umfeld der #MeToo-Debatte einen Prominenten mit der Drohung einer Anklage zur Zahlung von Geld zu veranlassen versucht? Das legten im Januar 2018 die Anwälte der Comic-Legende Stan Lee nahe, Erfinder von Hulk und Spider-Man, Thor und X-Men. Krankenschwestern, die den 95-Jährigen betreuten, warfen ihm vor, sie befummelt und belästigt zu haben, unter anderem mit der Bitte um oralen Sex unter der Dusche. 95 Jahre und – so war aus dem Umfeld zu hören – dement!

Es ist kaum zu glauben: Mehrere junge Fachkräfte wissen sich nicht zu helfen, beschweren sich bei ihrem Arbeitgeber, und das Unternehmen beendet den Vertrag. Mehr noch: »Jemand mit Kenntnissen der Situation« verbreitete die Geschichte, und sie findet Niederschlag in der Presse. Lees Anwälte klagten sofort auf Unterlassung und betonten, niemand habe Lee bei der Polizei angezeigt oder Klage erhoben. Lee werde sich nicht erpressen lassen.[65]

Wir leben in einem Rechtsstaat. Schuldig ist, wer der Tat überführt ist, weil Zeugen glaubhaft ausgesagt und der Angeklagte vielleicht sogar gestanden hat – in einer Gerichtsverhandlung. Solche Verhandlungen der #MeToo-Angeklagten hat es aber bisher nicht gegeben. Geständnisse schon – wenn wir beispielsweise als solches werten, dass Harvey Weinstein versprochen hat, sich einer Therapie zu unterziehen, und von einer »Sexsucht« die Rede war, die selbstverständlich Unterdrückung, Drohungen und Vergewaltigungen keinesfalls rechtfertigt.

Aber wer sich beruflich und gesellschaftlich zurückzieht, weil er unter Verdacht gestellt wurde, ist noch lange nicht überführt;

er hat noch lange nicht gestanden. Die Medien ersetzen keinen Gerichtssaal. Viele Autorinnen und Bloggerinnen verwechseln ihr Medium mit einem Tribunal. Sie berichten von einem Verdacht, verkaufen ihn aber als Tatsache und stellen den Verdächtigen als Täter dar. Der Pranger steht heute nicht mehr auf dem Marktplatz, sondern im Internet. Wer einmal dorthin geschleppt wird, den rettet auch keine Verfahrenseinstellung mehr, ja nicht einmal ein Freispruch. Denn darüber wird, weil peinlich, beredt geschwiegen.

Von den Männern, die sich nach Weinstein mit Vorwürfen konfrontiert sahen, hat nur der Komiker Louis C. K., offenbar ein notorischer Exhibitionist, zugegeben, im Zeitraum von Ende der 1990er-Jahre bis 2005 vor seinen Anklägerinnen masturbiert zu haben: »Ja, die Vorwürfe stimmen!« Allerdings habe er »gedacht, es wäre ok, weil ich den Frauen meinen Penis nie gezeigt habe, ohne sie vorher zu fragen«. Zu spät habe er begriffen, dass es für die Frauen keine Frage war, sondern eine Zwickmühle. »Ich hatte Macht über sie, weil sie mich bewunderten. Und ich übte diese Macht unverantwortlich aus. Ich bereue das und habe versucht, daraus zu lernen.« Ihm sei nun klar, welche Auswirkungen sein Handeln für sie und andere Männer habe, die sie nie in eine solche Lage gebracht hätten.[66]

Und wenn er tatsächlich gefragt hatte, der Komiker, der als Künstler ständig über Masturbation und andere schlüpfrige Dinge sprach und dafür viel Beifall erhielt? Meinte er, die Frauen erwarteten nun eine Privatvorstellung in der Rolle, für die seine Fans ihn lieb(t)en? Offenbar dachte er so. Louis C. K. ist dafür zu Recht von der Öffentlichkeit verdammt worden, nachdem er sein Fehlverhalten zugegeben hatte. Aber wer diesen Mann richtet, darf der Redlichkeit halber nicht vergessen, eine Antwort auf eine weitere Frage zu suchen: Was suchten die Mädchen in seinem Hotelzimmer?

Ein ähnlicher Witzbold wie Louis C. K. ist der Schauspieler und Comedian Andy Dick (52), der auf Vorwürfe im Magazin *Hollywood Reporter* entgegnete: »Kann sein, dass ich jemanden zum Abschied auf den Nacken geküsst und abgeleckt habe; das ist mein Ding.« Jemandem an die Genitalien gegriffen zu haben, stritt er ab. Entblößen werde er sich nicht mehr.[67] Das hat er aber offenbar getan, wie er damit zugab. Welch ein Realitätsverlust, welch eine Kinderparty! Hätte ihm doch jemand seine Zunge herausgerissen, damit er lernt, dass sein Ding nicht jedes Menschen Ding ist.

Michael Oreskes' Karriere beim National Public Radio (NPR) endete nach dem anonym vorgebrachten Vorwurf zweier Journalistinnen, er hätte sie zu »unerwünschten körperlichen Kontakten« (Zungenküsse) gezwungen – angeblich geschehen zwei Jahrzehnte zuvor, als er bei der *New York Times* arbeitete. Für die Frauen war unerträglich, dass er bei NPR für die Berichterstattung über den Fall Weinstein verantwortlich war. Oreskes sagte äußerst schuldbewusst und angemessen zerknirscht, er sei »tief in der Schuld der Menschen, die ich verletzte. Mein Verhalten war falsch und unentschuldbar, und ausschließlich ich bin dafür verantwortlich.«[68]

Auch Schauspieler Ben Affleck, der Schauspielerin Hilarie Burton 2003 während einer Show öffentlich an die Brust gefasst hatte, twitterte eine Entschuldigung. Viel wichtiger ist, dass Affleck vom System Weinstein wusste. Vermutlich wusste es ganz Hollywood.

»The Loud House«-Produzent Chris Savino hat sich via Facebook für »ungebührliches Verhalten« entschuldigt, darunter »unerwünschte sexuelle Avancen und die Drohung mit Vergeltung nach dem Ende einer einvernehmlichen Beziehung«. Er schrieb: »Ich bin tief betrübt und beschämt.« Sein Sender Nickelodeon, ein Kindersender, feuerte ihn trotzdem.[69] Welche Art Vorbild könnte er auch jetzt noch sein? Zu bedenken ist jedoch zweierlei: Sind Avancen wirklich verboten, und woran ist zu erkennen, dass sie unerwünscht sind? Und wer hätte nicht schon einmal einem abtrünnigen Partner die Pest an den Hals gewünscht?

Schauspieler Richard Dreyfuss wies die Vorwürfe der Autorin Jessica Teich zurück, sie Mitte der Achtzigerjahre über einige Jahre hinweg sexuell belästigt und sich einmal vor ihr entblößt zu haben. Geflirtet habe er wohl. Als er versuchte, sie zu küssen, habe er angenommen, das sei einvernehmlich, sagte Dreyfuss, dessen Sohn Harry der Erste war, der Kevin Spacey sexuelle Belästigung vorwarf.

Und schließlich Dustin Hoffman: Er bat Anna Graham Hunter um Verzeihung, falls er etwas Unrechtes »getan haben könnte«.

Gehen wir davon aus, dass die Vorwürfe gegen Michael Oreskes zutreffen; schließlich hat er sich klar zu seiner Verantwortung bekannt. So zu handeln ist unverzichtbar für jene, die auf spätere Vergebung und Resozialisierung hoffen. Jedes Zögern, jedes Wort der Relativierung, sogar jedes Wort der Verteidigung macht in diesem Moment aus einem Beschuldigten nicht nur einen Täter, sondern einen uneinsichtigen Täter. Konkrete Vergehen hat Oreskes aber nicht zugegeben. Er konnte es auch nicht, weil seine Anklägerinnen anonym blieben. Warum zeigen sie nicht ihr Gesicht? Wie kann ein Beschuldigter sich in diesem Fall wehren, falls er sich zu Unrecht angegangen fühlt? Wie soll er beweisen, dass er unschuldig ist, wenn er die konkreten Vorwürfe einer konkreten Person nicht kennt? In einem Rechtsstaat ist das ein Problem. Wer mit diesem Vorwurf einmal am Online-Pranger steht, wer einmal dem Sturm der Medien ausgesetzt ist, ist für sein Leben gezeichnet – ob schuldig oder unschuldig. Und noch etwas ist zu bedenken: Ich stimme Claire Berlinski zu, dass es ein Unterschied ist, ob ein Mann eine Frau zu Sex zwingt oder ob er sie ohne Einverständniserklärung küsst.[70]

Bei der Skandalisierung männlichen Verhaltens befinden sich Frauen heutzutage in einer durchaus komfortablen Situation: Offenbar finden viele Menschen es in Ordnung, dass die »Wahrheitsfindung« außerhalb von Gerichtssälen stattfindet. Die meisten Beschuldigten verzichten auf eine Gegenrede, sie ziehen sich beschämt zurück und schweigen. Kaum ein Mann würde es wagen, einer Frau, die ihn per Interview, Blog, Post oder Tweet an den Pranger gestellt hat, seinerseits ungebührliches Verhalten vorzuwerfen. Sie soll ihn bedrängt, ihm geschmeichelt, sich ihm angeboten haben? Undenkbar! Der Shitstorm würde Kläranlagen überfluten. Wo eine Frau zu hundert Prozent als Opfer von sexuell unerwünschten Avancen und Übergriffen gilt, da genießt sie, das natürliche Opfer, einen hundertprozentigen Vertrauensvorschuss vonseiten der weiblichen Öffentlichkeit. Der Mann als Vertreter des Tätergeschlechts muss mit null Prozent Empathie rechnen, auch ein unschuldiger, den es gemäß genderfeministischer Definition gar nicht geben kann. Deshalb meint nun jeder eines Wangenkusses oder einer Umarmung Überführte und Denunzierte, er müsse vor der Öffentlichkeit, vor der weiblichen Öffentlichkeit stillschweigend in die Knie gehen oder sich gar wortreich in den Staub werfen.

Aber die Wahrheitssuche erfolgt vor Gericht. Und da ist die Sachlage nicht immer eindeutig. Da nutzt es nichts, wie Schauspielerin Rose McGowan im Fall Weinstein zu sagen: »Ich habe dem Studiochef gesagt, dass HW mich vergewaltigt hat. Ich sagte es immer und immer wieder. Er meinte, es sei noch nicht bewiesen worden. Ich sagte, ich sei der Beweis.«[71]

Jörg Kachelmanns Freundin Claudia hielt sich selbst ebenfalls für den Beweis, dass der ehemalige Wetterfrosch der Nation ihr ein Messer an die Kehle gehalten und sie zum Sex gezwungen habe; der Mann, mit dem sie ein Jahrzehnt lang vermeintlich in einer monogamen Beziehung zusammengelebt hatte. Am 9. Februar 2010 schliefen sie miteinander, am 19. März zeigte sie ihn an. Tags darauf wurde Kachelmann am Flughafen Frankfurt am Main verhaftet. Die Sache schien so eindeutig zu sein. Und das Opfer so wehrlos. Wir, nicht nur Frauen, sondern auch viele Männer, glauben den Anklägerinnen. Wir glauben auch den Medien, die von diesen Frauen und deren Martyrium berichten. Zweifel? Keine. Niemals. Obwohl nichts bewiesen ist. Und deshalb wollten die meisten Frauen dem Opfer glauben und den Täter bestraft sehen. Für Frauen – nicht nur vergewaltigte – muss die Skepsis gegenüber den Aussagen von Claudia unerträglich gewesen sein. Am Ende stand Aussage gegen Aussage, blieb die Wahrheit verborgen. Schließlich waren Millionen deutsche Frauen empört, nachdem ein Gericht den Wettermoderator freigesprochen hatte.

Auch ich zweifle noch heute, dass das Urteil den Tatsachen gerecht geworden ist. Dagegen spottet der ehemalige Bundesrichter Thomas Fischer in seiner Kolumne auf *Zeit online*: »Sogar der *Bild*-Autorin Schwarzer aus Köln, die Herrn Kachelmann seine rechtskräftige Freisprechung bis heute nicht verzeihen mag, verschlägt es da mitsamt ihren gnadenlos investigativen Schwestern bei *Stern* und sonstwo glatt die Sprache.«[72] Er hat recht. Wir müssen das Urteil akzeptieren. Und wir müssen uns eingestehen, dass Kachelmann zu Unrecht mehr als 130 Tage in Untersuchungshaft verbringen musste – und ebenso lange am Medienpranger stand.

Zu den Männern, die in Deutschland vor einer Richterin standen, gehörte auch der ehemalige Trash-TV-Talker Andreas Türck. Er hatte im August 2002 nächtlichen Sex auf einer Frankfurter Mainbrücke, wovon die angetrunkene Frau einem befreundeten Drogendealer telefonisch erzählte. Sie schilderte das Geschehen als Vergewaltigung. Weil die Polizei das Gespräch abhörte, kam es zu Ermittlungen und schließlich zur Anklage. Der Gutachter kam jedoch zum Ergebnis, »dass das vermeintliche Opfer wahrscheinlich einen einvernehmlichen Geschlechtsverkehr nachträglich als Gewalt empfunden« habe. Er schloss auch eine willentliche Falschaussage nicht aus, Staatsanwaltschaft und Gericht schlossen sich dem nicht an.

Türck wurde freigesprochen aus Mangel an Beweisen. Das ist ein »Freispruch zweiter Klasse«, wie es gern heißt, und das bedeutet: Es bleiben Zweifel. Die Gerichtsreporterin der Zeitschrift *Der Spiegel*, Gisela Friedrichsen, schrieb dagegen unmissverständlich: »Das Strafverfahren gegen TV-Moderator Andreas Türck hätte nie eröffnet werden dürfen. Was bleibt, ist eine blamierte Staatsanwaltschaft, ein Gericht, das sich aus der Verantwortung ziehen will – und ein Freigesprochener, dessen Ruf ruiniert ist.« Warum hätte das Verfahren nicht eröffnet werden dürfen, obwohl doch eine Frau ihm eine schwere Straftat vorgeworfen hatte? Weil die Beweise so dürftig waren. Hatte nicht eine erste Gutachterin bemerkt, so Friedrichsen, dass »die Aussagezuverlässigkeit« von Katharina B. »massiv eingeschränkt« sei? Dass ihre Angaben zum angeblichen Tatgeschehen »gravierende Mängel in Quantität und Qualität« aufwiesen und sie »eine Erlebnisfundiertheit« nicht bestätigen könne? Und hatte sie nicht sogar eine »unbewusste Falschaussage« unterstellt? Auch ihr Umfeld und ihr Lebensstil ließen an der Glaubwürdigkeit der Frau zweifeln: »ihre Essstörungen, ihre Selbstverletzungen, der schnelle Sex, ein Selbstmordversuch, ihre körperlichen und seelischen Zusammenbrüche, ihre Neigung, sich als Opfer darzustellen und entsprechende Geschichten zu erfinden, ihr Bestreben, Zuwendung und Aufmerksamkeit zu bekommen, ihr bewusstes oder manchmal vielleicht auch unbewusstes Lügen«. Friedrichsen sprach von einem »völlig unnötigen Prozess«.[73]

Wir müssen den Freispruch eines Angeklagten nach einem Prozess akzeptieren, wenn das Gericht die Wahrheit herausgefunden zu haben glaubt. Wir müssen akzeptieren, dass ein Freispruch auch erfolgt, wenn die Tat nicht eindeutig nachgewiesen werden kann. Weder bei Kachelmann noch bei Türck führten die Verfahren zu einem klaren Ergebnis. Für Radikalfeministinnen dagegen ist es ein »Tabu, auch nur in Erwägung zu ziehen, dass es sich bei einer Anzeige um etwas anders als die Wahrheit und nichts als die Wahrheit handeln könnte«, schreibt Mithu Sanyal – schon allein »um nicht zu den schlechten alten Zeiten zurückzukehren, in denen die Polizei Anzeigen kaum verfolgte und Richter schon im Vorfeld gegen die Opfer eingenommen waren«.[74]

Das genaue Gegenteil ist der Fall. Es wird ermittelt, es wird verhandelt, es wird geurteilt, und manchmal stellt sich heraus, dass ein Mann zu Unrecht angeklagt worden ist. Jeder Freispruch aber, bei dem die Lüge zweifelsfrei aufgedeckt wird oder auch nur wahrscheinlich ist, nährt den Mythos von der böswilligen Frau. Und dass es falsche Beschuldigungen gibt, kann nur bestreiten, wer Frauen – alle – für Heilige hält. Wie anders sollte man das nennen als Geschlechter-Rassismus?

Dass manchmal Männer zu Unrecht eingekerkert werden, berichtet schon die Bibel. Das Buch Genesis erzählt in den Kapiteln 39 und 40 die Geschichte von Josef, der als Sklave nach Ägypten gebracht worden ist und bei Potifar, einem Hofbeamten des Pharaos, arbeitet. Potifar macht seinen tüchtigen Sklaven bald zum Verwalter seines Hauses und vertraut ihm alles an, was er besitzt. Bald wirft die Frau seines Herrn ihren Blick auf Josef und will mit ihm schlafen. Aber Josef weigert sich mehrfach. Eines Tages packt sie ihn mit nachdrücklicher Aufforderung an seinem Gewand, also lässt er es in ihrer Hand und läuft hinaus. Sie ruft das Hausgesinde und sagt ihnen: »Seht nur! Er hat uns einen Hebräer ins Haus gebracht, der seinen Mutwillen mit uns treibt. Er ist zu mir gekommen und wollte mit mir schlafen; da habe ich laut geschrien.« So erzählt sie es auch ihrem Mann, als er nach Hause kommt. Also landet Josef im Kerker des Königs, wo er bleibt, bis der Pharao ihn amnestiert, weil er seine Hilfe braucht.

Die Journalistin Sabine Rückert zitiert in der Wochenzeitung

Die Zeit den Kieler Psychologieprofessor Günter Köhnken, »einer der gefragtesten Glaubwürdigkeitssachverständigen Deutschlands«, der die Quote der Falschbeschuldigten unter den von ihm Untersuchten auf 30 bis 40 Prozent schätzt. Klaus Püschel, Direktor des Rechtsmedizinischen Instituts Hamburg, ermittelte, dass 27 Prozent der angeblich Vergewaltigten, die sich bei der ärztlichen Untersuchung als Scheinopfer erwiesen, sich ihre Verletzungen selbst zugefügt hatten. Als echte Opfer hätten sich Frauen in 33 Prozent der Fälle erwiesen, bei 40 Prozent sei kein eindeutiges Ergebnis zustande gekommen.[75]

Der Lehrer Horst Arnold ist einer der 27 oder 30 bis 40 Prozent, er musste fünf Jahre im Gefängnis verbringen, weil er von einer Kollegin zu Unrecht beschuldigt worden war. Heidi K. hatte ausgesagt, ihr Kollege habe sie 2001 im Biologie-Vorbereitungsraum einer Schule in Hessen von hinten an einen Tresen gepresst und anal vergewaltigt. Das Landgericht Darmstadt glaubte ihr. Weil Arnold die Tat weiterhin bestritt und kein Schuldeingeständnis lieferte, wurde ihm nicht ein einziger Tag seiner Strafe erlassen. Nach seiner Entlassung wurde er zwar rehabilitiert, nachdem eine Frauenbeauftragte des Schulamts, die Heidi K. ursprünglich unterstützt hatte, Ungereimtes an deren Erzählungen (zum Beispiel über einen angeblich erschossenen Expartner) entdeckt hatte. Eine Richterin des Amtsgerichts Darmstadt verurteilte Heidi K. zu fünfeinhalb Jahren Haft, aber da war Arnold schon lange tot, gestorben an Herzversagen.[76]

Wieso sind so viele Frauen bereit, ein Klima zu tolerieren, in dem ein Verdacht ausreicht, um Existenzen zu vernichten? Wollen wir in einer Gesellschaft leben, in der die Zugehörigkeit zu einer Gruppe genügt, um unter Generalverdacht gestellt zu werden? Festigt das nicht die Rollenklischees, gegen die wir Frauen seit Jahrzehnten ankämpfen? Mann Täter, Frau Opfer.

Der englische Lehrer Kato Harris verlor 2014 seinen Arbeitsplatz, nachdem eine 14-jährige Schülerin ihn der dreimaligen Vergewaltigung im Klassenzimmer während der Mittagszeit beschuldigt hatte. Trotz sofortiger Zweifel an den Angaben des Mädchens wurde er angeklagt. Es dauerte zweieinhalb Jahre, bis ein Gericht seine Unschuld binnen 15 Minuten feststellte – eindeutig und zweifellos. Die Zeit war für ihn eine Tortur, auch weil sein Name öffentlich genannt wurde. Harris fühlte sich alleingelassen, ein Priester verbot ihm, künftig seine Kirche zu betreten, und er dachte, so sagte er, mehrfach an Selbstmord. »Hätte ich am Tag meiner Prüfung gewusst, was ich jetzt weiß, wäre ich niemals Lehrer geworden«, zitierte ihn die Zeitung *Mail On Sunday*. »Ich werde nie mehr mit Kindern arbeiten. Ich werde mich nie mehr selbst in eine derart verletzbare Position begeben.« Er könne keinem Mann raten, Lehrer zu werden, denn »nichts schützt einen männlichen Lehrer«.[77]

Die Universität von North Dakota schloss 2010 den Studenten Caleb Warner aus, den eine Kommilitonin, mit der er kurz liiert war, nach der Trennung der Vergewaltigung bezichtigt hatte. Auch hier blieb der Name der Frau geheim, die den Fall ins Rollen gebracht hatte, während der Name des vermeintlichen Täters veröffentlicht wurde. Unschuldsvermutung? Vorverurteilung! Das Mädchen verließ die Schule, sie zog nach Kalifornien, der Junge kehrte nie mehr an seine Schule zurück. Greg Lukianoff, Präsident der Foundation for Individual Rights in Education (FIRE), sagte nach der Rehabilierung von Warner, was heute offenbar vergessen ist: »Fälle wie dieser zeigen eindringlich die Notwendigkeit eines ordnungsgemäßen Verfahrens und einer fairen Verfahrensweise auf dem Campus. Gleichzeitig erneuert er die Erkenntnis, dass grundlegende Rechte für Opfer und Beschuldigte gelten müssen.«[78]

Wir müssen auch über Emma Sulkowicz reden. Sie war unter Feministinnen ein Star. Wochenlang schleppte die Studentin eine blaue, schwere, unhandliche Matratze über den Campus der Columbia University und taufte ihre Aktion »Carry that weight« (Trage diese Last). Auf diese Weise wollte sie dagegen protestieren, dass ihr mutmaßlicher Vergewaltiger, der deutsche Student Paul Nungeßer, nicht verbannt worden war. Die Polizei stellte die Ermittlungen ein, die Universität ebenso. Der Fall sei »beispielhaft für Tausende andere«, schrieb auch die Zeitung *Die Zeit* und nannte eine Studie, nach der jede fünfte Studentin an US-Hochschulen vergewaltigt würde.[79] Das Magazin *Monopol* adelte Emma Sulkowicz' Aktion zur Nummer eins unter den »19 besten Ausstellungen des Jahres«. Mit welcher Begründung? »Kunst entsteht aus vielerlei Gründen, zum Beispiel aus Empörung, messianischer Wut und dem Drang nach Gerechtigkeit.« Die Performance sei »ein Werk reiner, radikaler Verletzlichkeit«.[80]

Wohl eher aus Geltungssucht und Rache für verschmähte Zuneigung. Denn die Geschichte stimmte nicht. Die Hochschule musste den deutschen Studenten entlasten, ließ aber die erboste Sulkowicz gewähren; sie begann nicht nur ihre Aktion, sondern sie durfte ihr Studium mit einer Arbeit darüber abschließen. Der Name des »Täters« dagegen wurde bekannt, er wurde als »Massenvergewaltiger« geschmäht und musste dem Druck weichen. Erst vier Jahre nach dem angeblichen Vorfall musste die Hochschule Schadensersatz in unbekannter Höhe zahlen; außerdem entschuldigte sie sich beim angeblichen Täter mit folgenden Worten: »Als Paul Nungeßer Student an der Columbia war, wurde er eines sexuellen Übergriffs beschuldigt. (...) nach einer genauen Untersuchung wurde er für nicht schuldig befunden. (...) Die Columbia erkennt an, dass Pauls universitäres Leben nach Ende der Untersuchung sehr schwierig wurde.« Vier Jahre hat Paul Nungeßer um diese Sätze gekämpft. Erst privat, dann vor Gericht. Immer gegen seine einstige Universität, die Columbia University in New York.[81]

102

Falschanzeigen sind nicht nur für die Angeklagten eine Tortur, sondern auch aus Sicht von Frauen ärgerlich. Zunächst halten sie den Verdacht aufrecht, dass Anklagen gegen Vergewaltiger häufig unberechtigt seien. Wahr ist: Auch wenn es solche Fälle gibt, wagt es eine erheblich größere Zahl von Frauen erst gar nicht, eine solche Tat anzuzeigen. Wahr ist auch, dass nur ein geringer Teil der Anzeigen zur Verurteilung des Angeklagten führt. Und doch ist es so, dass jede Lüge, jede verschwiegene Mitverantwortung der Klägerin, bei Entdeckung den Verdacht einer möglichen Falschanzeige nährt und Frauen daran hindert, eine Vergewaltigung anzuzeigen.

Das alles sorgt für weiteres Missverstehen zwischen den Geschlechtern. Die einen fühlen sich um ihr gutes Recht betrogen, die anderen tragen unschuldig tiefe Narben und kaum heilende Wunden davon. Denn Zweifel bleiben; etwas bleibt immer hängen. Wenn Radikalfeministinnen Falschanzeigen und Fehlurteile als Kollateralschaden für die vielen Täter abtun, die ungeschoren davonkommen, so ist das nichts anderes als Zynismus. Ein durch falsche Behauptungen ruiniertes Leben ist so bedauerlich wie ein durch Vergewaltigung zerstörtes. Deshalb müssen Falschaussagen genauso verfolgt und bestraft werden wie Vergewaltiger. So wie wir jeder Frau helfen müssen, die von einer Vergewaltigung berichtet, so müssen wir auch falsch verdächtigten Männern helfen.

Der missbrauchte Mann

Auch in Deutschland geht eine unerträgliche Sexismus-Hysterie um. Nehmen wir Sawsan Chebli. Die Berliner Staatssekretärin für Internationales war als Rednerin zur Jahreshauptversammlung der Deutsch-Indischen Gesellschaft eingeladen. Was sie dort erlebte, beschrieb sie in einem Facebook-Eintrag unter der Überschrift »Unter Schock – Sexismus« so: »Ich sollte heute Morgen eine Rede halten. Vier Männer sitzen auf dem Podium. Ich setze mich auf den reservierten Platz in die erste Reihe. Vorsitzender vom Podium aus: ›Die Staatssekretärin ist nicht da. Ich würde sagen, wir fangen mit den Reden dennoch an.‹ Ich antworte ihm aus der ersten Reihe: ›Die Staatssekretärin ist da und sitzt vor Ihnen.‹ Er antwortet: ›Ich habe keine so junge Frau erwartet. Und dann sind Sie auch so schön.‹ Ich war so … geschockt und bin es immer noch. Ich bin jedenfalls ans Pult: ›Sehr geehrter Herr Botschafter a. D., es ist schön, am Morgen mit so vielen Komplimenten behäuft zu werden.‹ Im Saal herrschte Totenstille.« Später warf sie einen weiteren, letzten Satz ins Getümmel: »Klar, ich erlebe immer wieder Sexismus. Aber so etwas wie heute habe auch ich noch nicht erlebt.«

Sexismus! Ein starkes, ein mächtiges Wort. Wer mit diesem Vorwurf konfrontiert wird, den stellt die Gemeinde der Hashtag-Feministinnen sofort mitten in einen Shitstorm. Oh ja, Sexismus ist allgegenwärtig in unserer scheinbar zivilisierten Welt. Geschockt kann sich heute jede Frau fühlen, und jeden Tag ist etwas zu erleben, was »ich noch nicht erlebt habe«. Ja, jede Bemerkung, jede Anmache, jedes Betatschen, jeder körperliche Übergriff ist empörend. Aber was wir erleben, ist eine Inflation der Empörung und eine Gleichsetzung all dieser Übergriffe. Eine Sexismus-Hysterie, die den Zusammenhalt einer Gesellschaft, den Zusammenhalt der Geschlechter zunehmend erschwert.

Aber auch diejenigen, die über Sexismus klagen, sind bisweilen heftigen, beleidigenden Antworten ausgesetzt, besonders im Netz, in dem der Anstand schon längst verloren gegangen ist. In diesem Fall sah sich auch die Anklägerin Widerworten ausgesetzt, weil sie unwahr berichtet hatte. Die Staatssekretärin sei spät gekommen und habe sich, statt sich beim Moderator vorzustellen, auf einen Stuhl ohne Reservierungsschild gesetzt, schrieb Cornelia von Oheimb von der DIG der *Berliner Morgenpost*. Chebli habe auch sie, Cornelia von Oheimb, übersehen oder nicht erwähnt; sie saß bereits auf dem Podium, das also nicht ausschließlich mit Männern besetzt war. Außerdem habe der Moderator, ein ehemaliger Botschafter, sich sofort für eine missglückte Formulierung entschuldigt, mit der er die peinliche Situation überspielen wollte, in die er sich selbst gebracht hatte, aus Unbeholfenheit eines alten Herrn gegenüber einer jungen Dame.[82]

Sawsan Chebli scheint eine sehr zerbrechliche Frau zu sein, wenn sie wegen einer solchen Bemerkung schon in einen totalen Schockzustand versetzt wird. Das begründet Zweifel, ob sie überhaupt in der Lage ist, den politischen Stürmen standzuhalten, die im politischen Alltag hin und wieder toben. Von Politikerinnen, die uns in Parlamenten und Regierungen vertreten, erwarte ich, dass sie Mut und Stärke beweisen und Männer sofort zurechtweisen, statt später aus der Deckung um sich zu schießen. Schon gar nicht sind Politikerinnen ein Vorbild, die zusehen, wie andere Frauen eine Debatte anheizen, und dann in den Salonwagen springen, wenn der Zug Fahrt aufnimmt.

Ärgerlich ist, dass Chebli keinen Unterschied mehr zu erkennen scheint zwischen einer unglücklichen Bemerkung eines alten Herrn und wirklichen, realen sexuellen Übergriffen. Wahlweise oder ergänzend könnte sich die Staatssekretärin, die aus einem islamischen Elternhaus stammt, auch zu dem Sexismus äußern, der in vielen muslimischen Familien Alltag ist: die Dominanz der muslimischen Männer, des Patriarchats über die Frauen, aber auch die Erziehungsgewalt der Mütter, welche die nächsten Patriarchen päppeln.

Wie geschockt mögen all die Frauen gewesen sein, die anderen, weitaus schlimmeren Formen des Sexismus ausgesetzt waren? Zum Beispiel die Frauen, die an jenen Oktobertagen 2017 offenbarten, von Harvey Weinstein oder anderen Filmschaffen׀ drängt, zum Sex genötigt oder gar vergewaltigt worden

Wie können wir Frauen erwarten, dass wir ernst genommen werden, wenn wir aus jeder Mücke einen Elefanten machen? Es gibt viele Abstufungen von Sexismus, aber offenbar sind wir an einem Punkt angelangt, an dem schon ein bewundernder Blick und ein knittriges Kompliment eine Ohnmacht erzeugen.

Laura Himmelreich erreichte einige Bekanntheit, nachdem sie zu Beginn des Jahres 2013 in der Zeitschrift *Stern* unter dem Titel »Der Herrenwitz« über eine persönliche Begegnung mit dem Spitzenkandidaten der FDP, Rainer Brüderle, berichtet hatte. Nach einem Parteitag saß sie mit ihm an einer Hotelbar und fragte ihn, »wie er es findet, im fortgeschrittenen Alter zum Hoffnungsträger aufzusteigen«. Wenig später will Brüderle wissen, woher die Journalistin stamme. Aus München, sagt sie. »Dort seien die Frauen eigentlich trinkfest, sagt er und blickt skeptisch auf die Cola Light in meiner Hand. Ich sage ihm, dass ich privat, zum Beispiel auf dem Oktoberfest, durchaus Alkohol trinke.« Die Passage, welche die Republik in Aufruhr versetzte, folgte sodann; sie lautet: »Brüderles Blick wandert auf meinen Busen. ›Sie können ein Dirndl auch ausfüllen.‹«[83]

Ein alter Mann wie Brüderle mag als Kompliment verstehen wollen, was unter den Himmelreichs als sexueller Übergriff gilt. Dafür hätte er es nicht gewagt, eine ältere Dame zu fragen, wie sie es finde, im fortgeschrittenen Alter zum Hoffnungsträger aufzusteigen. Für seinen inkriminierten Satz hätte er schlimmstenfalls ein Lächeln erwartet, aber er bedeutete das Ende seiner Karriere, weil einer Journalistin etwa ein Jahr nach dem Ereignis einfiel, dass sein Wort Sexismus gewesen sein könnte.

Frau Himmelreich hat es inzwischen vom *Stern*, wo häufig Titten den Titel schmücken, damit auch feministische Mitarbeiterinnen ordentlich bezahlt werden können, zur Chefredakteurin eines Internetportals gebracht, auf dem Sparfüchsen »ein erschwinglicher Sexroboter« vorgestellt wird und Bestatter lebensentscheidende Fragen beantworten, »die du dich niemals trauen würdest zu stellen«, zum Beispiel diese: »Hattest du mal Sex auf einer Beerdigung?« Antwort: »Nein, aber auf einem Friedhof.«[84] Die Plattform berichtet über Pornofilme, Prostitution als »Sexarbeit«, befriedigende Blowjobs und Frauen, die in Kursen gegenseitig ihre Vulvas besichtigen, alles illustriert mit viel nackter Frauenhaut. Sex sells, und Laura Himmelreich muss verkaufen. Alles blinkt und blendet und verblendet – die jungen LeserInnen nämlich. Hypersexualisierung wird zur Normalität. Das verantwortet eine Frau, die ein dämliches Kompliment eines alten Sacks beim Absacker in einer Bar als Sexismus empfand. Das ist Doppelmoral, aber wie formulierte es schon Bertolt Brecht in der »Dreigroschenoper«: »Erst kommt das Fressen, dann kommt die Moral.« Da sind Frauen offenbar genauso gut wie Männer. Und alle Frauen, die dazu beitragen, die alten Rollen von Frauen und Männern zu festigen, machen sich schuldig, den Fortbestand des Patriarchats und die sogenannte rape culture zu unterstützen.

Warum hat sie Brüderles Spruch nicht mit einem Lachen beantwortet, wahlweise mit einer Bemerkung über seinen kleinen Kopf oder einem Tritt vors Schienbein? Auch der Wein aus seinem Glas in seinem Gesicht hätte ihn möglicherweise ernüchtert. Sie aber entschied sich dafür, Brüderle weiterhin zu treffen und ihn erst bloßzustellen, nachdem er zum Spitzenkandidaten der FDP für die Bundestagswahlen 2013 gekürt worden war.

Als ihr Artikel erschien, berichtete Maike Hank auf dem Gemeinschaftsblog kleinerdrei.org unter dem Titel »Normal ist das nicht« über street harassment und verlinkte ihren Erfahrungsbericht mit Tweets auf Twitter. Bald, am 24. Januar 2013, schlug Anne Wizorek einen Hashtag vor, über den binnen Minuten Frauen begannen, von ihren Erlebnissen sexueller Gewalt zu berichten. #aufschrei sollte so etwas wie der deutsche Vorläufer von #MeToo werden, in dem Frauen über sexistische Übergriffe berichteten.

Dass die Aktion für »eine stärkere Sensibilisierung für das Thema«, so Wizorek in einem Resümee,[85] gesorgt habe, sehe ich nicht, #aufschrei war auch kein »kleiner feministischer Frühling«,[86] eher ein Herbst, in dem der Nebel die verschiedenen Bereiche des Sexismus zu einem undurchsichtigen Grau vermischte. Unübersehbar und unüberhörbar zugleich war nur noch der heiße Atem einer hyperventilierenden Hysterie. Unüberhörbar sind seither auch die Initiatorinnen der Kampagne, die schnell gelernt haben: Wer einem deutschen Politiker Sexismus vorwirft, bekommt Schlagzeilen.

Auch wer in einer Partei vorankommen will, braucht Schlagzeilen. Jenna Behrends hat bundesweit Schlagzeilen gemacht mit einem »Skandal«, der in Wanne-Eickel oder Winsen an der Luhe keinen Leser hinter dem Ofen hervorgeholt hätte. In Berlin-Mitte schon, mitten im Reich des gleichmacherischen Genderismus ist es ihr gelungen. Die 26-jährige CDU-Quereinsteigerin, nach wenigen Monaten Parteizugehörigkeit schon über einen sicheren Listenplatz in die Bezirksverordnetenversammlung gewählt, provozierte Schlagzeilen, indem sie dem Mann Sexismus vorwarf, der sie vorher gefördert hatte: Berlins CDU-Chef Frank Henkel.

So soll der »Skandal« sich zugetragen haben: Henkel traf Behrends, an deren Hand die dreijährige Tochter, die der Senator in Gegenwart seiner Frau und seines Sohns mit den Worten begrüßte: »Oh, eine kleine süße Maus.« Und dann blickte er hoch zur Mutter und verplapperte sich wie ein pickeliger Pennäler: »Und eine große süße Maus.« Für sie war das schlimmster Sexismus, fast schon eine Vergewaltigung. Sie hat dieses Wort hyperdramatisiert, potenziert noch durch die Behauptung, derselbe Mann habe einen Kollegen aus dem Abgeordnetenhaus vor ihrer Nominierung gefragt: »Fickst du die?«

So legte es Behrends in einem Blog in Briefform nieder,[87] den nicht nur die Hauptstadtpresse gierig aufnahm. Es roch nach geilen alten Männern, die sich sabbernd an eine junge Frau heranmachten. Ein Coup, durchgezogen nach einem bewährten Drehbuch.

Die erste Journalistin, die Behrends durchschaut hatte, war Kathrin Spoerr von der Zeitung *Die Welt:* »Diese Frau hat schnell gelernt, wie Politik funktioniert«, lautete ihre Schlagzeile. »Die Berliner CDU hat einen neuen Star und mit diesem Star ein neues Problem. Der Star heißt Jenna Behrends, ist 26 Jahre alt und gerade in die Bezirksvertretung Berlin-Mitte gewählt worden. Das ist kein Job, der Neid auf sich zieht. Doch jetzt hat die Juristin einen Scoop – und genau die Aufmerksamkeit, die dem Mitglied einer Bezirksversammlung von Berlin normalerweise nicht zuteilwird.«[88]

Für die Medien war es eine Geschichte von Protektionismus und möglicherweise einem Tausch, einem Geschäft: Sex gegen Hilfeleistungen zum Aufstieg in der CDU. Das unterstellten sie auch Jenna Behrends. Behauptet hatte sie jedoch: »Die junge Frau, die bereit wäre, sich für ein kommunales Ehrenamt hochzuschlafen«, gebe es nur in der schmutzigen Fantasie der Partei. »Die junge Frau, die ständig mit den Gerüchten um ihre angeblichen Affären konfrontiert wird, die gibt es in echt.«

Nachdem in den Medien Namen von Politikern auftauchten, auch von bundesweit bekannten, denen ein Verhältnis mit Behrends nachgesagt wurde, bestritt sie jegliche über ein geschäftliches oder freundschaftliches Verhältnis hinausgehenden Beziehungen zu CDU-Politikern. Aber Sandra Cegla, Kreisvorsitzende der Frauen Union der CDU Berlin-Mitte und ehemalige Kriminalkommissarin, wusste es möglicherweis besser. Damals wandte ich mich zusammen mit ihr an die Presse. Cegla berichtete darin, dass das Gerücht stimme und Behrends ihr bezüglich eines der in der Presse genannten Bundespolitiker gesagt habe: »Das muss jetzt aber unter uns bleiben: Ich hatte ein Verhältnis mit ihm.«

Ich selbst stand ebenfalls in Kontakt mit Behrends, und eines Tages offenbarte sie auch mir, dass derselbe CDU-Mann – es ging um Generalsekretär Peter Tauber – »sehr bemüht um sie gewesen sein soll« und »sexuell stark auf sie reagiere«. Ich habe den Chat bis heute nicht gelöscht. In unserer Pressemeldung erklärte Cegla: »Ich war sehr irritiert über diesen Kommentar, habe ihn als grenzüberschreitend empfunden und daher nicht weiter nachgefragt. Ich werde ungern ungefragt zur Mitwisserin in intimen Angelegenheiten gemacht. Die unvermittelte Äußerung seitens Jenna Behrends' lässt für mich nur den Schluss zu, dass sie entweder die Grenzen anderer Menschen nicht klar erkennen und achten kann oder dass ihre Aussage gezielt in meiner Gegenwart gemacht wurde, um Gerüchte erst entstehen zu lassen.«

Warum sollte Jenna Behrends eine mögliche Affäre, die sie öffentlich bestreitet, uns gegenüber zu einem Tuschel-Thema machen? Und warum fühlt sich ein »Mitte-Mädchen«, wie sie ein offenbar besser gelittener »Herr aus der CDU« tituliert haben soll, von einem harmlosen Satz eines harmlosen alten Mannes so getroffen? Das sind nach ihrem offenen Brief Fragen von Interesse, unabhängig davon, ob Behrends' Offenbarungen der Wahrheit entsprechen oder doch nur Wichtigtuerei waren.

Gibt es in der CDU und in anderen Parteien Sexismus? Ja, den gibt es zweifellos, in allen Parteien. Aber mit der Geißelung der alten und jungen Männer ist das Thema mitnichten abgehakt, wie die *Emma*-Frauen es gerne gehabt hätten, die uns vorwarfen (»trauriges Kuriosum am Rande der Debatte«), der Parteikollegin in den Rücken gefallen zu sein. Denn es wäre möglich, dass junge Frauen versuchen, aus der Schwäche der Männer Kapital zu schlagen. Und da hört die von *Emma* und Behrends geforderte blinde »Frauensolidarität« auf. »Frauen sind manchmal härter als die Männer«, klagte Behrends.[89]

Wenn es nötig ist, ja. Aber hart müssen wir nicht gegenüber

alten Männern mit Wortfindungsstörungen sein. Und hart müssen wir nicht sein, wenn einem Opa ein Kompliment verrutscht oder ein dementer Hundertjähriger einer Krankenschwester an den Hintern greift. Ich werde mich weiterhin über Komplimente freuen – von Männern wie von Frauen, und wenn eines misslingt, helfe ich gern beim Bessermachen. Ich werde auch Männer loben, die sich um ein gepflegtes Äußeres bemühen; von denen gibt es nämlich immer mehr, sogar in Berlin. Komplimente erleichtern und bereichern das Zusammenleben, gerade zwischen den Geschlechtern. Wer anderen Menschen ohne Falschheit ein Kompliment machen kann, beweist Sozialkompetenz, wer sie nicht ertragen kann, ist verklemmt, kann sein Gegenüber aber bitten, das zu unterlassen. Dieses Vergnügen generell verbieten zu wollen wäre ein menschenfeindlicher, totalitärer Akt.

Wer zwischenmenschliche Gepflogenheiten in geradezu hysterischem, hyperventilierendem Habitus zum sexistischen Showdown erklärt, nährt das Urteil, dass Frauen entgegen mancher Kraftmeiereien doch das »schwache« Geschlecht sind, zu zart für ein eigenständiges Leben in dieser Welt und hilfsbedürftig. Ich fühle mich von weichen, weinenden Weibchen diskriminiert! Ich bin nicht so wie sie! Und viele andere Frauen sind es auch nicht, sogar unter denen, die sich ausdrücklich nicht als Feministin bezeichnen würden. Ich kann mich selbst wehren, tatkräftig, ich habe Kraft und Rückgrat, um meinen Mund aufzumachen und mich zu wehren. Und zwar sofort.

Die übertriebene Kriminalisierung männlicher Gewohnheiten erzeugt Abwehr und steigert die Spannung zwischen den Geschlechtern – trotz der offenkundigen Bemühungen der jüngeren Männer, es besser zu machen als ihre Großväter. Offenbar betrachten viele Feministinnen, die sich der Avantgarde zurechnen, heute alles Sexuelle zwischen Mann und Frau als potenziell bedrohlich, als gefährlich. Wenn jegliche Handlung eines Mannes, die eine Frau persönlich betrifft oder berührt, zu sexueller Gewalt stilisiert wird, machen Frauen sich zu hilflosen Objekten. Wie prüde, wie ängstlich, wie defensiv.

Offensiv werden die Bloggerinnen, Facebookerinnen und Twitterinnen zu Hause auf ihren Sofas oder in den Szenecafés, wenn sie ihren Laptop aufklappen und die nächste Ungerechtigkeit dieser Welt verlautbaren. So empörten sich Feministinnen am 12. November 2017 über die Sendung »Anne Will« mit dem Titel: »Die Sexismus-Debatte – Ändert sich jetzt etwas?« Während Verona Pooth (geborene Feldbusch), die in der Runde saß, für Alice Schwarzer nur diejenige war, die »für eine hohe Gage die verfügbare Frau spielt«, verrenkten sich die postenden Aktivistinnen die Finger, weil »ein Kameramann« sein Gerät über Stöckelschuhe und Beine von Verena Pooth schwenkte. Recherche? Ist dazu nicht nötig, die Bilder sprechen ja für sich. Liebe _Innen: Die Aufnahmen lieferte eine Kamerafrau! Für die Bildauswahl sorgte ebenfalls eine Frau. Und für die Sendung insgesamt ist auch kein Heteromann verantwortlich, sondern Anne Will. Und was ist auch gegen schöne Beine im Bild einzuwenden statt den immer gleichen schwarzen Lederschuhen der Anzugträger? Auch eine Kamerafrau sucht die interessanten, bunten, neuen Bilder. Wer die nicht sehen will, darf gern Radio hören. Gelassen äußerte sich nur eine: Verona Pooth, die »verfügbare Frau«, die alle schützen und bekehren zu müssen glauben. Aber sie braucht den Schutz der Bevormundungsfeministinnen nicht. Sie lässt sich nicht fremdbestimmen, schon gar nicht von jungen Ego-Feministinnen an ihren Laptops. »Der arme Kameramann«, sagte sie sehr souverän, wenn auch ebenfalls faktenfalsch. »Warum soll er denn nicht diesen Schwenk machen? Das ist sicher nicht sexistisch.«[90]

Die Skandalisierung und der inflationäre Gebrauch des Gewaltbegriffs durch die Ego-Feministinnen nutzen nur denen, die dadurch Bedeutung, Macht und finanzielle Ressourcen gewinnen.

Sie instrumentalisieren dieses wichtige Thema und erzeugen eine riesige Blase, die bei der Mehrheit der Bevölkerung – nicht nur der Männer – Unverständnis und Widerwillen weckt. Das dient dem gerechten Kampf gegen tatsächliche sexuelle Gewalt nicht im Geringsten.

Mir scheint, da wächst eine sehr schwache, geradezu lebensunfähige Frauengeneration heran. Wer heult und mit den Zähnen klappert, wer lamentiert, gelähmt in der Schamecke sitzt oder sich weinend im Zimmer verkriecht, wenn jemand etwas Falsches gesagt oder getan hat, bekommt dafür verdientermaßen den Satz: Nun reiß dich doch mal zusammen! Wer Respekt will, muss sich wehren, und zwar sofort in der Situation, im Angesicht des Aggressors. Hätte Schwester Himmelreich dem Brüderle sofort geantwortet, hätte er beschämt geschwiegen. Zu Recht. Denn keine Frau, die von einem Mann belästigt wird, muss sich schämen, schämen müssen sich die Täter.

Vor allem ältere Männer sind inzwischen so verunsichert, dass sie sich in ihrem Bestreben, sich dem aktuellen Kodex angemessen zu verhalten, verrennen wie Sawsan Cheblis Ex-Botschafter. Sie sind spätestens Mitte des vorigen Jahrhunderts geboren, zu einer Zeit, da vieles erlaubt, erwünscht, üblich oder toleriert war, was zwei Generationen jüngere, bloggende und twitternde Genderfeministinnen heute so maßlos empört. Das ist kindisch. Statt die Großväter mit dem heutigen moralischen Rigorismus zu verurteilen und in die Hölle zu stoßen, müssten wir die jungen Kerle erziehen. Das hätten auch die Frauen tun müssen, die inzwischen Übergriffe von vor 20, 30 Jahren an den moralischen Maßstäben von heute messen. Stattdessen haben sie geschwiegen.

Denken wir mal zurück: In Deutschland mussten zu Opas aktivsten Zeiten – sagen wir in den Sechzigerjahren – Frauen die Erlaubnis ihres Mannes einholen, wenn sie arbeiten wollten; wir könnten heute keinen von denen belangen, die ihre Zustimmung verweigerten. Damals war Fleischessen noch üblich, es gab noch keinen Tofu. Es gab keine Homosexuellen, jedenfalls kaum welche, die sich öffentlich dazu bekannt hätten; schon gar nicht gab es Transsexuelle. Es gab Männer und Frauen. Die Rolle der Männer war es, die Frauen zu unterhalten und sie für sich einzunehmen. Deshalb redeten sie gern und viel, das scheint sich bei Männern auch genetisch niedergeschlagen zu haben, vermutlich weil es ein Erfolgsmodell war; den Zutexter (mansplainer) jedenfalls gibt es noch heute. Möglich, dass damals auch etwas zudringliche Männchen mehr Erfolg bei den Frauen hatten; auch deren Gene haben überlebt. Heute sollen Männer sich anders verhalten; Zudringlichkeit wird nicht mehr goutiert. Sagen wir es den old boys, und den young guys, sagen wir es ihnen ins Gesicht.

4. DAS SCHWEIGEN DER LÄMMER

Zeigt sie an!

It-Girl Gina-Lisa Lohfink wurde 2017 zu einer Ikone der Frauenbewegung, weil ihr Fall offenbar zum schnellen Erfolg einer Verschärfung des Strafrechts führte. Da sich Politiker einschalteten, insbesondere Justizminister Heiko Maas (SPD), kam es im Juli 2016 zu einer Gesetzesänderung, in der festgelegt ist, dass Nein endlich Nein heißt. »Wenn ich es nicht besser wüsste«, schrieb Mithu Sanyal im *Missy Magazine*, »wäre das meine neue Lieblingsverschwörungstheorie: Feminist*innen haben den Fall Gina-Lisa Lohfink inszeniert, um die Verschärfung des §177 StGB zu beeinflussen.«

Das Gesetz schuf in einem Punkt Klarheit, und das war dringend an der Zeit. Die Gesetzesgrundlage heißt nun eindeutig: »Nein heißt Nein!« Aber das größte Problem bei Verfahren wegen Vergewaltigung wird immer bleiben: Wer sagt die Wahrheit, wer lügt?

Gina-Lisa Lohfink lief nicht zur Polizei, die Polizei kam zu ihr. Und als die Geschichte Kreise zog, waren nicht nur ausgewiesene Feministinnen empört über »das unfassbare und unfassbar unfaire Urteil« gegen das Model.[91] Zwei Männer, Pardis F. und Sebastian C., hatten im Juni 2012 sexuelle Handlungen mit ihr gefilmt und das Video zunächst der *Bild*-Zeitung mit den Worten angeboten: »Vergewaltigungsvideo von Gina-Lisa!! Nagelneu«. Weil das Blatt es nicht kaufte, stellten die Männer den Mitschnitt auf eine Pornoseite. Medien schalteten die Polizei ein, schließlich erstattete Lohfink Anzeige wegen Vergewaltigung und sexueller Nötigung. Es kam zu einem Prozess und schließlich zur Verurteilung der beiden Männer wegen Verbreitung des Videos sowie zu einem Schuldspruch für Lohfink wegen Falschbeschuldigung. Es dauerte fast fünf Jahre, bis die Sache endgültig entschieden war. Aber unterdessen führte dieser Fall tatsächlich zu einer wichtigen Veränderung im Strafrecht.

Es gab allerlei Widersprüchliches, Ungereimtes zu hören im Laufe der Verhandlungen. In der Strafanzeige wegen der Verbreitung des Videos, die Lohfinks Anwalt an die Staatsanwaltschaft Berlin schickte, war die Rede von einvernehmlichem Sex. Sie verkehrte offenbar nach jener Nacht noch einmal mit Pardis F. und schickte ihm zärtliche Textnachrichten: »Würde jetzt so gerne in deinen Armen einschlafen. Kuss«, schrieb sie. Und: »Geht's dir gut? Ich vermisse dich.« Ihr sei erst nach Ansicht des Videos klar geworden, was im Hotelzimmer geschehen war, sagte ihr Anwalt dazu. Sie nehme nun an, mit K.-o.-Tropfen gefügig gemacht worden zu sein. Aber wie konnte sie dann – das war auf den Bildern zu sehen – singend und tanzend durch das Zimmer gehen? Auch waren weder sprachliche noch motorische Störungen erkennbar. Beim Besuch einer Ärztin sollen Verletzungen festgestellt worden sein, über die Lohfink »geschockt« gewesen sein soll; aber weder Arztbesuch noch Verletzungen werden belegt, etwa durch ein Attest. Am Ende blieb auch die Frage im Raum, ob Vergewaltiger so dumm sein können, den Beweis ihrer Tat ins Netz zu stellen.

Der letzte Vorhang fiel im August 2016, als Lohfink wegen Falschbeschuldigung zu einer Strafe von 80 Tagessätzen à 250 Euro verurteilt wurde (plus Kosten des Verfahrens). In ihrem Urteil rügte die Richterin die »permanente Verdrehung der Tatsachen«, die Art der Verteidigung sei »eine Verhöhnung und Irreführung aller Frauen und Männer, die tatsächlich Opfer einer Straftat geworden sind«. Lohfink dagegen sah sich als Opfer der Justiz: »Wenn ich noch einmal vergewaltigt werde, gehe ich sicher nicht zur Polizei.«[92]

Das wäre ein großer Fehler. Aber auch wenn es Freisprüche gibt und wenn die Befragungen demütigend sein können, müssen vergewaltigte Frauen den Schritt vor Gericht wagen. Nicht in jedem Fall muss sie »in der Hauptverhandlung durch ein Fegefeuer« gehen wie jene, die den Fernsehmoderator Andreas Türck vor Gericht brachte. Türck wurde freigesprochen, und vor der Richterin saß eine weinende, zierliche Frau, zu der die Richterin bei der Urteilsverkündung sagte, »sie frage sich immer noch, wer ihr geraten habe, diese Belastung auf sich zu nehmen«.[93]

Das ist Unsinn. Wir müssen Vergewaltigungen offenlegen. Was hindert Frauen daran, zu einer Ärztin zu gehen, um die Spuren der Gewalttat zu sichern und den Täter dann anzuzeigen? Zu schweigen ermutigt Täter, es wieder zu tun. Um des Friedens in unserer Gesellschaft willen müssen solche Straftaten angezeigt, verhandelt und bestraft werden – und zwar rigoroser als bisher.

In den Monaten nach #MeToo wuchs der Druck auf Politiker, sexuelle Gewalt per Gesetz schon im Ansatz zu unterbinden. Das führt zu Regelungen, unter denen ich meinen forschen #Me-Too-Juristen, der damals meinen desolaten Zustand ausnutzte, heute verklagen könnte, weil mir erst jetzt aufgegangen ist, dass ich an diesem Nachmittag Zeuge einer Vergewaltigung geworden bin – meiner eigenen. Und hätte ich den Rockmusiker nicht abgewiesen, sondern mit nach Hause genommen, könnte ich später zweifellos behaupten, ich wäre »psychisch eingefroren« gewesen und hätte deshalb nicht Nein sagen können. Ohne einen Drink zu

viel hätte ich bei diesem oder jenem One-Night-Stand niemals mit-
gemacht. Vielleicht werden demnächst bei Vollmond wieder einmal meine Hormone verrücktspielen. Möglicherweise – darüber
sprach aber niemand – könnte auch ein Mann später angesichts
einer unerwünschten Schwangerschaft erklären, er sei im Schlaf
übermannt, ihm sei der Samen gewissermaßen geraubt worden.

Um solche Missverständnisse zu verhindern, sollen erwachsene Menschen in Schweden künftig ausdrücklich ihr Ja äußern – ob
mündlich genügt, ist noch nicht entschieden, ein Verzicht auf
schriftliche Festlegung würde aber zweifellos zu noch größerer
Rechtsunsicherheit führen. Wenige Tage vor dem Fest der Liebe,
gegen Ende des Jahres 2017, stellte der sozialdemokratische Mi-
nisterpräsident Stefan Löfven während seiner Weihnachtsanspra-
che 2017 klar: »Die Botschaft ist einfach. Du musst dich bei der
Person, mit der du Sex haben willst, erkundigen, ob sie es will.
Wenn du dir unsicher bist, musst du es lassen. Sex muss freiwillig
sein.«[94]

Weiß der Mann, wovon er spricht? Solche aktionistischen
Maßnahmen verbessern nicht die Kommunikation, sondern zerstören sie. Die logische nächste (De-)Eskalationsstufe wäre, wir
dürften Sex nur noch unter Aufsicht genießen, schließlich – nächste Stufe – nur noch zur Reproduktion. Die ganze Debatte wirkt
zersetzend auf menschliche Beziehungen sowie Demokratie und
Freiheit. Und die Art, wie die Maßnahmen durchgesetzt werden,
zerstört auch die Grundlagen unseres Rechtssystems. Solche Gesetze untergraben das Prinzip der Unschuldsvermutung und führen schlussendlich zu einer »Hexenjagd mit Zügen von Stalins
Säuberungsaktionen«, nur dass dieses Mal nicht die Hexen gejagt
werden, sondern sie es sind, die jagen. Als sollte das bestätigt werden, wurde in Schweden der Reporter, der von einer Hexenjagd
gesprochen hatte, gefeuert: Staffan Heimerson, Kolumnist der
Zeitung *Aftonbladet*.[95]

Wir verhandeln also gerade mal wieder, wie wir leben wollen. Aber was bei diesen Verhandlungen herauszukommen scheint, geschieht nicht in meinem Sinn. Es festigt den dämlichen Dualismus von Mann und Frau als Täter und Opfer, und offensichtlich sollen auch kritische, den genderfeministischen Mainstream reflektierende Männer von der Debatte ausgeschlossen werden. Die Mehrheit der Menschen in Deutschland kann solche weltfremden Entwicklungen nicht mehr verstehen.

#MeToo? Nicht in der Berliner Bubble

Die Schauspielerinnen in Hollywood haben gezeigt, dass wir die selbst gekrönten Könige vom Thron stürzen können. Ashley Judd und die anderen haben vorgeführt, wie es gehen kann. Aber in Deutschland wurden 2017 keine Namen genannt. Immerhin klagte Carolin Würfel am 16. November auf *Zeit online,* dass in der Berliner Kulturszene, im progressiven, intellektuellen Zentrum des Landes, alle über »Sexismus in unseren Reihen« schweigen. Dabei seien doch »wir« diejenigen, »die gesellschaftliche Missstände früh erkennen und abbilden. Die den Finger in die Wunde legen. Die keine Angst vor Konfrontationen haben, die angreifen und gleichzeitig aushalten können.« Aber in der Debatte über Sexismus seien alle »Heuchler, Mitläuferinnen, Feiglinge«. Sie fragt: »Warum nennen wir keine Namen? Warum schweigen wir uns aus?« Würfel schreibt, sie habe zehn Namen von bekannten Männern aus dem Berliner Kulturleben auf ein Post-it geschrieben, »Namen, die seit Jahren mit Geschichten verknüpft werden. Geschichten, die Frauen flüsternd untereinander weitergeben, aber nie laut aussprechen.« Kollegen hätten gewarnt, sie zu veröffentlichen, schreibt sie, aber ihr sei klar: »Solange wir in Deutschland keine Namen nennen, bleibt es so, dass Ihr und Eure Kumpels glaubt, wir sprächen von kleinen Alltagsverrechnungen und nicht von Übergriffen, die ebenso schwer wiegen könnten wie die Geständnisse in den USA. Solange wir in Deutschland keine Namen nennen, glaubt Ihr, es gebe in Deutschland keinen Sexismus und keine sexuelle Belästigung, vor allem nicht in unseren gebildeten, elitären Reihen.« Auf ihrer Liste stünden »der Gastronom, der Kokain gegen Oralverkehr tauscht. Ihr seid der Verleger, der kein Nein versteht und Frauen ungefragt zur Begrüßung in den Schritt greift. Der Anzeigenverkäufer, der uns an den Hintern grapscht. Der Künstler, der Frauen zum Sex zwingt. Der Galerist, der seine Hände nicht bei sich lassen kann. Der Schriftsteller, der öffentlich slut shaming betreiben darf. Der Kurator, der seine anzüglichen Bemerkungen nicht stecken lässt. Ihr seid der Journalist, der seine Lippen ungefragt auf Frauenmünder presst. Der Herausgeber, der Mitarbeiterinnen schikaniert, weil sie nicht mit ihm schlafen wollen. Die Architekten, die Frauen mit Alkohol und Drogen abfüllen, um sie dann, wenn sie schon fast bewusstlos sind, gemeinsam durchzuvögeln.«[96] Und dann – nennt auch sie weder Ross noch Reiter.

Dem Gastronomen kann niemand einen Vorwurf machen. Mädchen, die für eine Line alles tun, gibt es in der Berliner Blase genug, auch Frauen, die sich an Prominente ranschmeißen. Aber wer sind die anderen? Und was gedenkt Carolin Würfel zu tun?

Sie werde den zehn Männern beim nächsten Treffen nicht rechts und links die Wange küssen, sondern »Euch beim Namen nennen, von diesem offenen Brief erzählen und zu Euch sagen: Der Gastronom, Künstler, Architekt, Verleger, Herausgeber, Anzeigenverkäufer, Journalist, Schriftsteller oder Galerist bist Du. Vielleicht habt Ihr Euch bis dahin überlegt, wie es weitergehen soll. Ihr wisst ja, wer Ihr seid.«

Als ich den Beitrag las, dachte ich: Ja, mach es wahr. Geh hin zu ihnen, gemeinsam mit den betroffenen Frauen. Warte nicht, bis sich die nächste Gelegenheit ergibt, zufällig. Suche die Raubfische auf an den Orten, an denen sie warten. Sei mutig, schrie es in mir, nenne die Namen! Mache den Frauen Mut, wenn du die Namen aussprichst, werden weitere folgen. Ruf mich an, wenn du zu den Kerlen gehst, ich komme mit, und wir reden gemeinsam ein ernstes Wort mit ihnen.

Aber Carolin Würfel hat mein Schreien nicht gehört. Und so ist es geblieben, das Schweigen in der Berliner Bubble. Über #MeToo ist in dieser Stadt, in diesem Land kein Macho gestürzt – bis die Vorwürfe gegen Dieter Wedel auftauchten.

Mit dem Regisseur Dieter Wedel saß zu Beginn des Jahres 2018 der erste prominente deutsche Kulturschaffende auf der medialen Anklagebank. Drei Schauspielerinnen berichten im *Zeitmagazin*, Wedel habe sie in den Neunzigerjahren zu Sex gezwungen. Patricia Thiedemann berichtet von einem Treffen mit Wedel im Jahr 1991. Während des Castings in einer Hotelsuite in Bremen habe er ihre Bluse aufgerissen und versucht, sie rückwärts auf die Couch zu werfen. Als sie sich wehrte, habe Wedel ihr den Hals zugedrückt. Sie habe »große Angst« gespürt, konnte sich aber schließlich entziehen. Die zweite Schauspielerin, Yani Tempel, gab zu Protokoll, Wedel habe sie 1996 anlässlich eines Vorstellungstermins in einem Münchner Hotel im Bademantel empfangen. Er habe sie »mit Wucht gepackt und gegen die Wand gepresst« und sie aufs Bett geworfen und zum Sex gezwungen, obwohl sie laut »Bitte nicht« gerufen habe. Wedel bestritt diese Aussagen.[97]

TV-Schauspielerin Sonja Kirchberger erzählte daraufhin der *Bild*-Zeitung, Wedel sei am Set manchmal »ein ungeduldiger Tyrann« gewesen, »der sich auch mal im Ton vergreift«. Aber vor seiner Garderobe hätten Frauen Schlange gestanden. »Es gab sehr viele Gerüchte über Affären, aber ich habe nie etwas über sexuelle Übergriffe gehört oder Derartiges gesehen. Ich weiß allerdings nicht, was hinter verschlossenen Türen passiert ist.«[98] Die Schauspielerin Jutta Speidel, die ebenfalls mit Wedel drehte, sagte der *Süddeutschen Zeitung:* »Es muss einem als Frau doch schon auch klar sein, dass es falsch ist, eine Rolle über das Bett zu bekommen. Und Racheakte 20 Jahre später, wie jetzt bei Dieter Wedel, finde ich auch grenzwertig.«[99]

Gisela Friedrichsen sah im »Fall Wedel« Parallelen zu dem von Kachelmann. Sie warnte vor »medialer Hinrichtung«, mahnte zur Beachtung der Unschuldsvermutung und Zulassung von Ermittlungsarbeit. Fast schon resignierend schrieb sie: »All das scheint unwichtig zu sein.« Dass Wedel bisweilen grob mit Darstellerinnen umgegangen sei und sie sogar gedemütigt habe, könne nicht als Argument für die derzeitigen Vorwürfe gelten.[100]

Wer den Beitrag im *Zeitmagazin* liest, muss die Vorwürfe für glaubwürdig halten. Aber wie immer bleibt Aussage gegen Aussage. Wir können aber aus den Schilderungen von Jany Tempel eine Menge lernen. Da ist die Machtfrage, die Abhängigkeit. In der Schauspielerei reicht die Riege der Mächtigen vom Produzenten bis hin zum Regisseur. Auf der anderen Seite stand im Fall von Tempel, wie sie sagt, eine Frau, deren Verhalten gegenüber Männern wie programmiert erscheine. »Mir wurde Gefälligkeit anerzogen, das ist wie Gehirnwäsche. Das kleine, hübsche Mädchen zu sein, das immer nett ist.« Sie räumt ein, zum Treffen in Wedels Hotelzimmer zu gehen sei wohl naiv gewesen. Männer wie Wedel, sagt sie, hätten dafür »einen untrüglichen Instinkt«. Besprechungen an solchen Orten sollten künftig tabu sein – für beide Seiten. Dass sie danach nicht zur Polizei ging, bedauert sie heute ebenfalls. »Die Yani von heute würde sich anders verhalten.«

Und sie räumt auch ein, zuvor mit anderen mächtigen Männern aus der Branche intim gewesen zu sein und dass sie »manchmal nicht unterscheiden konnte, ob sie einen Mann einfach attraktiv fand oder ob sie der Attraktion der Macht erlag und sie sich eine Rolle versprach«. Und diese Seite der Medaille gibt es eben auch: Wir dürfen nicht verschweigen, dass es Menschen gibt, die bereit sind, für Begünstigungen einen Preis zu zahlen.

Alberne Allianz: Gender- und muslimische Feministinnen

Das radikale, ideologische Genderfeminat hat einen erklärten Feind: den weißen, alten Sack. Er, ein mächtiger Mann, denkt dauernd nur an das Eine, er ist allzeit bereit, kann und will jederzeit vögeln, ach was: hart und brutal ficken, wobei er den Frauen allerhand Widerliches zumutet, und wenn er nicht sofort bekommt, was er will, nimmt er es sich mit Gewalt. Und die jungen, weißen Männer, die Nachfolger des Sacks, eifern ihm nach – aus seiner Sicht erfolgreich. Mensch, Mädchen, das kann doch nicht euer Ernst sein! Zu viele Pornos geschaut und zu lange in Valerie Solanas' »Manifest der Gesellschaft zur Vernichtung der Männer« gelesen?

Kürzlich präsentierte *Emma* ein Bild, auf dem UN-Sonderbotschafterin Angelina Jolie zu sehen ist, als sie am 15. November 2017 in Vancouver an den Delegierten der »Peacekeeping Defence Ministerial Conference« vorbeischreitet. Darunter hatte die Redaktion geschrieben: »In ihrer anschließenden Rede wird sie für eine härtere Verfolgung bei sexueller Gewalt als Kriegswaffe plädieren: ›Vergewaltigung ist billiger als eine Kugel‹, klagt der Hollywoodstar. Und sie ist effektiver als eine Kugel. Körperliche Wunden heilen, seelische Wunden können lebenslang schmerzen. Egal, wer der Täter ist: ein Soldat, der Chef, der eigene Mann. Und diese sexuelle Gewalt beginnt beim Blick – siehe die Herren UN-Delegierten.« Die Männer auf dem Bild, die Angelina Jolie an- oder hinterherblicken, stammen aus allen Kulturkreisen, aber ein dezidiert weißer Mann ist nicht zu sehen. Wenn ihre Blicke als sexis-

tisch interpretiert werden, dann ist festzuhalten, dass alle patriarchischen Kulturkreise das gleiche Problem haben. Aber im
westlichen Kulturkreis haben wir Fortschritte erzielt. Das dürfen
wir nicht übersehen. Die jungen Genderfeministinnen leugnen
das jedoch. Zum Beispiel nach den Vorfällen von Köln.

Nach den massenhaften sexuellen Übergriffen in der Silvesternacht 2015/16 kochten die Initiatorinnen vorheriger Kampagnen
wieder ihr Süppchen. Einen erneuten #aufschrei allerdings hielten
die Initiatorinnen, Stefanie Lohaus und Anne Wizorek, in diesem
Fall nicht für angebracht. Wer das nun fordere, habe gar nichts
verstanden, urteilten sie. »Dass die Gesellschaft und ihre Institutionen nicht in der Lage sind, Betroffene von (sic!) Gewalt zu
schützen und Täter zur Rechenschaft zu ziehen, ist jedoch keine
Überraschung und mit Sicherheit nicht der Tatsache geschuldet,
dass es bisher in Deutschland keine sexualisierte Gewalt gegeben
hätte: Die »Rape Culture« ist längst da. Dieser Begriff beschreibt
Gesellschaften, in denen sexualisierte Gewalt und Vergewaltigung
verbreitet sind und weitgehend toleriert werden.«[101] Sie nannten
das Münchner Oktoberfest und den Karneval, außerdem »Be-
schimpfung als ›Schlampe‹ und das Angrabschen (sic!) in der vol-
len U-Bahn, die Verfolgung bis vor die Haustür, Vergewaltigung
durch Freunde der Familie, oder eine Polizei, die nichts davon
glauben mag: Das alles sind Erfahrungen, die unter #aufschrei ge-
teilt wurden«.[102]

Statt eines Aufschreis gab es eine Kampagne »gegen sexualisierte Gewalt und Rassismus. Immer. Überall. #ausnahmslos.«
Wizorek und Lohaus gehörten natürlich zu den Erstunterzeichne-
rinnen, darunter auch die Kopftuchlobbyistinnen Kübra Gümü-
say, Dudu Kücükgöl und Hengameh Yaghoobifarah. »Sexualisierte
Gewalt darf nicht nur dann thematisiert werden, wenn die Täter
die vermeintlich ›Anderen‹ sind: die muslimischen, arabischen,
Schwarzen (sic!) oder nordafrikanischen Männer – kurzum, all

jene, die rechte Populist_innen als ›nicht deutsch‹ verstehen. Sie darf auch nicht nur dann Aufmerksamkeit finden, wenn die Opfer (vermeintlich) weiße Cis-Frauen sind.«[103] Wer diese Art der rape culture überhaupt ins Land gebracht hat, danach fragen weder die einen noch die anderen.

Generell ist diesen Aktivistinnen ja zuzustimmen. Die Krux liegt im Detail. Es ist keinesfalls so, dass Vergewaltigungen »weitgehend toleriert« werden. Und wir leben auch nicht mehr in den unseligen Multikulti-Zeiten, in denen es verboten war, sexualisierte Gewalt auch dann zu benennen, wenn die Täter anderen Kulturen entstammten. Die Täter von Köln gehörten nun einmal Migrantenfamilien an. Und dass das so war und weshalb sie das taten, darüber muss gesprochen werden, statt diese Details auf einem ideologischen Acker unterzupflügen.

Nach Köln kam es zu einer paradoxen Interessengemeinschaft: Weiße Genderfeministinnen verschwisterten sich mit muslimischen »Feministinnen«. Dass Frauen mit Hidschab oder gar Ganzkörperschleier sich als Feministin bezeichnen, ist eine Anmaßung; wer sich den Zwängen der religiösen Ideologen und Dogmatiker ausliefert, sorgt für Geschlechtertrennung und Geschlechterapartheid. Es war aufschlussreich, nach den Ereignissen von Köln zu sehen, dass und wie diese frauenbewegten Kopftuchträgerinnen ihre gewalttätigen Glaubensbrüder in Schutz nahmen und weiße Feministinnen wie mich zurechtwiesen. Frauen, die generell alle Männer als Täter verdächtigen, verbündeten sich mit solchen, die über muslimische Grapscher und Vergewaltiger nicht sprechen wollten. Bis heute ist mir unbegreiflich, dass die biodeutschen[104] Frauen ausgerechnet den muslimischen Männern – zum Macho erzogen von deren Müttern – Rabatt gewähren wollten und gleichzeitig die Opferrolle aller Frauen betonten.

Selbstverständlich stimmt es, dass auch weiße deutsche Männer vergewaltigen. Der Unterschied ist: Sie tun es nicht, um Frauen aus der Öffentlichkeit zu verbannen oder deren Männer oder Familien zu entehren. Das aber ist in der islamischen Welt üblich. Je patriarchaler geprägt eine Kultur ist, desto mehr Gründe und Rechtfertigungen gibt es für eine Vergewaltigung.

Der wichtigste Grund ist Macht. Im Krieg geht es darum, sich zu nehmen, was dem Mann zusteht, und darum, die feindlichen Männer zu demütigen, die ihre Frauen nicht beschützen können. Wenn muslimische Männer wie in Köln Frauen die Finger in die Vagina und in den Mund stecken, dann sollen die Frauen gedemütigt werden, weil sie sich unzureichend gekleidet in die Öffentlichkeit wagen, statt ihre Reize zu verstecken, noch besser: ihre ganze Person aus der Öffentlichkeit zu verbannen. Und natürlich sind auch deren Männer gemeint, die ihre »Schlampen« allein und nicht adäquat bekleidet aus dem Haus lassen. Frauen gehören für muslimische Männer ins Haus und an den Herd, und sie sollen Kinder gebären für Allah. Die »Schlampen« draußen werden verachtet, aber gefickt; die Schwester würde getötet. Sie muss sich verhüllen, weil ihr aufreizender Körper seine enorme Triebhaftigkeit herausfordert. Durch Hidschab und Ganzkörperschleier werden Frauen entkörpert, entmenschlicht und gesichtslos. Eine religiöse Pflicht dient der Unterdrückung der Frau. Das hatten wir in Deutschland weitgehend überwunden. All dies scheinen die jungen Genderfeministinnen überhaupt nicht zu erkennen.

Ist multikulti schlecht für Frauen? Alle Gesellschaften gründen auf dem Patriarchat. Die Frage ist, wie weit sie sich davon entfernt haben. Muslimische Gesellschaften nicht so sehr. Das zeigt sich, wann immer ich abends ausgehe. Wenn ich in den Berliner Stadtteilen Wedding, Gesundbrunnen oder Neukölln durch die Straßen gehe, verfolgt mich ein Spalier von Augen. Sie gehören jungen Männern, die in Grüppchen zusammenstehen. Ihre Blicke sind unangenehm, ich weiß genau, was die denken. Sie halten mich für eine Deutsche, also eine Christin, und wenn sich die Gelegenheit ergäbe, wenn wir an einem günstigeren Ort wären und sie mit ein wenig Alkohol ihre Hemmungen vertrieben hätten, dann würden sie tun, was ich in ihren Blicken erkenne. Ich spüre es und ich sehe es in ihren Augen: Für diese Männer bin ich ein Stück Dreck, eine unehrenhafte Frau. Deutsche Frauen sind Freiwild. Nichtmuslimische Frauen sind Freiwild. Und ich bin eine deutsche, nichtmuslimische Frau. Deshalb werde ich angeglotzt und angemacht von den Eckenstehern.

Es passiert ständig. Ich verlasse mit einer Freundin einen Club, wir wollen zur Bahn. Ich schaue nicht auf, wenn wir eine Gruppe türkisch oder arabisch aussehender Jungen passieren. Trotzdem ruft einer: »Ey, ihr Schlampen!« (Wer dieses Wort in solchen Situationen benutzt, haben die Genderfeministinnen, die alle Männer ausnahmslos über einen Kamm scheren, generös übersehen.)

»Ich könnte deine Mutter sein, was soll das?«, pariere ich. »Ich könnte deine Schwester sein!«

»Meine Schwester würde um diese Zeit so nicht herumlaufen.« Wäre ich als Türkin oder muslimische Migrantin zu erkennen gewesen, hätte dieser aufgeblasene Angeber mich anders angesprochen. Er hätte gesagt: »Ey, was machst du hier um diese Zeit auf der Straße? Geh nach Hause!« Wäre ich der Aufforderung dieses Dreikäsehochs nicht nachgekommen, hätten er und seine Kumpels mich beschimpft.

Als ein Polizist 2011 an der Osgoode Hall Law School der York University sagte, »Frauen sollten sich nicht wie Schlampen kleiden, damit sie nicht Opfer werden«, protestierten Frauen im kanadischen Toronto mit dem ersten Slutwalk, einem »Schlampenmarsch«, gegen diese Umkehr von Täter und Opfer. Dass muslimische Männer dazu in besonderer Weise und besonders häufig neigen, habe ich in meinem Buch »Die verschleierte Gefahr« beschrieben.[105] Unter gläubigen Muslimen gelten auch hierzulande Frauen, die sich nicht verhüllen, als Schlampen und Huren, verfügbar für alle. Um sich diesem Vorwurf zu entziehen, verschleiern sich muslimische Frauen, sobald sie das Haus verlassen, »um als Mensch wahrgenommen zu werden« und nicht als Sexualobjekt, wie sie sagen.

Sie verkennen, dass die von Männern verordnete Pflicht zur Verschleierung sie bevormundet und unterdrückt. Dagegen demonstrierten wir von Femen am 15. September 2012. Wir bemalten Oberkörper und Gesicht mit Ausnahme der Augenpartie mit schwarzer Bodypainting-Farbe und marschierten beim Berliner Slutwalk gegen sexuelle Gewalt mit, »bekleidet« mit einer aufgemalten Körperburka oder einem Niqab. Wir wollten uns damit mit muslimischen Frauen solidarisieren und auf deren Probleme aufmerksam machen. Sie waren auf unseren Plakaten benannt: »Fight for women's liberation from religious oppression«, »Unveil women's right to unveil« und »There is war on women.« – »Kampf für die Befreiung der Frauen von religiöser Unterdrückung«, »Enthüllt das Recht der Frauen, sich zu enthüllen« und »Es gibt Krieg gegen Frauen«.[106]

Wenige Monate zuvor, am 1. November 2011, war die 18-jährige Kurdin Arzu Özmen gestorben – durch die Hand ihres Bruders, das Urteil hatte ihr Vater gesprochen. Die Familie hatte von ihrer Liebesbeziehung mit einem nichtgläubigen deutschen Arbeitskollegen erfahren. Deshalb musste sie kündigen, sie durfte die Wohnung nicht mehr verlassen und wurde geschlagen. Es gelang ihr, in ein Frauenhaus zu flüchten. Außerdem erstattete sie Anzeige. Nachdem eine Schwester, die bei der Stadtverwaltung arbeitete, ihren Aufenthaltsort entdeckt hatte, stellten ihre Geschwister ihr nach. Sie fanden sie in der Wohnung ihres Freundes, entführten Arzu Özmen und töteten sie. Die Beteiligten an diesem sogenannten Ehrenmord, der mit Ehre nicht das Geringste zu tun hat, erhielten jahrelange Gefängnisstrafen. Arzu Özmen macht das nicht wieder lebendig.

In traditionellen muslimischen Kreisen äußert sich Sexismus auf vielerlei Weise. Frauen müssen sich in patriarchisch strukturierten und traditionell denkenden Familien unterordnen und dem Willen des in der Regel männlichen Familienoberhaupts folgen. Wer sich auflehnt, beschädigt die Familienehre. Das kann Ursache für vielerlei Strafen sein. Neben einer »unerwünschten Liebesbeziehung« können auch ein »westlicher« Lebensstil und Autonomiestreben Anlass zur Tat sein, hin und wieder die Weigerung, einer arrangierten Ehe zuzustimmen. Täter sind in aller Regel bildungsferne und niedrig qualifizierte Migranten.[107] In Deutschland geschieht Vergleichbares im Durchschnitt einmal pro Monat. Wegen der Androhung von Gewalt erträgt eine unbekannte Zahl von Frauen in Deutschland das Los einer arrangierten oder erzwungenen Ehe schweigend.

Die Silvesternacht von Köln zeigte, dass muslimische Männer Frauen in besonders auffälliger Weise begegnen. Das liegt nicht daran, dass arabische Männer triebhafter wären oder mehr Testosteron produzierten als europäisch-christliche, sondern das hat mit ihrer Religion und der dazugehörenden Erziehung zu tun. Sie müssen sich muslimischen Frauen gegenüber zurückhalten und haben gelernt, dass Frauen mit kurzem Rock oder enger Hose verfügbar sind, dass sie sich solchen Frauen gegenüber respektlos verhalten und ihnen (stellvertretend) die Finger in die Vagina und den Mund stecken dürfen.

Ganz anders als bei Muslimen muss ich einem Nichtmuslim und jedem deutschen Hipster nur einmal sagen: »Verpiss dich!« Die meisten drehen sich dann beschämt weg und wagen es kein zweites Mal, mich verbal oder körperlich anzugreifen. Bei Muslimen ist das anders, da wird nicht lockergelassen. Warum auch? Schließlich predigen die frommen Vorbeter in den Moscheen: Eine Frau soll sich, wenn sie das Haus überhaupt verlässt, »in abgetragene Kleider hüllen und wenig begangene Wege wählen, die

Hauptstraßen dagegen vermeiden«.[108] Frauen, die sich nicht nach muslimischen Maßstäben kleiden und benehmen, sind Freiwild. Entsprechend werden sie behandelt. Frauen, die sich freizügig kleiden oder in Clubs gehen, sind »verfügbar«. Sie sind selbst schuld, wenn sie sexuell belästigt werden.

Auch diese jungen Kerle begründen ihr Verhalten, ihre Art zu leben, die Bevormundung von Frauen und ihren Hass mit ihrer Religion. Diese selbst ernannten religiösen Sittenwächter sind mitverantwortlich dafür, dass Frauen bestimmte Stadtgebiete meiden, weil sie sich dort nicht mehr sicher fühlen. Sie verzichten auf ihre persönliche Freiheit, nehmen Einschränkungen in Kauf. Ich ertappe mich selbst dabei, wenn ich mir in Berlin Einkäufe in Neukölln oder im Wedding verkneife, wo Geschäfte Waren anbieten, die ich in Mitte nicht bekomme. Ich kaufe anders und teurer, als ich will. Und ich wohne in einem teuren Kiez, weil ich in den günstigeren nicht leben kann, weil ich mich dem Gaffen und Geifern nicht aussetzen will.

Der Druck zur Einschränkung und Anpassung wächst, nicht nur, aber ausdrücklich für muslimische Frauen. Es beginnt bei Kleidungsvorschriften und der Frage: »Wie läuft denn deine Tochter herum?« Wo Gruppenzwang besteht, löst diese Frage eine Erziehungsmaßnahme aus. Es ist nicht zu übersehen, dass der sich in Deutschland ausbreitende politische, fundamentalistische, rückwärtsgewandte Islam die Regeln für Musliminnen verändert hat. Sichtbarstes Beispiel sind die Symbole des politischen Islam, die in unseren Straßen zunehmend zu sehen sind: Kopftuch und Ganzkörperbedeckung.

Die Forderung nach angemessener Kleidung ist das erste Mittel der Disziplinierung von Frauen in einer religiösen Community. Die Zahl der Frauen, die sich dem beugen, wächst. Je mehr Frauen diesen Vorschriften nachkommen, desto »natürlicher« wird dieses religiöse Gebot. Weitere werden etabliert. Es tritt Gewöhnung ein.

Irgendwann ist der Punkt erreicht, da erachten Frauen ihre Unterdrückung als frei gewählte Entscheidung. Diesem Teufelskreis kann in einer Gesellschaft, die sich radikalisiert und einen bestimmten Punkt überschreitet, niemand mehr entgehen, weder Frau noch Mann. Und irgendwann halten alle den veränderten, den gegebenen Zustand für normal. Um mit dem Dichter Gotthold Ephraim Lessing zu sprechen, der dem Tempelherrn in »Nathan der Weise« das Wort in den Mund legte: »Es sind nicht alle frei, die ihrer Ketten spotten.« Religiöse Kleidervorschriften sind der Anfang vom Ende der Freiheit. Der nächste Schritt ist die Bestrafung derer, die sich nicht an die Regeln halten, die von Männern gemacht und von Frauen bereitwillig befolgt werden – bei der Erziehung ihrer Töchter.[109]

Anstatt Ungleichbehandlung und Ungleichheit zwischen den Geschlechtern zu bekämpfen, verstricken sich Pseudofeministinnen in sinnlose Diskussionen und stellen die selbst aufgebaute Political Correctness über alles. Statt die Bedeutung des biologischen Geschlechts beiseitezuschieben – eigentlich doch Hauptziel von Genderpolitik –, betonen sie es und festigen damit die darauf beruhende Ungleichbehandlung. Sie betonen ihre Andersartigkeit und ihre persönliche Sexualität. Das jedoch führt Menschen jeglichen Geschlechts nicht zusammen, sondern trennt sie. All dies sorgt für weitere Ungleichheit und führt zu Abgrenzung und Segregation; es pflegt ein altes, doch eigentlich langsam sich auflösendes Geschlechterbild sowie Misstrauen und Hass insbesondere gegenüber alten weißen Männern.

Gleichzeitig fordern Pseudofeministinnen uneingeschränkte Toleranz für andere Kulturen, auch solche der Unterdrückung. Dabei merken sie nicht, dass sie damit einen gefährlichen Kulturrelativismus betreiben, der die mit Religion und Tradition begründete Unterwerfung von Frauen festigt. Das Totschlagargument der Pseudofeministinnen sind die Wörter Rassismus und Sexismus.

Das verhindert jede vernünftige Diskussion, jedes Streitgespräch und jede differenzierte Betrachtung. Was soll daran rassistisch sein, die Unterdrückung der Frauen in anderen Kulturen anzuprangern? Es ist nicht rassistisch, wenn wir an der Idee des Ur-Feminismus festhalten, dass niemand wegen seines Geschlechts, seiner Sexualität und seiner Herkunft bevorzugt oder benachteiligt werden darf; dass jeder Mensch ernst genommen wird und die Stimmen aller das gleiche Gewicht haben. Das wäre das Ende der sozialen Ungerechtigkeit. Wir wären am Ziel. Die Ausnahmen wären überwunden. Der heutige Pseudofeminismus will das Gegenteil. Er ist elitär, weil er jeder Frau das Recht auf einen eigenen Maßstab zubilligt.

Den Feministinnen, welche die Unterdrückung muslimischer Frauen nicht sehen können oder wollen, sage ich: Es gibt nur einen Feminismus. Und der leidet in Deutschland auch unter einem Generationenkonflikt. Für ältere Feministinnen, die auch für die junge Generation um gleiche Rechte gekämpft haben, ist die Aufgabe des Prinzips Gleichberechtigung nicht verhandelbar. Feminismus kann nur heißen: keine Trennung, keine Spaltung, keine Geschlechter-Apartheid. Denn das bedeutet Rückentwicklung. Freiheit zwischen den Geschlechtern schließt das Verlangen nach gleichen Rechten für alle Menschen ein, unabhängig von Geschlecht, Herkunft und Religion. Zu einem fairen Feminismus gehört es auch, jegliche Gewalt zu verurteilen, und sei es Gewalt gegen Männer. Das ist mein Feminismus, der Ur-Feminismus. Der Ur-Feminismus ist Humanismus, der Kampf für Gleichstellung, Gleichberechtigung und Gleichwertigkeit der Geschlechter. Geschlecht und Sexualität treten in den Hintergrund und führen im Alltag weder zu Nachteilen noch zu Vorteilen. Während die Ur-Feministinnen anstrebten, Frauen zu stärken, sehen sich die heutigen offenbar von gefährlichen Gegnern umringt, denen nicht zu trauen ist und denen sie hilflos begegnen. Der Ego-Feminismus heutiger Prägung stiftet nicht Gleichwertigkeit und eine starke neue Generation, sondern unterteilt in Geschlechter, in Täter und Opfer. Er erzeugt eine Kohorte verhaltensgestörter Egomaninnen, scheinbar ohnmächtige, dafür hysterische Opfer in Schockstarre. Fast scheint es, als trügen sie einen Orden für tapferes Leiden. Ich, ich und ich habe Sexismus erfahren und will nun Genugtuung. Ich, ich und ich bin Opfer von sexueller Gewalt. Ich, ich und ich … Wer dem noch nicht ausgesetzt war, so ihr Dogma, kann und darf nicht mitreden im Geschlechterkrampf.

Das Gute daran ist: Die Ego-Feministinnen zeigen, dass Frauen auch nur Menschen und genauso fehlbar sind – ein Beleg für die Gleichheit aller.

Gewalt gegen Männer

Für radikale Männerfeindinnen ist es tabu, über die Macht der Frauen zu sprechen. Darüber war Ende 2017 in dreieinhalb besinnlichen Stunden in der renovierten Berliner Staatsoper Unter den Linden zu lernen, was schon Monteverdi wusste: Auch Frauen können dominieren. Poppea poppt, um Karriere zu machen, und Nero schenkt ihr, was sie will: die Krone, den Thron. In Monteverdis letzter Oper sind es die Frauen, welche die schmachtenden Kerle, recht einfältige Esel, (ver)führen und zum Mord anstiften. Ottone hat Ottavia nicht vergewaltigt, sie aber droht ihm, der sie wahrhaftig und verzweifelt liebt, Nero genau das zu sagen, sollte er Poppea nicht ermorden. Wieso sollte nicht in der Realität möglich sein, was Monteverdis Figuren uns sagen wollen: dass auch Frauen wissen, wie sie bei den Männern durchsetzen, was sie wünschen – auch gegen deren Willen? Für Ego-Feministinnen ist dieser Gedanke offenbar bloße sexistische Fantasie.

»Alle Terroristen sind Männer«, betitelt die *Huffington Post* einen Beitrag der »Feministin und Autorin« Jean Hatchet vom 30. August 2017. »Und das ist nicht das Einzige, was sie gemeinsam haben.« Der schlampig übersetzte Text behauptet: »Alle Personen, die eine Hauptrolle während der letzten Anschläge gespielt haben, sind Männer. Alle von ihnen.« Und es gäbe »Gemeinsamkeiten zwischen einigen der männlichen Terroristen«, denn »alle haben regelmäßig … in der Vergangenheit mit häuslicher Gewalt gegenüber Frauen zu tun gehabt. Oftmals ist diese Gewalt gegen Frauen gerichtet, mit denen sie in einer Beziehung sind, oder es bis vor Kurzem noch waren.« Weil 30 Prozent aller Frauen sexuelle oder körperliche Gewalt erführen, aber nicht 30 Prozent aller Menschen einen direkten körperlichen Schaden durch terroristische Taten, fordert Hatchet: »Gewalt und Missbrauch von Frauen werden so oft begangen, dass sie definitiv als Terrorismus gesehen werden sollten.«[110]

Jetzt wollen wir mal langsam und der Reihe nach dieses ideologische Kauderwelsch einem Faktencheck unterziehen: Dass viele der Terroristen von Paris bis Brüssel, von London bis Moskau auch im privaten Bereich Gewalttäter waren, trifft wohl zu. Viele waren auch Trinker und Drogenhändler, bevor sie sich in den Dienst Allahs oder des Propheten stellten, so wie sie das verstanden. Das ist detailliert in meinem Buch über Islam und Terrorismus nachzulesen.[111] Aber nicht nur Frauen erleben Gewalt, sondern auch Männer. Sie unterliegen sogar häufiger Gewalt als Frauen, zweifellos auch mit gravierenderen Folgen. Ob im Krieg oder bei einer Kneipenschlägerei sind meistens Männer Opfer – und Täter. Macht es das besser? Zählen nur weibliche Opfer von Männern? Sippenhaft eines Geschlechts?

Was Hatchet vernachlässigt: Auch Männer fürchten sich vor radikalen Salafisten, die uns mit Anschlägen drohen. Unter den Opfern von Anschlägen »irgendwo auf der Welt« gibt es mindestens genauso viele Männer wie Frauen, die meisten davon sind

Muslime von den Philippinen, aus Afghanistan, Indien, Pakistan, Somalia, Irak, Jemen, Saudi-Arabien und Algerien. Islamistische Terroristen haben Homosexuellenclubs, Kirchen, einen Sikh-Tempel, einen jüdischen Supermarkt und eine Behinderteneinrichtung angegriffen. Alle diese Täter waren Muslime, aber nicht alle Muslime sind Attentäter. Die meisten waren Männer, aber nicht alle Männer sind Terroristen. Aber den islamistischen Terroristen haben sich nicht nur europäische Männer angeschlossen, sondern auch Frauen, Hunderte.

Vor allem aber ist die Behauptung, alle Terroristen seien Männer, genauso falsch wie die, alle Vergewaltiger und alle Gewalttäter seien Männer. Trotzdem gehen mit der Gewissheit, »Gewalttäterschaft« sei ein Alleinstellungsmerkmal der Männer, nicht nur Genderfeministinnen und Besserwisserinnen durch die Welt. Wozu recherchieren? Wozu diese »offensichtliche Wahrheit« überprüfen, wo sie doch so schön ins Weltbild passt? Nun, es gibt für Feministinnen ausreichend Anlass, sich von manchen hundertprozentigen Sicherheiten zu befreien. Eine unvollständige Liste von Attentäterinnen soll genügen:

Wafa Idris war die erste, sie war für ein Attentat in Ramallah (2002) verantwortlich. Sie tötete einen 81-jährigen Israeli und verwundete 150 Passanten, und das *Time Magazine* belohnte sie für diese Großtat mit ihrem seitenfüllenden Porträt auf dem Titel.

Reem Saleh Riyashi, Mutter zweier Kinder, tötete 2004 bei einem Selbstmordattentat an einem Grenzübergang zum Gazastreifen im Namen der Hamas und der al-Aqsa-Brigade vier Israelis. Sie war die achte palästinensische Attentäterin und womöglich auch am Bombenbau beteiligt, was traditionell Aufgabe der Männer war. (Es gab auch in Afghanistan und Pakistan Hinweise auf weibliche Bombenbauer, und in Queens, New York, wurden 2015 zwei Frauen wegen geplanten Bombenbaus festgenommen.)

In Sri Lanka und in Tschetschenien waren Frauen als Selbstmordattentäterinnen so »erfolgreich«, dass schließlich die meisten Attentate von ihnen verübt wurden. Auch der Irakische al-Qaida-Führer Abu Musab al-Zarqawi setzte nach anfänglichen Vorbehalten Selbstmordattentäterinnen ein.

Tashfeen Malik tötete am 2. Dezember 2015 in San Bernardino (USA) 14 Menschen und verletzte 21.[112]

Vergessen wir nicht die in Europa aufgewachsenen Terroristinnen: Die Britin Roshonara Choudhry, geboren in London, stach am 14. Mai 2010 ihren Wahlkreisabgeordneten Stephen Timms nieder. Sie will ihre Aktion als Vergeltung für den Irakkrieg verstanden wissen, dem Timms zugestimmt hatte.

Auch in Deutschland versuchte eine junge Frau, einen Mann zu töten, Safia S., eine 16-jährige Syrerin, die in Hannover einem Polizisten ein Messer in den Hals rammte. Sie wurde dafür zu sechs Jahren Jugendarrest verurteilt.

Dem Ruf des IS folgten auch deutsche Mädchen und Frauen, darunter eine Mutter, die gepostet hatte, sie wolle »als Märtyrerin sterben«. Sie hängte ihrer kleinen Tochter ein Gewehr um und verschickte ein Foto davon mit der Nachricht: »Wenn die Ungläubigen kommen, schieße ich ihnen mit der Kalaschnikow den Kopf ab.«[113] Deutsche Behörden zählen inzwischen rund 50 heimgekehrte Islamistinnen, die nun als potenzielle Gefährderinnen beobachtet werden. Wenn wir ein bisschen weiter zurückblicken, dürfen wir die Frauen in der RAF nicht vergessen.

Gewalttätige Frauen wie diese sind auch mir ein Gräuel. Wir dürfen die Tatsachen nicht leugnen, auch wenn Frauen deutlich mehr von Gewalt durch Männer betroffen sind, als sie gegen jene ausüben. Aber hin und wieder zerstören auch Frauen, statt zu schöpfen. Ein Attentat kann nicht als spontane Handlung angesehen werden, weshalb es auch bei Frauen nicht als Ergebnis eines emotionalen Ausbruchs entschuldigt werden kann. Ein Attentat bleibt ein Attentat.

Kommen wir nun zur sexuellen Gewalt. So wie weiter oben in der Frage nach den Urhebern von Terrorismus alles klar zu sein schien, so erscheint auch bei diesem Thema alles eindeutig, zum Beispiel in diesem Fall: Ein erwachsener Lehrer hat ein sexuelles Verhältnis mit einer 16- oder 17-jährigen Schülerin. Wir wissen, dass es passieren kann, dass eine Schülerin sich in ihren Lehrer verliebt, aber er darf das nicht ausnutzen. Es ist sogar gesetzlich verboten: »Wer sexuelle Handlungen an einer Person ... unter achtzehn Jahren, die ihm zur Erziehung, zur Ausbildung oder zur Betreuung in der Lebensführung anvertraut oder im Rahmen eines Dienst- oder Arbeitsverhältnisses untergeordnet ist, unter Missbrauch einer mit dem Erziehungs-, Ausbildungs-, Betreuungs-, Dienst- oder Arbeitsverhältnis verbundenen Abhängigkeit ... vornimmt oder an sich von dem Schutzbefohlenen vornehmen lässt, wird mit Freiheitsstrafe von drei Monaten bis zu fünf Jahren bestraft.« So steht es in Paragraf 174 des Strafgesetzbuchs unter der Überschrift »Sexueller Missbrauch von Schutzbefohlenen«.

Dem neuen Helden unter Europas Politikern, Frankreichs Staatspräsidenten Emmanuel Macron, ist in seiner Jugend das Gleiche widerfahren wie dem Mädchen: Aber selbst *Emma* liegt ihm und seiner damaligen Geliebten, heute seine Frau, zu Füßen. »Was eine Schwäche hätte sein können, gilt schon jetzt als seine Stärke: Brigitte, die Ehefrau des 39-jährigen Kandidaten, ist 24 Jahre älter als er.« Alice Schwarzer persönlich bewundert den »gut, wenn auch ein wenig zu glatt aussehenden und für Politikverhältnisse jungen Mann«, der als Person »eher dem kanadischen Premierminister Justin Trudeau ähnlich« sei. Gut aussehend und jung, hätte jemand eine Regierungschefin so beschrieben, er hätte – zu Recht! – das gleiche vernichtende Urteil erfahren wie Donald Trump, der Macrons Herzdame lobte, weil sie »so gut in Form« sei. Außerdem bewundert Alice Schwarzer, dass Macron sich offen und selbstbewusst Hand in Hand mit seiner Frau (seit 2007 Ehefrau) zeigt. Sie sei unverhandelbar, hatte er erklärt. »Verständlich«, meint Alice Schwarzer, »schließlich hat er sich diese Frau genug erkämpft.« Wir erkennen: Zwischen *Emma* und Emmanuel passt kein Blatt.

Sieht so aus, als werde da der Schleier des Schweigens über einen Kriminalfall ausgebreitet. Denn Brigitte Macron, geborene Trogneux, geschiedene Auzière, wäre nach deutschem Recht Päderastin. Da helfen keine Legenden. In diesem Fall ist sie das Raubtier. Mit 16 habe sich der Junge in die Lehrerin verliebt, ist in *Emma* zu lesen (nach anderen Blättern war er 15), in der Jesuitenschule von Amiens; »Bibi«, so ihr Spitzname, leitete einen Theaterkurs, und sie schätzte die Intelligenz, den Charme und die Präsenz des Jungen, der im Stück eine Vogelscheuche spielte. Sie war damals 40. »Die Gefühle des Jugendlichen für seine Lehrerin blieben nicht unerwidert«, schreibt Alice sehr verständnisvoll, ohne das zu hinterfragen. Wurde die Zuneigung körperlich? Nicht für Alice. »Doch die Hindernisse waren groß«, fährt sie fort. »Schließlich ist Brigitte eine Tochter aus gutem Hause, war verheiratet und Mutter dreier Kinder. Um einen Skandal zu vermeiden, ging Emmanuel nach Paris und machte dort das Abitur. Als er 18 war, wurden die beiden offen ein Paar ...«[114]

Sie waren also heimlich ein Paar, lese ich zwischen den Zeilen. Also wird hier offensichtlich mit zweierlei Maß gemessen. Hätte Macron sich ein so junges Mädchen genommen, er wäre nicht Staatschef geworden – und Alice Schwarzer hätte ihn gegrillt. Stattdessen kann *Emma* sich gar nicht mehr beruhigen über »die ungewöhnliche Verbindung eines jungen Präsidenten mit einer Frau, die altersmäßig seine Mutter sein könnte«. Und natürlich auch nicht über die »alten Klischees«, die da wieder aufleben, und über die »frauenfeindlichen Spitzen, die bis heute gegen sie abgeschossen werden«. Dass sie das alles nicht persönlich nimmt, »mag ein Beweis von Brigitte Macrons Charakterstärke sein«.[115]

Charakterstärke? *Emma*-Autorin Martina Meister diagnostiziert Charakterstärke bei einer Frau, die als 40-Jährige eine Affäre mit einem Schutzbefohlenen hatte, einem Minderjährigen? Dafür, dass sie ihre Familie verlassen hat? Wie behandelt *Emma* Männer, die das tun? Wie denken Feministinnen über solche Männer? Feiern wir die auch so? Als role model, weil »die Leute« jetzt das Gefühl haben, »dass die Gesellschaft jetzt reif ist für ungewöhnliche Lebenswege« und sich »durch Brigittes mutige Entscheidungen bestärkt« fühlen. Und – der Hinweis darf nicht fehlen: »Die Trumps haben denselben Altersunterschied wie die Macrons, nur umgekehrt.«[116] Unter den Tisch fällt bei diesem schiefen Vergleich, dass Melania Trump nicht 15 oder 17 Jahre jung ist oder war, als sie und ihr Donald sich erstmals liebten.

Aber lassen wir die Macrons, die Franzosen und *Emma* mit ihrem Glück allein und kommen wir zur Ausgangsfrage zurück. Leiden auch Männer unter sexueller Gewalt? Zweifellos. Wir dürfen darüber auch der Glaubwürdigkeit halber nicht hinweggehen. Wer gendert, muss anerkennen, dass auch Männer sexueller Belästigung ausgesetzt sein können – auch von Frauen. Es beginnt in der Kindheit. Ein großes Forschungsprojekt der Universität Regensburg (»Mikado«) ergab, dass 11,5 Prozent der Frauen über sexuelle Missbrauchserfahrungen in Kindheit oder Jugend berichteten, aber auch 5,1 Prozent der Männer. Dass Männer von Frauen Fotos ihrer Brüste erhalten, wissen wir nicht nur aus Serien wie »Search Party«. Männer werden am Hintern begrapscht, Frauen greifen ihnen auch in den Schritt; das ist, wenn es unaufgefordert geschieht, eine sexuelle Belästigung.

Eine Vergewaltigung eines Mannes durch eine Frau erscheint mir eher unwahrscheinlich, aber seit bald einem Vierteljahrhundert, seit Demi Moore in »Disclosure« (»Enthüllung«) auf Michael Douglas traf, wissen wir, dass auch Chefinnen ihre Subalternen sexuell nötigen können. Etwas überraschend fand ich dann doch eine Umfrage, in der Siobhan Weare von der Lancaster University Law School die Fälle von 154 britischen Männern ausgewertet hat, die von Frauen zu Sex, genauer: zur Penetration durch Erpressung, Gewalt und Bedrohungen bis hin zu Waffengebrauch, gezwungen worden waren. Fast alle Männer kannten die Frau. Vier von fünf der Männer haben niemandem von diesem Erlebnis berichtet. Nur zwei der Männer gingen zur Polizei, zu einer Anklage kam es nicht. Ein Mann, der von einer Frau vergewaltigt wird? Gibt's doch nicht![117]

Hin und wieder legen Berichte nahe, dass Frauen dazu tatsächlich in der Lage sind. In Südafrika soll eine Frauengruppe einen 23-Jährigen betäubt und mehrere Tage lang missbraucht haben, häufig ist die Rede davon, Frauen setzten zur Erpressung Drogen, Messer, Schusswaffen und lebende Schlangen ein. In Michigan soll eine 17-Jährige einen 19-Jährigen zum Sex gezwungen haben.[118] Über derartige seltene Ereignisse war in *Emma* nichts zu lesen. Das gilt auch für den Fall einer 32-jährigen Sächsin, die einen minderjährigen Nachbarsjungen verführt hat. »Er war in mich verliebt, schrieb mir Nachrichten«, sagte sie vor Gericht. Und sie sei auch verliebt gewesen. Sie lud ihn zum Filmschauen in ihre Wohnung ein und verführte ihn. Der Richter verurteilte sie zu zwei Jahren Haft auf Bewährung und 200 Sozialstunden.[119] Ein mildes Urteil.

Dass Gewalttaten als weniger gravierend angesehen werden, wenn sie von einer Frau verursacht wurden, hat ein Team um die Psychologin Angelika Treibel vom Institut für Kriminologie der Universität Heidelberg bewiesen. Sie haben Fallvignetten für vier Szenarios (Raubüberfall, sexueller Übergriff durch Fremde, sexueller Übergriff im sozialen Nahraum, häusliche Gewalt) mit jeweils vier Täter-Opfer-Konstellationen entwickelt: Opfer und Täter Mann, Opfer und Täter Frau, Opfer Frau/Täter Mann,

Opfer Mann/Täter Frau. Das Beispiel für sexuelle Nötigung liest sich so:

»Frau H. ist zu später Stunde auf dem Weg nach Hause. Frau H. wird von einem Mann verfolgt, was sie zunächst gar nicht bemerkt. Als Frau H. schließlich merkt, dass sie verfolgt wird, dreht sie sich um und schaut in das Gesicht eines Fremden, der nun dicht vor ihr steht, sie angrinst und sagt: ›Na Kleine, wie wär's mit uns?‹ Ehe Frau H. irgendetwas tun kann, fasst ihr der Mann zwischen die Beine und versucht, ihr die Hose aufzureißen. Frau H. ist zunächst wie gelähmt, dann beginnt sie, um sich zu schlagen. Der Fremde läuft schließlich lachend davon.«

Das ist ohne Frage ein schwerwiegender Übergriff und verunsichert die Frau zweifellos – wenn die Folgen nicht schlimmer sind. Nun stellen Sie sich vor, das Opfer wäre ein Mann, Herr V., angegriffen von einer Täterin. Wie lesen wir diesen Fall?

»Herr V. ist zu später Stunde auf dem Weg nach Hause. Herr V. wird von einer Frau verfolgt, was er zunächst gar nicht bemerkt. Als Herr V. schließlich merkt, dass er verfolgt wird, dreht er sich um und schaut in das Gesicht einer Fremden, die nun dicht vor ihm steht, ihn angrinst und sagt: ›Na Kleiner, wie wär's mit uns?‹ Ehe Herr V. irgendetwas tun kann, fasst ihm die Frau zwischen die Beine und versucht, ihm die Hose aufzureißen. Herr V. ist zunächst wie gelähmt, dann beginnt er, um sich zu schlagen. Die Fremde läuft schließlich lachend davon.«

Noch ein Fall gefällig? (Die drei anderen Konstellationen denken Sie bitte mit.)

»Herr A. trifft zufällig nach Jahren eine alte Schulfreundin wieder. Sie gehen spontan gemeinsam ein Bier trinken und verbringen einen netten Abend miteinander. Bei dem anschließenden gemeinsamen Spaziergang wird die Schulfreundin gegenüber Herrn A. plötzlich zudringlich – Herr A. bringt zum Ausdruck, dass er das nicht möchte, aber seine Schulfreundin lässt sich davon wenig beeindrucken und küsst ihn auf den Mund, fasst ihm zwischen die Beine und versucht, ihm die Hose aufzureißen. Herrn A. gelingt es schließlich, sich zu befreien und wegzulaufen.«

Die Ergebnisse der Onlinebefragung, an der mehr als 1700 Frauen und Männer teilgenommen haben, ist bei Raubüberfällen, sexuellen Übergriffen sowohl durch Fremde als auch im sozialen Nahraum sowie häuslicher Gewalt eindeutig: »Männliche Täter wurden als die ›schwerwiegenderen‹ Täter wahrgenommen: Ihren Opfern schrieb man höhere Belastungen und stärkere Aggressionen zu als den Opfern von Täterinnen. Opfern männlicher Täter wurde in starkem Maße ein erhöhtes Sicherheitsbedürfnis zugeschrieben, und man hielt sie für unschuldiger.« Das Stereotyp der »schwachen Frau« gelte auch, wenn sie Täterin sei. »Der gleiche gewalttätige Übergriff wurde tendenziell für weniger schwerwiegend erachtet, wenn er von einer Frau begangen wurde.« Die Aktivierung von Schubladen versperre den Blick auf die individuelle Situation von Opfern, insbesondere jene von Frauen. Das gebe Grund zur Annahme, dass Opfer von Frauen »eine höhere Wahrscheinlichkeit haben, als Opfer übersehen zu werden«.[120]

Dass die gleichen Sachverhalte bei Männern und Frauen unterschiedlich bewertet werden, darauf hat auch der Schauspieler Lars Eidinger hingewiesen. Er erzählte von einer Preisverleihung: Die Moderatorin scherzte, dass ihm die Haare ausfielen, er aber trotzdem Nominierungen bekomme. Eidinger: »Wenn ich jetzt über eine Kollegin sagen würde, die hat doch Hängebrüste – was wäre da wohl los.« Anders als beim Vater wird ausgiebiges Waschen des Intimbereichs einer oder eines – sagen wir – Siebenjährigen beurteilt, wenn die Mutter es tut. Ein Onkel, der die achtjährige Nichte umarmt und küsst, wird anders beobachtet als die Tante, die den Neffen knutscht – selbst wenn ihm das sichtlich Missvergnügen bereitet. Und anders als Brigitte Macron geraten Männer schnell in den Verdacht der Pädophilie, wenn sie in einem »weib-

lichen Revier« arbeiten: in der Kita, an Grundschulen, als Krankenpfleger und auf der Neugeborenenstation.

Über Handgreiflicheres berichtet auch ein Mitarbeiter einer
Diskothek mit dem Decknamen »Terminus Est« in einem Kommentar auf *Zeit online*. Für ihn gehört es zum Alltag, am Arbeitsplatz von Frauen belästigt zu werden. »Ob einfach ungefragt geküsst oder auch ein Griff zwischen die Beine, da war alles dabei.«
Er habe sich dabei nie belästigt gefühlt, es sei ihm nicht besonders
unangenehm gewesen.[121] Da sehen wir es wieder: Männer wollen
es so.

Wenn es so einfach wäre. Wir Frauen dürfen es ruhig zugeben:
Nicht nur Männer betrachten Frauen als knackige Körper und
leichte Beute, nicht nur Männer beherrschen den kurzen Griff
oder den markigen Spruch, Frauen können das alles auch. Wir
schauen den Männern auf den Hintern und nehmen uns Hand-
greiflichkeiten heraus, die Männer heutzutage in Gefahr bringen.
Ich habe noch nie erlebt, dass eine Frau deswegen aus einem Club
geflogen wäre.

Aber der Mann ist doch viel stärker als wir, hält »Dessembrae«
dem Diskothekenmitarbeiter entgegen. »Sie als Mann können eine
Frau im Zweifel aber am langen Arm verhungern lassen oder auf
die Bretter schicken. Eine Frau ist im Allgemeinen einem Mann
körperlich weit unterlegen und kann das nicht. Im Gegenteil kann
ein sich Erwehren gegen körperliche Übergriffe noch weit aggres-
sivere Reaktionen provozieren. Sie vergleichen da schon Äpfel und
Birnen ...«

Erinnern Sie sich noch: Bei anonymen Befragungen des Universitätsklinikums Ulm räumt eine von 200 Frauen ein, im vergangenen Jahr gegen ihren Willen zum Sex gezwungen worden zu
sein – aber das sagt auch jeder tausendste Mann; sexueller Gewalt
ausgesetzt sahen sich in diesem Zeitraum 1,2 Prozent der Frau-
en – aber auch 0,6 Prozent der Männer. Sich sexuell aggressiv ver-

halten zu haben bestätigten 1,5 Prozent der befragten Männer, aber auch ein Prozent der Frauen.[122]

Eine Umfrage der Antidiskriminierungsstelle des Bundes hat 2015 ergeben, dass Männer häufiger als Frauen eine gesetzlich verbotene Belästigung am Arbeitsplatz erleben (56 zu 49 Prozent). Allerdings stuft jede sechste Frau und nur jeder vierzehnte Mann das Erlebte explizit als »sexuelle Belästigung« ein. Frauen werden zwar häufiger unerwünschte körperliche Annäherung und Berührung (19 zu 12 Prozent) und Umarmungen und Küsse (13 zu 10 Prozent) zugemutet, aber bei zweideutigen Kommentaren, Witzen mit sexuellem Bezug, Bemerkungen mit sexuellem Inhalt, unerwünschten E-Mails, SMS, Fotos oder Videos mit sexuellem Bezug, bei der Nötigung zum Ansehen pornografischen Materials sowie dem unsittlichen Entblößen liegen Männer als »Opfer« vorn, zum Teil deutlich. Als Täter benennen sowohl Männer als auch Frauen am häufigsten Männer.[123]

Die Polizeiliche Kriminalstatistik weist tatsächlich auch Männer (nicht nur Gefängnisinsassen) aus, die eine solche Tat angezeigt haben. Für 2016 zählt die Aufstellung insgesamt 10 024 Anzeigen wegen Vergewaltigung und sexueller Nötigung, davon 9457 von Frauen. Männer überspringen immerhin die 5-Prozent-Hürde.[124] Dürfen wir 567 Männer als zu vernachlässigende Ausnahmefälle verbuchen? Den Vorwurf an ein Opfer, selbst schuld zu sein, hören noch mehr als Frauen männliche Vergewaltigte. Er wollte das doch. Es hat ihm vermutlich gefallen. Das zeigten doch allein schon seine Körperreaktionen. Wie viele Anzeigen vergewaltigter Männer sich gegen Frauen richten, weist die Kriminalstatistik nicht aus. Dass es sie geben muss, zeigt die Rechtslage in den USA. Dort müssen Männer Unterhalt auch dann bezahlen, wenn sie Ergebnis einer Vergewaltigung sind.

»Was verrät es uns aber über unsere Kultur, dass es uns so schwerfällt, über Vergewaltigung anders zu sprechen als über ein

Verbrechen, das Männer Frauen antun, obwohl das nicht die ganze Geschichte ist?«, fragt Mithu Sanyal. »Nachdem Genitalien und Chromosomen und Hormone nicht mehr ausreichen, um Geschlecht eindeutig zu bestimmen, und eine Studie der Universität von Tel Aviv nun auch mit dem Mythos vom männlichen versus weiblichen Gehirn aufgeräumt hat (anscheinend haben wir alle menschliche Gehirne), wäre es doch überaus verwunderlich, wenn sich jetzt herausstellte, dass der wahre Geschlechterunterschied in einer Disposition zu sexueller Gewalt begründet liegt.«[125]

Wir haben es Vorkämpferinnen wie Alice Schwarzer zu verdanken, dass wir darüber reden können, dass Frauen in der Lage und gewillt sind, die Fehler zu wiederholen, die wir den Männern vorwarfen. Ihren Rat, dem Beispiel einer Amerikanerin zu folgen und ihrem schlafenden Mann den Penis abzuschneiden, wollen wir deshalb als symbolische Tat verstehen, ebenso wie die Zoten über »mickrige Winzlinge« und »unzuverlässige Schlappschwänze« im Buch »Das letzte Zipfelchen der Macht« als verbale Vergeltung für jahrhundertelange Erniedrigung gelten können und Tipps, wie der Ehemann bei der Scheidung ruiniert werden kann, als Abrechnung nach Jahren der Sklaverei.

Um zu verstehen, dass auch Frauen Mordfantasien haben, muss man nicht Valerie Slogans' »Manifest der Gesellschaft zur Vernichtung der Männer« ernst nehmen; blonde Engel, schwarze Witwen und hin und wieder Krankenschwestern zeigen uns, dass auch Frauen morden können. Die Fotos der US-Soldatin Lynndie England, die im Gefängnis von Abu Ghraib (Irak) nackte Gefangene an einer Leine durch eine Zelle führte, zeigten, dass auch Frauen Macht zu missbrauchen vermögen; dass zahlreiche Frauen sie als Vorbild wählten, indem sie Fotos posteten, auf denen sie ihren »Lynndie« machten – mit einem »Opfer, das es verdient« –, ist zusätzlich beschämend. Dass eine Chefin dieselben Allüren pflegen kann wie ein Chef, zeigte uns Meryl Streep als Miranda Priestly in

»Der Teufel trägt Prada«. Und haben Politikerinnen in den vergangenen Jahrzehnten die Welt zu einem Ort gemacht, in dem wir gut und gerne leben? Darauf hat Alice Schwarzer eine treffende Antwort gegeben: »Ich hatte noch nie die Illusion, dass Frauen die Welt dann gerechter oder moralischer machen. Frauen sind nicht automatisch besser als Männer«, sagte sie 2016 in einem *Spiegel*-Gespräch. »Sie hatten in der Vergangenheit nur seltener Gelegenheit, sich die Hände schmutzig zu machen.«[126] Auch das belegt wieder nur eines: die Gleichwertigkeit der Geschlechter, die doch gerade mit den Fehlern deutlich wird.

Ein Produkt auch von Frauen: die Pornofizierung der Gesellschaft

Die wirklich bösen Mädchen, die überallhin kommen, sind Rapperinnen wie die Berlinerin Miss Platnum, die ihre Macht kennen und sich dazu bekennen, statt sich als Opfer zu gerieren: »Ihr seid nur stark im Rudel, wir sind Alphamädchen«, schmettert sie ihren männlichen Kollegen entgegen. »Wenn wir keine Mädchen wären, wären wir die besseren Jungs. Ihr mietet Sportwagen, erzählt von Vorstrafen. Wir machen aus Gangster-Rappern kleine Chorknaben. Mädchen sind die besseren Jungs.« Die schlechteren Jungs geben sich meistens frauenfeindlich und streuen in ihren Texten ein paar englische Wörter ein, die sie von ihren Vorbildern gelernt haben: Bitch und Fuck und Motherfucker. Ihre Texte enthalten häufig Gewaltfantasien. Der Name dieser Musikrichtung, Rap, unterscheidet sich mit gerade mal einem zusätzlichen Buchstaben nur marginal vom englischen Wort für Vergewaltigung, rape.

Die Genderfeministinnen, die sich Femen Deutschland anschlossen, fanden Deutsch-Rap geil. Am innigsten mochten sie die Hamburgerin Schwesta EWA, nicht weil sie zuvor als Prostituierte gearbeitet hatte und von Crack abhängig war, sondern weil es nicht viele Frauen in der Szene gab, die das Leben ganz unten und die Sehnsucht nach dem Leben ganz oben besangen. Reihenweise posteten sie Konzertfotos mit ihr auf ihren Instagram-Accounts. Die verschwanden schnell und leise, nachdem Schwesta EWA wegen des Verdachts auf Zwangsprostitution festgenommen worden war. Verurteilt wurde sie schließlich am 20. Juni 2017 zu zweieinhalb Jahren Haft wegen Körperverletzung, Steuerhinterziehung und sexueller Verführung Minderjähriger.

Wenn junge Rapperinnen, die sich für Feministinnen halten, dieselben Worte benutzen wie die Machos (»Jetzt sind die Fotzen wieder da«), schneiden sie sich ins eigene Fleisch. Das ist so inkonsequent wie ein Veganer, der hin und wieder Hähnchen isst. Aber nicht nur in der Rap-Musik zeigt sich diese Inkonsequenz im Denken. In der heutigen Bedürfnisbefriedigungswelt halten wir ziemlich vieles für normal, was dringend hinterfragt werden müsste. Die westliche Gesellschaft leidet beispielsweise unter einer unerträglichen Pornofizierung. Alles Leben, alles menschliche Interagieren ist vom Geschlechtlichen bestimmt und darauf fokussiert.

Wenn ein Mainstream-Pseudo-Sadomaso-Buch wie »Fifty Shades of Grey« mehr als 100 Millionen Mal verkauft und noch häufiger gelesen wird, dann muss eine große Verwirrung eingetreten sein über das, was wir als Sexualität bezeichnen. Denn E. L. James hat eine Trilogie geschrieben, in der eine Frau Gefallen an Sadomaso-Sex findet, genauer: überredet und unter Druck gesetzt wird von einem Mann, der als pubertierender Junge von einer älteren Frau missbraucht und in diese Szene eingeführt worden ist; er geht nachhaltig ver- und gestört und voller Narben am ganzen Körper durch die Welt und setzt das um, was ihm selbst als Kind angetan worden ist. Offenbar verwechseln viele Frauen derartigen Schund mit sexueller Selbstbestimmung. Männer könnten dann daraus lernen, dass es Frauen gefällt, dominiert und geprügelt zu werden.

Die Pornofizierung und Sexualisierung des Alltags zeigt sich auch in bildstarken Beichten junger »Journalistinnen« über Intimpiercings und Swingerclubs, reißerischen Reportagen über polyamores oder queeres Leben sowie meinungsstarken Artikeln wie »Ich bin muslimisch und habe sehr viel Sex. Problem damit?«[127] Unter Ego- und Genderfeministinnen scheinen solche Themen sehr beliebt zu sein. Sie diskutieren unablässig über neue »Identitäten« und »Geschlechter«, über Unisexklos und Vaginaverjüngung, analysieren Lesben- und Schwulensex, beschäftigen sich mit Blowjob- und Analsextipps und fordern Aufklärungsbücher für Grundschüler, in denen Kinder darüber informiert werden, wie »es« Homosexuelle machen. Die Ego-Feministinnen stellen dabei sich und ihre sexuelle Orientierung ins Schaufenster, sie erklären ihre Sexualität zum Muster und »must make«. Wer's anders macht, gar Heterosex bevorzugt, hat weder den »richtigen« noch guten Sex. Dem entspricht beim Thema Mode das »must have« – wer's nicht hat, gehört nicht dazu.

Wie soll, wenn sich alles ums Geschlechtliche dreht, das Geschlecht in den Hintergrund treten? Wie soll Gleichwertigkeit und damit die Gleichstellung der Geschlechter durchgesetzt werden, wenn sich die Gruppen, ach was, die Einzelnen herausheben wollen aus der Masse? Wie wollen wir den Menschen statt das Sexualobjekt wahrnehmen, wenn sich alles um Schwanz und Trans dreht?

Wenn eine Dragqueen als »Markenbotschafterin« für einen Kosmetikhersteller wirbt, dann ist das nur ein weiterer Beleg für den Trend zur Reduktion aufs Geschlechtliche. Wenn L'Oreal eine solche Parodie der Weiblichkeit zum »Vorbild für Frauen« kürt, kann ich deren Produkte nur noch boykottieren. Auch die Drogeriemarktkette DM ist auf den Zug aufgesprungen und hat eine ihrer hauseigenen Make-up-Marken nicht nur mit einer Dragqueen beworben, dem »Make-up-Artist« Marvyn Macnificent, sondern ein Produkt nach ihm benannt.[128] Die Industrie will uns zeigen, was das neue Weibliche ist – und wir machen mit, während wir gleichzeitig body shaming beklagen. Das ist absurd! Dass die Zahl der Schönheitsoperationen und psychischen Störungen steigt, ist kein Wunder, wenn uns auf diese Weise die natürliche Weiblichkeit abgesprochen wird und die Genderfeministinnen die Parodie der Weiblichkeit durch Drags feiern. Der nächste Schritt ist, Frauenhäuser, Frauenverbände und Frauenorganisation zu verbieten, weil sie das dritte, vierte, sechzigste Geschlecht diskriminieren.

Wenn eine angeblich harmlose Burlesque-»Künstlerin« sich für Geld auszieht, dann signalisiert sie stellvertretend für alle Frauen, dass Lust käuflich ist. Wenn sich im Fetischclub, der angeblichen Spielwiese der Lust, eine Frau zum Gangbang, zum seriellen Vergnügen der Männer, zur Verfügung stellt, kann, wer mag, das als das Ausleben sexueller Freiheit verstehen, ich nenne es aber eine ekelhafte Erniedrigung, die sich zu einem allgemeinen Frauenbild verfestigen kann. Dadurch droht der Respekt vor Frauen als Mensch verloren zu gehen.

Auch Prostitution hat wenig mit Sex, aber viel mit Macht zu tun; der Freier kauft keine Dienstleistung, sondern eine Frau, die er benutzt, häufig eine, die dem Gewerbe aus Armut, Not oder unter Zwang nachgeht. Auch das zeigt die Frau als verfügbares Wesen. Wer für Gleichstellung und Gleichwertigkeit der Geschlechter eintritt, müsste dafür plädieren, Prostitution zu verbieten und Pornografie zu ächten.

Wenn sogenannte sexpositive Feministinnen das entspannt sehen, wenn es mit dem 2009 in Berlin ins Leben gerufenen Award »PorYes« sogar einen Preis für feministische Pornos gibt, kann ich nur sagen: Durch solche Filme wird die Verfügbarkeit von Frauen dargestellt, ob mit dem Prädikat »feministisch« versehen oder nicht. Das macht für die Folgen keinen Unterschied: Frauen ziehen sich sexy an und lasziv aus, um Bestätigung zu bekommen. Sie suggerieren damit, dass dies natürliche Sexualität einer Frau ist, sie will »es« – angestiert, angesabbert, genommen werden. Da sage ich deutlich: Nein, das wollen wir nicht.

Wo Pornografisches als normal inszeniert und verkauft wird, verändert sich unsere Gesellschaft. Es beginnt schon bei den Kindern. Die Pop- und Jugendkultur konfrontiert Kinder und Jugendliche täglich mit einer unnatürlichen Sexualisierung, zwingend verwechseln sie später Liebe mit Bedürfnisbefriedigung. Wenn Jugendliche an jeder Ecke pornografische Filme sehen können, die grenzwertige Interaktionen zeigen, woher sollen sie dann wissen, wo die Grenze verläuft? Stattdessen müssten wir ihnen beibringen, dass Sex aus Liebe und sexuelle Gewalt sich ausschließen. Niemand, der liebt, muss Gewalt ausprobieren oder gar erdulden. Die Sexindustrie zeigt Frauen als immer zu allem bereite, dauergeile und perfekt herausgeputzte Nymphomaninnen, die es lieben, misshandelt zu werden – von Männern, deren Macht inszeniert, gepriesen und für gut befunden wird. Diese Pornofizierung der Gesellschaft hat Respektlosigkeit gegenüber Frauen gedeihen lassen. Dieser Trend wird wachsen, denn die Pornoindustrie wächst rasant, die Schönheitschirurgie ebenfalls. Frauen kleiden sich wie Prostituierte, Musikvideos gleichen einem Hardcore-Porno, mit aktiver Gewaltausübung gegenüber Frauen. Wir brauchen von den vielen Gangsta-Rappern nur einen zu nennen: Kanye West, in dessen Musikvideo »Monster« halb nackte tote Frauen von der Decke hängen und – natürlich – Bitches und Motherfucker die Themen sind. Und mitten in diesem Hype um Sex verlieren Männer ihre Existenz, wenn sie »flüchtig« das Knie einer Frau berühren. Das ist absurd.

Haben wir schon über Donald Trump gesprochen, den »Groper-in-chief«? Über den »Grapscher vom Dienst«, den die Hälfte der Amerikaner zu ihrem Präsidenten gewählt hat, obwohl bekannt war, dass er bei Schönheitswettbewerben in Umkleideräume einfiel, die Mädchen anglotzte, anfasste und zu einem Besuch in seinem Hotelzimmer einlud, die eine oder andere küsste; und der stolz darauf ist, 2010 nach dem Kauf der Veranstaltungsrechte und Marke von Miss USA »die High Heels höher und die Badeanzüge kleiner« gemacht zu haben. Aber gleichzeitig beschuldigte er pauschal alle Mexikaner, Vergewaltiger zu sein.[129] Das alles ist widerlich, aber hinter diesem ungehobelten Unhold ist es ganz einfach, eine wichtige Frage zu verstecken: Warum beteiligen sich Mädchen und junge Frauen an solchen Shows?

In Deutschland zeigt Supermodel Heidi Klum magersüchtigen Mädchen, was sie tun müssen, um genauso berühmt zu werden wie sie. »Ich liebe es, meine Mädchen auf ihrer ersten großen Reise zu begleiten«, war im Dezember 2017 vor den Dreharbeiten zur neuen Staffel von »Germany's Next Topmodel« (GNTM) auf ihrer Homepage zu lesen. Und viele Mädchen lieben oder würden es lieben, könnten sie dabei sein. Ihre Mütter natürlich auch, die ihre Mädchen persönlich zum Casting fahren. Solange Frauen das fördern, brauchen wir uns über finstere Frauenbilder in Herrenhirnen nicht zu wundern. Wenn Mütter ihre Kinder zu GNTM begleiten, dann säen sie, was wir alle ernten: Die Kinder lernen, dass sie sich fast nackt präsentieren müssen, wenn sie erfolgreich sein und den Männern gefallen möchten; sie lernen, mit großen, staunenden Augen durch die Welt zu gehen; sie lernen, dass sie, je devoter und formbarer sie sich geben, desto attraktiver für Männer sein sollen. Für Männer, so scheint es, ist eine hilfsbedürftige Frau attraktiv, eben weiblich.

Und so zeigen sie sich auch in der Werbung. Wenn leicht bekleidete Frauen nur Dekoration neben dem eigentlichen Produkt sind, dann wird es sexistisch. Wenn halb nackte Mädchen neben dem neuen Porsche stehen, dann ist das Sexismus. Aber das sind auch die Plakate von Modelabels wie Heroin Kids der Firma Kaiserengel (Christian Kaiser & Corinna Engel), die es offenkundig darauf anlegen, zu provozieren. Sehr minderjährig aussehende, magersüchtige Models, die wie auf Droge wirken, zeigen Unterwäsche, auf der steht: F#ck the pain away. Eine der Genderfeministinnen, mit der ich darüber sprach, findet das großartig; die Models seien zwar »ein bisschen schlank«, aber sie repräsentierten doch die Vielfalt der Stadt, auch die der queeren Szene. Ich sehe darin zynische und sexistische Werbung, die zum klebrigen Anziehbild eines allgemeinen Frauenbilds werden könnte. Werbung wirkt stilbildend.

Eine Frau, die sich per #MeToo als Sexismusopfer outet, kann dieser Gesamtpornofizierung der Gesellschaft nicht emotionslos zusehen. Sie muss sich ihr verweigern. Wenn eine Frau mit ihrem Mann Pornos ansieht, in denen der Mann die Frau gewissermaßen dominiert oder bestraft, indem er sie brutal penetriert und ihr Gesicht besudelt, muss sie damit rechnen, dass er von ihr erwartet, auf dieselbe Weise sexuell bedient zu werden. Wie kann das eine Frau als sexuelle Selbstbestimmung missverstehen? Wie soll der Mann Respekt vor ihr haben? Umgekehrt geschieht der gleiche gefährliche Gewöhnungsprozess: Frauen gewöhnen sich im Privaten daran, Männern sexuelle Gefälligkeiten zu erweisen. Damit wächst die Gefahr, dass sie dies auch in ihrem beruflichen Leben tun.

Machen wir uns nichts vor: Grenzenlose sexuelle Freiheit kann und darf es nicht geben. Dem stehen Gesetze entgegen, und das ist richtig. Denn grenzenlose sexuelle Freiheit zuzulassen hieße, Unzucht mit Minderjährigen zu tolerieren. Aber die Grenzen verschieben sich. Minderjährige haben Erfahrung mit Analverkehr, junge Frauen schämen sich nicht, mit einem ihrer Idole auf der Bühne einen Koitus zu imitieren, und Popstars wie Britney Spears lehren sie, dass es in Ordnung sei, sich nichts mehr zu wünschen, als jemandes Sklave zu sein. Wir dürfen uns durch widerliche Pornos nicht den Sex verargen lassen. Aber wir müssen uns nicht benehmen wie die Schauspieler, nicht wie die devoten Frauen und nicht wie die dominanten, gewalttätigen Männer. Pornos sind weder Ab- noch Vorbild für guten, partnerschaftlichen Sex. Das müssen wir unserem Nachwuchs erklären. Denn derzeit mangelt es an Selbstbewusstsein und Selbstwertgefühl und an dem, was früher Anstand und Sitte hieß – und heute als verstaubt gilt. Frauen liefern sich aus. Um das zu beenden, hat die Autorin Barbara Kuchler auf *Zeit online* einen radikalen Vorschlag geäußert.

Müssen Männer und Frauen sich voneinander fernhalten?

Es ist eine alte Behauptung, die Barbara Kuchler uns im November 2017 präsentierte: Bei der Partnerwahl und auch sonst im Leben gelte, die Frau müsse in erster Linie schön sein, beim Mann schade Schönheit nicht, sie werde durchaus goutiert, aber entscheidend seien letztlich Status oder Leistung. »Die Frau ist mehr als Körper präsent, der Mann mehr als Geist, Witz, Wille.«[130]

Die meisten Frauen hinterfragten dieses Muster kaum. »Frauen und Mädchen im 21. Jahrhundert machen sich so eifrig schön wie chinesische Prinzessinnen im Kaiserreich oder die Hofdamen des europäischen Barocks«, schreibt Kuchler. »Sie stellen freizügig ihre Reize zur Schau: Mädchen tragen Hotpants, Businessfrauen figurbetonte Kostüme und glänzende Strumpfhosen, feiernde Frauen im Nachtleben sind durchgestylt vom Scheitel bis zur Sohle.«

Daraus entwickelt Kuchler eine radikale Forderung: Aus diesem »asymmetrischen Regime des Gutaussehenmüssens« sollten Frauen ausbrechen. »Sie müssen aufhören, sich zu schminken, zu schmücken und zu stylen, sich selbst permanent als Körper zu präsentieren. Sie müssen einfordern, dass berufliche Dresscodes symmetrisiert werden und auch für Frauen eine stilvolle, aber nicht körperbetonte Businesskleidung zur Verfügung steht.« Der #MeToo-Diskurs müsse zu einem #OhneMich-Diskurs weiterentwickelt werden, indem Frauen für ihr Aussehen nicht mehr als der durchschnittliche Mann investieren. »Solange wir uns bereit erklären, unsere Hintern in hautenge Hosen zu zwängen, unsere Beine in Strumpfhosen vorzuführen und auf hohen Absätzen daherzuklappern, brauchen wir uns nicht zu wundern, wenn wir als ›knackiger Hintern‹ oder ›scharfe Schnitte‹ wahrgenommen werden.« Den »Frauen, Schwestern, Geschlechtsgenossinnen« riet sie deshalb, sich nicht mehr zu schminken und keine schicken Klamotten mehr zu tragen. »Spart die Energie, die das Schminken, Augenbrauenzupfen, Nägellackieren, Beinerasieren, Schmuckanlegen, Shoppen, Durchblättern von Modemagazinen kostet, und steckt sie in das Voranbringen eurer Karriere durch Lernen, Leistung, Sachverstand, oder wahlweise in Spaß und Erholung. Geht nicht mehr als einmal im Vierteljahr zum Friseur.« Tut nichts mehr fürs Auge der Herren, fordert sie. »Wer morgens vorm Spiegel den Eyeliner zückt, malt mit an der schönen Seite einer gesellschaftlichen Ordnung, deren hässliche Seite das Grapschen und Einsammeln von Frauen als Jagdtrophäe ist.«[131]

Selbstverständlich ist diese Forderung alles andere als zeitgemäß. Wieso sollten Frauen in Säcken gehen, wenn Männer beginnen, sich in Skinny-Jeans zu zwängen und ihre Kurven in Muskel- und Netzshirts herauszustellen, sich die Augenbrauen zu zupfen, die Haare zu färben und die Fingernägel zu lackieren, eine Bartkultur, fast schon einen Bartkult zu entwickeln und beim (schwulen) Friseur ein Vermögen auszugeben? Sie werden noch ein wenig belächelt, aber sie dürfen das. Und sie müssen es nicht! Wieso sollten wir es müssen? Für die Männer? Ich schminke mich ausschließlich für mich und mein Wohlgefühl – ungeachtet der Tatsache, dass jede Frau schön ist, mit oder ohne Make-up. Rücksicht auf meine Umgebung nehme ich, indem ich mich angemessen kleide; das ist ein Ausdruck von Respekt. Wer zu einem geschäftlichen Meeting oder einer politischen Veranstaltung in Jogginghose erscheint, disqualifiziert sich selbst.

Barbara Kuchlers Forderung, frei nach Birgit Kelle (»Dann mach doch die Bluse zu«), verlagert die Verantwortung für sexuelle Übergriffe auf die Frau, die sich nicht adäquat verkleidet. Wie viel Stoff soll es denn sein? Wie viel Haut darf noch gezeigt werden? Wäre die Schönheit, die verführerische, aus der Welt, wenn die Körper verdeckt werden? Was geschieht, wenn Kuchlers Verlangen radikal interpretiert wird, ist gerade in der muslimischen Welt zu begutachten.

Selbst religionsgerecht gekleidete Frauen entgehen in Kairo nicht den alltäglichen sexuellen Belästigungen auf den Straßen, den Märkten und in den Bussen. Wenn die Berichte darüber zutreffen, und ich zweifle nicht daran, dann kann nicht ernsthaft behauptet werden, irgendeine Kleidung sorge für Schutz und bewahre Frauen vor Übergriffen. Frauen zu zwingen, sich vollständig zu bedecken, wird uns also der Gleichberechtigung nicht näherbringen. Männer und Frauen leben weiterhin in einer Welt. Was also tun? Was lassen?

Vom evangelikalen US-Vizepräsidenten Mike Pence ist bekannt, dass er niemals allein mit einer Mitarbeiterin oder Kollegin zum Essen geht. Darüber echauffierten sich Frauen. Aber im Juli 2017 ergab eine Umfrage des Meinungsforschungsinstituts Morning Consult unter mehr als 5000 Teilnehmern: 60 Prozent der Amerikanerinnen würden sich nie allein mit einem Mann auf einen Drink verabreden, 53 Prozent nicht mit einem Mann allein zu Abend essen, und ein Viertel der Frauen hält ein berufliches Meeting allein mit einem Mann für unangemessen. Unter Männern sind die Zahlen etwas niedriger. Die Ergebnisse, so schreibt Claire

Cain Miller in der *New York Times,* »erklären teilweise, weshalb Frauen noch immer nicht dieselben Chancen haben wie Männer. Sie werden anders behandelt, nicht nur auf dem Golfplatz oder im Sitzungssaal, sondern in täglichen Handlungen, großen wie kleinen, bei der Arbeit und im sozialen Leben.« Die Arbeitswelt sei überschattet von sexuellen Belästigungen, wofür Berichte über Uber und Fox News warnende Beispiele seien.[132]

Vielleicht ist es aber auch so, dass jeder Bericht über einen Übergriff auf beiden Seiten Angst erzeugt: bei den Frauen, weil sie fürchten, dass sie selbst zum Opfer werden könnten, bei den Männern, weil sie wegen eines falschen Worts geächtet werden oder einer unbegründeten Denunziation zum Opfer fallen könnten – mit irreparablen Reputationsschäden. Beides zusammen führt zu Sprachlosigkeit, Hemmungen und einer angespannten Arbeitsatmosphäre. Wenn Chefs, noch immer in der Mehrheit, nicht allein mit einer Kollegin zu Mittag essen oder ein Projekt nicht spät in der Nacht gemeinsam beenden können, dann schmälert das deren Chancen, weil auch eine Frau sich in der Meritokratie Meriten verdienen muss, dem Chef zeigen und sagen muss, was sie kann; und weil Männer Menschen nicht fördern, die das Leben unbequem machen. Dieses Schutzverhalten (aufgrund hysterischer Kampagnen) behindert die Gleichstellung der Geschlechter.

Solche selbst auferlegten Zwänge behindern außerdem das Kennenlernen. Sie behindern auch die Partnerfindung, weil der Arbeitsplatz noch immer einer der dafür geeigneten Orte ist; sie behindern die Liebe, das neue Leben, was vielleicht mal geschenkt werden soll. Auswüchse sind längst in den USA zu finden: Dort gibt es Dating-Verträge statt freier Flirts. Ich will so nicht leben. Ich will mit Männern ungezwungen zusammen sein. Sie dürfen mich ansprechen, ich möchte erobert werden. Und wenn gerade nicht, dann sage ich es – sofort!

Aber der Fortschritt, wohin er auch schreitet, ist nicht aufzuhalten. Längst gibt es Apps zur Absicherung von einvernehmlichem Sex. Eine davon »regelt sexuelle Begegnungen durch ausgeklügelte vertragliche Vereinbarungen«. Ich frage mich, welche sexuellen Praktiken durch eine »ausgeklügelte Vereinbarung« ihr Feuer behalten. Was ist erotisch an einem Schritt-für-Schritt-Prozess, mit dem zwei Menschen die Regeln für den baldigen Beischlaf vereinbaren? Stellen wir uns vor, wir und der angehende Beischläfer wären zu einigem bereit. In diesem Fall loggen wir uns ein und reichen das Telefon unserem potenziellen Partner. Ist auch er bereit, dann fragt er: »Are we Good2Go?« Wir haben nun drei Antwortoptionen: »Nein, danke«, »Ja, aber wir müssen darüber reden« und »I'm Good2Go«. Sage ich »Nein, danke«, poppt auf dem Bildschirm die Schrift auf: »Denke daran: Nein heißt Nein! Nur Ja heißt Ja. Kann aber jederzeit in ein Nein geändert werden!« Wenn noch Gesprächsbedarf besteht, dann wird ein Balken eingeblendet, auf dem steht: »Lass uns reden!«

Sagt der potenzielle Partner »I'm Good2Go«, dann fragt die App, ob er/sie »nüchtern« ist, »ein bisschen betrunken«, »betrunken, aber Good2Go« oder »Pretty Wasted«, also völlig fertig. In den ersten drei Fällen könne die Zustimmung erfolgen, im Fall von »Pretty Wasted« sagt die App, eine Zustimmung sei nicht möglich, das Telefon sei zurückzugeben. Die Erfinder dieses Unsinns sind sicher, dass die App, eingeführt an allen Hochschulen, sexuelle Übergriffe sowie unerwünschte und später bereute Begegnungen reduzieren werde.[133]

Welch eine Bürokratisierung von Gefühlen. Welch eine Entmenschlichung zwischenmenschlicher Begegnung. In dieser Idee steckt bereits eine Unterstellung. Diese App baut künstliche Barrieren auf und verhindert keine einzige Vergewaltigung. Mag sein, dass diese krude Erfindung die Überwältigung der Körper ein wenig zügelt, aber sie verhindert jedes natürliche und spontane Verhalten der Seelen. Bitte nicht mehr umarmen.

Die Welt wird prüde werden, Sex so erotisch wie eine Steuererklärung. Wir, Frauen und Männer, werden nie mehr so frei miteinander kommunizieren können; wir werden seltener über private Dinge reden, schon gar nicht über Sexuelles. Es sind die Männer, die sich hüten werden. Sie werden in unserer Gegenwart vorsichtiger, um unsere zarten Seelen nicht zu verletzen. Sie werden nicht mehr frei sprechen, schon gar keine Witze mehr reißen, weder zotige noch schlüpfrige oder solche, die als solche interpretiert werden könnten. Die Welt, in der Männer und Frauen zusammenkommen, wird den letzten Rest Humor verlieren. Es wird langweilig werden bei geschlechterübergreifenden Zusammenkünften – wenn sie überhaupt noch zustande kommen. Ist es einem Mann vorzuwerfen, wenn er lieber nicht allein mit einer Frau in einem Raum sitzt? Einem Professor mit seiner Studentin? Einem Arzt mit einer Patientin? Ist es für Männer nicht insgesamt besser, logisch und vernünftig, unter ihresgleichen zu bleiben und sich so der selbst ernannten Sexismuspolizei und der Gefahr zu entziehen, trotz aller Vorsicht vorgeführt zu werden?

Viele Männer ziehen sich zurück, das ist meine Beobachtung. Dieser Trend könnte sich fortsetzen, wenn der Generalverdacht immer weiter ausufert. Die Aussicht, dass Männer sich aus unserem Leben verabschieden, mag (über)lebensfeindliche Radikalfeministinnen erfreuen. Aber ich will nicht in einer Welt leben, in der Männer mir mit Zweifel und Zurückhaltung, mutlos und misstrauisch begegnen. Wo sie mir gar aus dem Weg gehen, weil sie fürchten, ich könnte auch eine dieser anstrengenden Anklägerinnen sein. Zum Teufel scheren dürfen sich die Vergewaltiger, die Schläger, das brutale Tier und auch die Grapscher und Verbalbelästiger. Dafür hätten wir gern die geläuterten, die smarten Kerle an unserer Seite, um eine bessere, gleichberechtigte Welt zu schaffen. Mit solchen Männern brauchen wir keine rückwärtsgewandten Vorschläge zum Überleben in einer feindlichen Welt.

Wie wohltuend die unverklemmten, angstfreien, wunderbaren Worte der Journalistin Kathrin Spoerr über die Frage, wie wir leben wollen und was verloren geht, wenn wir alles regeln. Sie hat das nach Sawsan Cheblis peinlicher Sexismus-Klage so wunderbar formuliert, wie nur sie es kann: Sie berichtete von Erfahrungen an verschiedenen Arbeitsplätzen, wo Menschen untereinander einen Weg finden, miteinander zu kommunizieren. In einer Fabrik, wo Männer und Frauen zusammenarbeiteten, da wurde geflirtet, »bei jeder, wirklich jeder sich bietenden Gelegenheit«, wie sie schreibt. »Wir zogen uns auf, wir machten Komplimente. Wir priesen unsere körperlichen Vorzüge, nahmen, wenn es passte, alles wieder zurück. Wir lachten. Immerzu. Jeder wusste, dass alles, was da gesagt wurde, nicht gesagt wurde, um ernst genommen zu werden, erst recht nicht, um den anderen zu verletzen. Jeder kannte die Regeln, obwohl sie nirgendwo aufgeschrieben waren. Es war ein Spiel. Das Spiel der Geschlechter.« An allen anderen Arbeitsstellen wurde auch gespielt. »Und je freier die Regeln waren, desto mehr Spaß machte die Arbeit.« Wo nur Frauen arbeiteten, sei es ein bisschen langweiliger gewesen, weil eines nicht möglich sei, nämlich »an der Geschlechtergrenze entlang zu tanzen. Man kann nicht spielen.«

Am interessantesten, so Spoerr, sei es in der Zeitungsredaktion. Und das liege daran, »dass Journalisten die frechsten Menschen sind, die ich kenne. Es gibt Kollegen, die einander nur selten beim Namen nennen, weil sie die Anrede ›Zuckerpuppe‹, ›Baby‹ oder ›Liebchen‹ bevorzugen, Frauen genauso wie Männer. Es gibt Kollegen, die sich anschmachten, aufziehen. Neulich fragte eine sehr junge Kollegin einen sehr alten Kollegen, ob sie morgen zusammen nach Las Vegas fahren wollten, um zu heiraten, und selbstverständlich antwortete der mit Ja.« Und Praktikanten lernten in der Redaktion, »dass es nicht nur alte Männer gibt, die junge Frauen anflirten, sondern auch alte Frauen, die junge Männer anflirten. Es ist Spiel und wird verstanden.« Für Chebli, unterstellt

Spoerr, wäre das nichts. Denn Spoerrs Chef, der einen sehr modischen Zopf trage, müsse sich jeden Tag aufziehen lassen. »Er käme nicht auf die Idee, dass es sich dabei um Sexismus handeln könnte. Wir wollen nicht kränken, nicht anmachen oder vorführen. Das Einzige, was wir wollen, ist spielen.«

Wie also sollen Männer und Frauen kommunizieren? Wie miteinander leben, arbeiten, die Freizeit verbringen? Spoerr fragt: »In Freiheit? Oder in Sicherheit? Wollen wir die Regeln, die bisher ungeschrieben blieben, aufschreiben? Wollen wir das Spiel eingehen? Verbieten, was unsere Arbeit, unser Leben bunt macht? Dieser hochzivilisierte Tango zwischen erwachsenen Männern und Frauen – soll der ausgeschaltet werden?«

Die Grenze zwischen Spiel und Belästigung sei schmal, räumt Spoerr ein, und manchmal gehe einer einen Schritt zu weit. »Doch die meisten Männer und Frauen kennen die Grenze sehr genau. Wenn das Kompliment eines älteren Mannes, eine Bemerkung, von der beide wussten, dass sie nicht verletzen sollte, Sexismusschock ist, dann verschiebt sich diese Grenze gerade – und zwar in die falsche Richtung.«[134]

5. MAD MEN UND DESPERATE HOUSEWIVES

»Die Herrschaft der 20 Prozent«

Die Band Jennifer Rostock hat Frauen aufgefordert, nicht im goldenen Käfig zu verharren: »Wer hat dich in Ketten gelegt? Ketten aus Silber und Gold. / Hast du das selber gewählt? Hast du das selber gewollt? / Bleibst du gefällig, damit du jedem gefällst? / Die Waffen einer Frau richten sich gegen sie selbst.« Frauen hätten gelernt, Regeln nicht zu brechen, singt Frontfrau Jennifer Weist im Song mit dem Titel »Hengstin«, sie glaube nicht, dass ihr Geschlecht das schwache sei. Zum Aufbruch sei es nie zu spät, »denn ein Weg entsteht erst, wenn man ihn geht«. Sie sei »kein Herdentier, nur weil ich kein Hengst bin. Ich bin 'ne Hengstin!« Überall sehe sie »very important Penises«, so wenig »Ladys im Business«, sie sehe »so viele Männer – und so wenig Eier«.

Ihre Botschaft hat Jennifer Weist auf Facebook noch einmal in Prosa verbreitet: »Frauen haben nach wie vor weniger Karrierechancen, verdienen in gleichen Jobs weniger als Männer und haben mit krasseren Vorurteilen zu kämpfen, gerade deswegen ist es für Frauen wichtig, selbstbewusst und eigenständig zu sein, keinem Hengst hinterherzurennen, sondern selber Hengstin zu sein! Liebe Mädchen, liebe Frauen, traut Euch was! Tretet nach vorne, sagt, wer Ihr seid, und habt keine Angst vor Rückschlägen! Ihr könnt alles erreichen, was Ihr wollt, lasst Euch von niemandem was anderes erzählen!«[135]

Es gibt Männer, die behaupten, Frauen seien das ewig unzufriedene Geschlecht. Den europäischen und US-amerikanischen Mittelschicht-Frauen gehe es besser als allen anderen, sie genießen Wohlstand, Sicherheit, Demokratie und Bildungschancen und haben alle Rechte, die Männer haben: Sie dürfen im Gegensatz zu Frauen in anderen Ländern Auto fahren, Kleider nach Wahl tragen, wählen (in Deutschland seit hundert Jahren), einen Beruf nach Wunsch erlernen und ausüben, und sie werden gefördert durch zahlreiche staatliche Hilfsmaßnahmen. Hartnäckig hält sich das Gerücht, dass privilegierte Frauen am lautesten eine angebliche Benachteiligung bejammern. Eine solche Behauptung riecht natürlich nach Sexismus. Denn der Wunsch aller Frauen nach Gleichberechtigung und Gleichwertigkeit der Geschlechter ist selbstverständlich legitim. Aber vielleicht lohnte es sich, einen Gedanken daran zu verschwenden, ob in Deutschland, in dem Feministinnen seit Jahrzehnten erfolgreich für Frauenrechte kämpfen, auch Frauen für immer noch existierende Ungleichheiten in der Berufswelt, der Politik und der Familie mitverantwortlich sind.

Deutschland stand im Gleichstellungsbericht des Weltwirtschaftsforums (WEF) des Jahres 2016 auf dem 13. Rang, aber bei ökonomischer Teilhabe und Chancengleichheit (wichtige Kriterien sind dabei die Einkünfte und die Aufstiegschancen) nur auf Platz 57. Das liegt daran, dass Deutschland »seine Einkommensunterschiede zwischen den Geschlechtern noch nicht vollständig geschlossen hat, was zu einem leichten Rückgang im Economic Participation and Opportunity Score führt«, also im Bereich ökonomische Teilhabe und Chancen. Bei vollkommener ökonomischer Gleichheit verspricht das WEF eine Zunahme des Bruttosozialprodukts um 285 Milliarden Dollar. Auch wenn der Bericht

Deutschland überdurchschnittlich bewertet, ist der Weg zur beruflichen Gleichheit, zu Chancengleichheit und gleichem Lohn noch weit.

Aber der Bericht des WEF wird in den Mediendebatten um Gleichstellung häufig missverständlich oder gar missbräuchlich interpretiert: Der Bericht – das zu erwähnen wird meist vergessen – bewertet nicht, »inwieweit Frauen auf der Welt gleichgestellt sind«,[136] sondern wie gleichgestellt die Geschlechter sind. Er ist kein Ausweis dafür, wie stark ein Land Frauen fördert. Es geht auch nicht um »die wirtschaftliche Gleichstellung von Frau und Mann«.[137] Der Bericht bildet die Gleichstellung in Wirtschaft, Bildung, Gesundheit und politischer Beteiligung ab. Da können auch mal die Männer hinterherhinken. In Deutschland sind die schlechten Ergebnisse in den Teilbereichen Bildung (Rang 100 mit 0,966 von 1,00 Scorepunkten) und Gesundheit (Rang 54 mit 0,979 von 1,000 Scorepunkten; erster Platz Angola mit 0,0980) nicht auf Benachteiligung von Frauen zurückzuführen, sondern darauf, dass Männer schlechter lesen und früher sterben als Frauen. Um das zu beheben, müssten wir Jungen in der Schule fördern und Männern das riskante Leben abgewöhnen. Welches Land führt die Liste bei der beruflichen Gleichheit an? Burundi, das insgesamt auf Platz 12 landete (vor Deutschland), weil es bei den Löhnen und in der Ausbildung gleicher wurde, allerdings auf niedrigem Niveau.[138]

Tatsächlich verdienen Frauen in Deutschland pro Arbeitsstunde ein Fünftel weniger als Männer. Frauen sind auch seltener in Führungspositionen zu finden und in der Politik unterrepräsentiert. Fragen wir nach Ursachen und Gründen – und sparen wir der Glaubwürdigkeit halber die Verantwortung der Frauen für die Lage nicht aus. Für uns gilt als selbstverständlich und ausgemacht, dass »die Frauen« in der Arbeitswelt das Gleiche anstreben wie »die Männer«: Vollzeitarbeit, Karriere, Macht, Ruhm, Befriedigung. Hier stehen wir schon vor dem ersten Problem: Die unbezahlte Hausarbeit bleibt zu einem großen Teil an den Frauen hängen. Deshalb reden wir bei einer zusätzlichen Berufstätigkeit von der Doppelbelastung der Frau.

Die grundlegenden Probleme bei der Gleichstellung von Frau und Mann und die Folgen erkennt auch der französische Präsident Emmanuel Macron. Seine am 6. April 2016 gegründete Bewegung La République en marche diagnostiziert, dass die Ungleichheit auf der »Herrschaft der 20 Prozent« beruhe. Männer leisteten 20 Prozent der Hausarbeit, 20 Prozent sei der Lohnunterschied, 20 Prozent der Parlamentarier sind weiblich und 20 Prozent der Frauen werden im Laufe ihres Lebens vergewaltigt. So steht es im Programm.[139]

Allerdings ist das recht populistisch formuliert. Macron unterstellt den Herrschaften, Frauen noch immer bewusst auszubeuten und an ihrer Entwicklung zu hindern. In Wahrheit ist das in Mitteleuropa weitgehend überwunden: Nicht nur in Deutschland regiert eine Frau. Frauen schaffen es an die Spitze großer Unternehmen, Männer arbeiten in Kinderläden. Emanzipierte Frauen melden Ansprüche auf traditionelle Männerberufe an, Männer auf das Sorgerecht. Männer machen heute mit ihren Kindern Schularbeiten, Frauen heulen im Büro statt zu Hause. Es gibt Fortschritte.

Und doch ist nicht zu bestreiten, dass die Kerle mehr Knete kassieren und die fetten Firmen führen. Um bei den Bossen zu beginnen: In den Vorständen der börsennotierten und voll mitbestimmungspflichtigen Unternehmen sitzen 6 Prozent Frauen, in den Aufsichtsräten 23 Prozent; aber rar sind Frauen auch unter Firmengründern und Erfindern. Es gibt weniger Frauen als Männer im Bundestag, aber auch unter Parteimitgliedern. Frauen sind unterrepräsentiert in Chef-, Politik- und Wirtschaftsredaktionen, dafür beherrschen sie die Redaktionen, in denen über Klatsch und Klamotten geschrieben wird, über Promi-Papa-Plauzen, Kim Kardashian und den Haarschnitt von Elyas M'Barek.

Es gibt also eine Menge Probleme, die wir auf dem Weg zur völligen Gleichberechtigung überwinden müssen. Zu denen gehören auch selbst gemachte, und wir brauchen den Mut, auch die zu benennen, die Frauen in ihrem Kampf um Gerechtigkeit gern unterschlagen. Vor allem sollten wir nicht über Benachteiligungen klagen, wo wir Frauen etwas ändern können: Es ist lächerlich und so leicht und bissig konterbar, wenn Feministinnen sich beklagen, dass die entscheidenden Impulse in den neuen Technologien fast ausschließlich Männer lieferten, dass die Computerkids und Nerds fast ausschließlich Jungen seien und deshalb fast alle Zukunftsentwürfe von Männern stammten, ja sogar die Roboter, die uns vielleicht einmal die Arbeit abnehmen, männlich geprägt seien. Für alle, die sich beklagen, dass die Mitwirkenden bei Wikipedia überwiegend Männer seien, was es Frauen erschwere, Einträge zu verfassen und zu ändern, sei ein Rat des Soziologen Erik Olin Wright ans Herz gelegt: »Die Frauen können das Kräfteverhältnis ja ändern. Sie müssen sich nur organisieren. Wikipedia hat keine implizite Machtstruktur, die Männer bevorzugt.«[140]

Also Mädchen und Frauen: Keine Angst vor Bits und Bytes, keine Angst vor Elektromobilen, keine Angst vor öligen Fingern und schweren Schraubenschlüsseln. Wenn ihr qualifiziert und willens seid, dürft ihr alles – und ihr könnt alles. So werdet ihr zur Hengstin.

Warum verdienen Frauen weniger als Männer?

Alle Jahre wieder an einem Tag im März markiert der Equal Pay Day genannte Aktionstag symbolisch den geschlechtsspezifischen Entgeltunterschied. Diese Differenz betrug 2017 in Deutschland nach Berechnungen des Statistischen Bundesamts 21 Prozent. Die vom Bundesministerium geförderte Webseite equalpayday.de hat deshalb für 2018 den 18. März als Tag ermittelt, »bis zu dem Frauen umsonst arbeiten, während Männer schon seit dem 1. Januar für ihre Arbeit bezahlt werden«.[141]

Dieses krude Konstrukt vermeidet die Frage nach dem Warum. Das Fünftel, über das alle sprechen, ist die durchschnittliche unbereinigte Entgeltlücke. Sie ist erklärbar. Der Löwenanteil der Differenz geht »nicht auf Benachteiligung zurück, sondern darauf, dass für unterschiedliche Arbeit und Qualifikation unterschiedlich gezahlt wird«, sagt die Volkswirtin Christina Boll. Entscheidend seien Faktoren, die Frauen selbst beeinflussen können: Berufswahl, Länge des Arbeitstags oder die Frage, ob Führungsjobs übernommen werden. Auch für die restlichen 6 bis 7 Prozent kann sie Ursachen anführen: »Frauen verhandeln ihre Gehälter in der Regel schlecht«, sagt sie. Andere legten Wert auf flexible Arbeitszeiten, was zu Lohneinbußen führe. Beim Wunsch nach Homeoffice unterstellen Arbeitgeber, zu Hause werde nicht konzentriert gearbeitet. Entscheidend für die Lohnlücke seien auch Babypausen und Teilzeitarbeit.[142]

Es gibt zahlreiche weitere Gründe: Frauen arbeiten seltener in Hochlohnbranchen und häufiger in kleineren Betrieben. In den Bereichen Erziehung und Unterricht sowie im Gesundheits- und Sozialwesen sind drei Viertel der Beschäftigten Frauen; dort sind die Löhne unterdurchschnittlich. Im verarbeitenden Gewerbe, wo es bessere Löhne gibt, sind weniger als drei von zehn Beschäftigten Frauen. Außerdem beeinflussen weitere Faktoren die Höhe des

Entgelts: Berufserfahrung und Ausbildungsanforderungen. »Die Vollzeit-Lücke entsteht in der Phase der Familiengründung und der Kinderbetreuung und wird im Laufe des Lebens größer«, schreibt Hans-Peter Klös, Geschäftsführer und Leiter Wissenschaft im Institut der deutschen Wirtschaft Köln. »Diese Vollzeitlücke ist hochkorreliert mit der Repräsentanz von Frauen in Führungspositionen.« Zwar sei der Einstieg in eine Führungsposition »grundsätzlich auch in Teilzeit möglich, allerdings gehen mit der Übernahme einer Leitungsfunktion in der Regel längere Arbeitszeiten und Überstunden einher«.

Weitere Gründe, die Klös nicht im Einzelnen nennt: Technische Angestellte werden in der Regel besser bezahlt als kaufmännische, auch wenn sie der gleichen Leistungsgruppe angehören; der größte Teil der weiblichen Angestellten übt aber kaufmännische Tätigkeiten aus. Frauen machen weniger Überstunden und verrichten weniger Tätigkeiten, für die es Schmutz-, Lärm- oder Gefahrenzulagen gibt, und leisten selten Schichtarbeit.

Klös nennt eine reale Lohnlücke von 3,8 Prozent. »Sie würde noch geringer ausfallen, wenn unterschiedliches Verhalten in Gehaltsverhandlungen und abweichende Präferenzen berücksichtigt werden könnten.« Was empfiehlt Klös? Die Überwindung der traditionellen Berufswahl, den Erwerb von technischen Qualifikationen, eine zielgerichtete Berufs- und Studienwahl und infrastrukturelle und betriebliche Unterstützung der Vereinbarkeit von Familie und Beruf.[143]

Zahlreiche andere Quellen kommen bei Berücksichtigung der genannten Ursachen zu ähnlichen Ergebnissen. Das Statistische Bundesamt nennt für 2014 noch 6 Prozent,[144] das Institut der Deutschen Wirtschaft taxiert den Gehaltsunterschied auf weniger als 2 Prozent und andere bestreiten ihn gänzlich. Weder 6 noch 3 Prozent Lohnunterschied für tatsächlich gleiche Arbeit wären hinzunehmen.

Die ehemalige amerikanische Philosophieprofessorin und Feministin Christina Hoff Sommers (»Who Stole Feminism?«) hat im November 2015 mit einem schönen Aphorismus ins Schwarze getroffen: »Du willst die Gehaltslücke schließen? Schritt 1: Wechsle dein Hauptfach von feministischer Tanztherapie zu Elektrotechnik.«[145]

Fakt ist, dass für abhängig Beschäftigte inzwischen »gleicher Lohn für gleiche Arbeit« in allen europäischen Staaten gilt. Sogar die für Gleichstellung zuständige Abteilung in der EU-Kommission lobt die »effiziente Umsetzung der Rechtsvorschriften der Europäischen Union in nationales Recht«. Falls nicht Gewerkschaften, Betriebsräte und Frauenbeauftragte schlafen, so müssen die Personalabteilungen (auffallend häufig von Frauen geführt) in deutschen Unternehmen und in der öffentlichen Verwaltung, in Medienhäusern und bei der Friedrich-Ebert-Stiftung beachten, was Susanne Kohaut und Peter Ellguth vom Institut für Arbeitsmarkt- und Berufsforschung (IAB) der Bundesagentur für Arbeit feststellen: »Eine unterschiedliche Bezahlung von Männern und Frauen für gleiche Arbeit ist grundsätzlich nicht zulässig und darf somit auch in Tarifverträgen nicht vereinbart werden.« Sie halten allerdings eine »mittelbare Diskriminierung in Tarifverträgen« durch Eingruppierungen in ungünstigere Tarifgruppen für möglich. Erwiesen ist diese Vermutung jedoch nicht.

Wo die wichtigsten Ursachen für den Pay Gap liegen, ist inzwischen seriös nicht mehr zu bestreiten. Auch das Bundesministerium für Familie, Senioren, Frauen und Jugend musste zwischenzeitlich erkennen, dass es rationale Gründe für die Einkommensunterschiede zwischen Mann und Frau gibt. Hieß dort die Forderung noch »gleiches Geld für gleiche Arbeit«, lautete 2015 die Parole aus dem von einer SPD-Feministin geleiteten Familienministerium: »gleiches Geld für gleichwertige Arbeit«. Aus Schwesigs Haus war fortan Populistisches zu hören: »Es kann doch nicht sein, dass Männer, die Mülltonnen oder Steine heben, besser bezahlt würden als Frauen, die Menschen im Altenheim heben.«[146]

Das klingt allerdings eher nach einer Aufforderung zur Kürzung bei besseren Gehältern statt zur Erhöhung von schlechten Löhnen. Das wäre ein Schlag ins Gesicht aller benachteiligten Frauen und Männer, der Gästebetreuerinnen und Gebäudereiniger, Kellnerinnen und Köche, Friseurinnen (trotz lausiger Verdienstaussichten noch immer einer der beliebtesten Ausbildungsberufe unter Mädchen) und Fleischer. Sie alle bekommen weiterhin längst nicht alles, was sie sich wünschen, sie arbeiten sich krumm für wenig Geld. Schlecht entlohnt werden auch die Dienstleistenden im Sozial- und Gesundheitswesen (Altenpfleger(helfer)innen wie Krankenpfleger, Kindergärtner und allerlei Sozialarbeiterinnen). Bei aller Ungerechtigkeit darüber, dass etliche »weibliche« Berufe zu den mies bezahlten gehören, müssen wir auch sehen, dass die gesamtgesellschaftliche Ungleichheit nicht nur zwischen Männern und Frauen besteht, sondern alle Menschen sind einander nicht gleichgestellt. Früher hieß es, die Trennlinie laufe zwischen oben und unten, zwischen Klassen. Deshalb müssen wir gemeinsam für Gerechtigkeit sorgen, für jobabhängige Frauen und Männer.

Um wessen Gehälter streiten die Professorinnen, Journalistinnen und manche angehenden Managerinnen tatsächlich? Konsequent zu Ende gedacht müssten die Equal-Pay-Propagandistinnen, die sich an unterschiedlichen Löhnen stören, die logische, aber radikale (und kaum durchsetzbare) Forderung stellen: Einheitslohn. So weit jedoch, so darf unterstellt werden, geht die Solidarität nicht einmal bei der angeblich besseren Hälfte der Menschheit. Eine Unternehmensberaterin will auch weiterhin mehr verdienen als eine Altenpflegehelferin, die Redakteurin mehr als die Kassiererin im Supermarkt. Und jetzt, ihr Kämpferinnen gegen Ungerechtigkeit, Hand aufs Herz: Wieso eigentlich?

Fangen wir also klein an. Wenn wir die Entgeltlücke zwischen Mann und Frau schließen möchten, dann müssen wir die Lohnuntergrenze anheben, also den Mindestlohn, weil der für einfache Arbeiten und in Teilzeit- und Minijobs bezahlt wird, die überwiegend Frauen leisten. Außerdem müssen mehr Frauen als bisher in die anspruchs- und verantwortungsvollen Segmente der Arbeitswelt drängen. Wo Honorare frei verhandelt werden – zum Beispiel im Profisport, unter Freiberuflern und Selbstständigen, im Showbusiness bis hin zur Schauspielerei –, müssen Frauen selbstbewusster werden und höhere Honorare verlangen.

Allerdings schadet Augenmaß nicht. Feministinnen erregen sich darüber, dass beim Fußball die besten Männer ein Vielfaches dessen verdienen, was die besten Frauen bekommen. Ich plädiere dafür, der Fußballnationalspielerin Babett Peter zu folgen: »Es ist logisch, dass wir nicht das Gleiche bekommen wie die Männer. Dieser Sport hat über die Jahrzehnte eine ganz andere Dimension erreicht. Das Interesse der Öffentlichkeit ist viel größer, in die Stadien kommen mehr Zuschauer, die Quoten sind besser, es gibt mehr Sponsoren – all diese Aspekte führen zu viel mehr Einnahmen.« Sie glaubt nicht daran, dass Frauen im Fußball irgendwann genauso viel verdienen werden wie Männer.[147]

Zu hoffen wäre es, aber wir müssen realistisch bleiben. Oder auf die Großzügigkeit der Männer hoffen. Beim Tennis etwa loben die großen Turniere inzwischen Preisgelder in gleicher Höhe aus. Selbstverständlich ist das keineswegs, denn Frauen müssen bei Grand-Slam-Turnieren nur zwei Sätze gewinnen, Männer drei, sie müssen also länger spielen fürs gleiche Geld.

In der Wirtschaft haben jüngst einige Vorstandsvorsitzende ihre männlichen Kollegen sogar überrundet. In den USA sorgte im Juni 2017 eine Statistik für Aufsehen, wonach Frauen unter CEOs durchschnittlich mehr verdienen als Männer: 13,8 gegen 11,6 Millionen Dollar. Das lag daran, dass einige der Frauen die größten Unternehmen leiteten, die ihren Chefs auch die höchsten Vergütungen gewährten. Die Liste wird angeführt von IBM-Chefin Virginia Rometty, gefolgt von Marissa Mayer (Yahoo) und Indra Nooyi von PepsiCo. Ihre Spitzenverdienste hoben den durchschnittlichen Wert der weiblichen CEOs deutlich über den der männlichen Topmanager. Überraschendes Ergebnis, aber gleichzeitig sehen wir, wie eine Statistik uns manipulieren kann: Diese weist 21 Chefinnen und 325 Chefs aus. Wenn wir die Gehälter aller Chefinnen und aller Chefs addieren, sitzen die Männer doch wieder auf dem größten Haufen.

Auch in Deutschland verdienten die weiblichen Vorstände in Dax-Unternehmen 2017 durchschnittlich erstmals mehr als ihre männlichen Kollegen. Die 18 Frauen kamen im Herbst auf eine durchschnittliche Gesamtvergütung von je drei Millionen Euro, ihre 125 männlichen Kollegen mussten sich mit 2,86 Millionen Euro begnügen. Was wir daraus lernen können: Noch immer sind die höchsten Positionen überwiegend mit Männern besetzt; aber ganz nach oben zu streben lohnt sich auch für Frauen.[148]

Warum führen in Unternehmen weniger Frauen als Männer?

Die Journalistin Susanne Amann hat im Oktober 2017 für die Zeitschrift *Der Spiegel* mit zwei Frauen gesprochen, die es ganz nach oben geschafft haben, in die Vorstände von großen Technikfirmen: Janina Kugel, Personalchefin bei Siemens, und Claudia Nemat, Mitglied des Vorstands der Telekom. In Nemats Büro hängt der Spruch: »Shoot for the moon. Even if you miss, you'll land among the stars.« (Brich auf zum Mond. Selbst wenn du ihn verfehlst, landest du unter den Sternen.) Beide sagen, sie hätten nicht darüber nachgedacht, ob sie in diesem Bereich arbeiten könnten. »Wenn man will«, sagt Kugel, »dann kann man alles.« Aber niemand werde Erfolg haben, der nicht »an seine Schmerzgrenzen geht. Mit Leichtigkeit wird man nicht Olympiasieger, Chefarzt oder Topmanager. Irgendwann kommt die Wand, da prallt man ab. Aber dann muss man wieder aufstehen und weitermachen.«[149]

Warum greifen so wenige Frauen tatsächlich nach den Sternen, warum haben wir vergleichsweise wenig Hengstinnen? Weil es Hindernisse gibt, die wir beseitigen müssen. Aber der Reihe nach:

Fakt ist, dass Frauen in den allerhöchsten Etagen der Wirtschaft noch immer unterrepräsentiert sind – gemessen am Bevölkerungsanteil. Frauen haben rund 30 Prozent der Führungspositionen in der Privatwirtschaft inne, 22 im Topmanagement mit deutlichem Schwerpunkt im Dienstleistungssegment, weniger im Handel, Gastgewerbe und Verkehr sowie im produzierenden Gewerbe. In Ostdeutschland ist die Zahl der Managerinnen höher als im Westen, im öffentlichen Dienst sind knapp die Hälfte der Führungskräfte Frauen.[150]

Kann die Quote mehr Gerechtigkeit für alle schaffen? In Norwegen, das 2003 eine 40-Prozent-Quote für Aufsichtsräte und 2006 bei Nichtumsetzung Sanktionen einführte, haben weibliche Chefs profitiert, in erster Linie eine Garde von sogenannten Goldröcken, Frauen, die mehrere Spitzenposten einnahmen. Das Versprechen, dass Quoten sich auch zum Vorteil von Frauen in niedrigeren Positionen niederschlagen würden, hat sich nicht bewahrheitet. Weder hat sich der Durchschnittsverdienst aller Frauen erhöht, noch fördert die Quote entscheidend die Wahrscheinlichkeit, dass eine Frau eine Führungsposition erreicht. Spitzenpositionen erreichen weiter nur diejenigen, die wirklich dorthin streben. Vielleicht sollten Frauen, die nicht so schnell wie gewünscht aufsteigen, die Gründe für den schleppenden Marsch der Mädels in die Vorstände auch einmal bei sich selbst suchen.

Immerhin erhalten Aufsichtsräte in Norwegen angeglichene Gehälter, und das eine oder andere Silberrücken-Netzwerk wurde gesprengt. Ich mag die Quote nicht, halte sie aber für notwendig. Denn durch das bestehende patriarchale System haben es Frauen immer noch schwer, trotz nachweisbarer Qualifikation in Führungspositionen zu kommen. Und jede Frau »dort oben« kann Frauen »dort unten« Mut machen, es auch zu schaffen.

Aber woher wissen Frauen eigentlich, dass sie Karriere gemacht hätten, wären sie im Beruf geblieben? Und woher beziehen sogenannte Feministinnen den unerschütterlichen Glauben, dass alle Frauen nach oben, ja überhaupt außerhalb des familiären Bereichs arbeiten möchten?

Es soll Frauen geben, die bewusst eine Arbeitsstelle in den unteren Rängen der Berufshierarchie wählen. Sie entscheiden sich für Teilzeitjobs, obwohl sie wissen, was das fürs Gehalt und für die Rente bedeutet. Sie möchten Zeit für die Familie haben, sie möchten sich um die Kinder kümmern. Das muss nicht schlecht sein, denn es zeigt, dass nicht alle Frauen (und auch längst nicht alle Männer) sich nicht allein an den als männlich stigmatisierten Kriterien Prestige, Einkommen und Aufstiegschancen orientieren, sondern an vermeintlich weiblichen Werten. Vielleicht orientieren sich Frauen mehr als Männer am Nutzen und Sinn der Arbeit, vielleicht möchten sie sich nicht dem viel beklagten Ellbogenkampf der Männergesellschaft aussetzen? Was ist an Frauen schlecht, die sich für traditionelle Lebensweisen entscheiden? Wer hätte das Recht, sie zu bevormunden?

Wer ein Unternehmen führen will, muss an anderer Stelle Verzicht üben. Weibliche Chefs in spe können nine to five vergessen. Abendliche Besprechungen, Termine, Vorträge, gesellschaftliche Verpflichtungen lassen ein »normales« Familienleben nicht zu. Wer Kinder will, muss bereit sein, sie von anderen großziehen zu lassen. Nicht jede Frau möchte das, die Frage steht dann schnell im

Raum, weshalb man Kinder wünscht, wenn man sich nicht um sie kümmern kann. Männer haben bisher eher auf Familienleben und gelebte Vaterschaft verzichtet. Freiwillig? Ich kenne Männer, die heute andere Prioritäten setzen würden. Ich kenne Frauen, die diese Erfahrung nicht selbst wiederholen möchten, sondern hellsichtig genug sind, das potenzielle Problem zu erkennen und selbstständig und willentlich zu entscheiden, nicht selten gegen die Karriere und den Zwölf-Stunden-Tag.

Warum gründen Frauen seltener Unternehmen, obwohl es dafür in Nordamerika und Westeuropa laut Female Entrepreneurship Index (FEI) des Washingtoner Global Entrepreneurship and Development Institutes »generell gute Rahmenbedingungen« gibt. Warum gibt es so wenige weibliche Bill Gates und Mark Zuckerbergs? Warum sind Frauen in der Start-up-Szene so selten, 85 Prozent der Gründer in diesem Segment Männer? Weil Männer bereit sind, mehr Risiko zu tragen? Weil Frauen schon im Vorfeld scheitern: an Selbstzweifeln und Ängsten?

Gefühlte Realität ist: Männer nehmen das Angebot einer höheren Position eher auch ohne ausreichende Qualifikation mit dem Satz an: »Das kriege ich hin.« Frauen dagegen (mich eingeschlossen) überlegen, ob sie der Aufgabe gewachsen sind, selbst wenn die Qualifikation vorhanden ist. Was Frauen also brauchen, ist gegenseitige Unterstützung; wir müssen einander Mut zusprechen.

Unternehmensberaterin Janina Kugel hat zu Recht formuliert: »Wenn man will, dann kann man alles.« Frauen, die nach oben wollen, müssen mutiger werden. Wer den ersten Schritt nicht macht, kann auch keinen weiteren gehen, wer zu lange damit wartet, den bestraft das Leben. Wir müssen uns schon selbst trauen. Hinfallen, aufstehen, weitermachen – das ist, was Erfolgsfrauen wie Janina Kugel verlangen. Da können wir Frauen noch viel lernen.

Unterrepräsentiert: Frauen in der Politik

Im neuen, dem 19. Deutschen Bundestag sitzen 219 Frauen und 490 Männer. Weiblicher Anteil: 31 Prozent (2013 bis 2017: 36,5). Am wenigsten Frauen repräsentieren die Wählerschaft der AfD mit knapp 11 Prozent, gefolgt von der Union mit 20, der FDP mit 24 und der SPD mit 41 Prozent. Mehr als die Hälfte der Fraktionsmitglieder der Linken (53 Prozent) und von Bündnis 90/Die Grünen (58 Prozent) sind Frauen. Die Vorsitzende des Deutschen Frauenrats, Mona Küppers, sagte in einem Interview der Zeitung *Der Tagesspiegel:* »Es ist einfach beschämend, wenn ein Parlament nicht spiegelt, dass die Gesellschaft zur Hälfte – mindestens zur Hälfte! – aus Frauen besteht.«[151]

Beschämend ist das tatsächlich. Aber aus einem anderen Grund als dem scheinbar offensichtlichen. Frauen müssen zuerst bei den Parteimitgliedschaften aufholen, und zwar gewaltig. Denn in der CDU sind 26 Prozent der Mitglieder Frauen, in der CSU 20, in der SPD 32, in der FDP 22, bei den Grünen 39, in der Linken 37 und in der AfD 16.[152] Macht im Durchschnitt deutlich unter 31 Prozent. Das heißt: Das Verhältnis ist leider (wenn wir nach den Zahlen gehen) schon heute mehr als gerecht! Frauen sind im Bundestag relativ zu ihrem Parteiengagement überrepräsentiert.

Frauen haben, was ihre Präsenz in der Volksvertretung und in der Regierung anbelangt, keinen Grund zu mäkeln. Denn in einer Parteiendemokratie führt der Weg in den Bundestag nun mal über die Parteien. Ohne Engagement kein Posten. Wer eine Chance auf ein Mandat haben möchte, muss in eine Partei eintreten.

Die Wahrscheinlichkeit für eine Frau, in der Partei zu Amt und Würden, zu einem Mandat zu kommen, ist größer als für einen Mann. Bei einer 50-Prozent-Quote stiegen die Chancen für Frauen noch einmal, weil es weniger Bewerberinnen pro Posten gibt; das wäre den aktiveren Männern gegenüber ungerecht. Sinnvoll wäre eine Quote nicht im Parlament, sondern allenfalls in den Parteien. Leider können wir Frauen nicht zwingen, dort einzutreten und mitzumischen, und wir können die Männer auch nicht zwangsweise ausschließen. Solange bei den Mitgliedschaften kein Gleichstand besteht, können wir fairerweise weder Ämter noch Listenplätze paritätisch besetzen.

Von einer – fiktiven – feministischen Partei würde das auch niemand ernsthaft erwarten. Aber bei den Grünen geht es zuerst nach dem Geschlecht: Im Vorstand sitzen Frauen und Männer paritätisch – bei nicht ganz 40 Prozent weiblichen Mitgliedern. Im Parteivorstand und Präsidium der SPD sitzen sogar mehr Frauen als Männer. Im Präsidium der CDU, an der Spitze Angela Merkel, sind ein Drittel Frauen – bei 26-prozentigem Mitgliederanteil.

»Die Teilnahme der Frau an den Interessen des Staates ist nicht allein ein Recht«, sagte Louise Otto-Peters, im 19. Jahrhundert Mitbegründerin und erste Vorsitzende des Allgemeinen Deutschen Frauenvereins, »sie ist eine Pflicht der Frauen«. Sie hatte recht, das sind wir uns auch heute schuldig. Wir Frauen müssen auch in der Politik um jeden Platz kämpfen. Das wird leichter, je mehr Frauen sich einschalten. Also Schwestern, hinein in die Parteien, wir müssen uns zunächst die gegebene, dann die paritätische Repräsentanz endlich verdienen. Oder wollt ihr die Macht den Männern überlassen und euch dann beschweren, dass im Bundestag eine Männermehrheit die Gesetze macht? Lösungen in der Frauenfrage, so Otto-Peters, könnten nur »durch die Frauen selbst, durch ihren eigenen Willen und ihre eigene Kraft« gefunden werden. Das Recht der freien Selbstbestimmung sei das heiligste und unveräußerlichste jedes vernunftbegabten Wesens. »Wer sich dasselbe rauben lässt, wer freiwillig darauf verzichtet, der versündigt sich an seiner eigenen Menschenwürde, und es bewahrt sie nur, wer freudig seine Kraft einsetzt, jenes Recht zu bewahren oder sich zu erringen, wo man es ihm noch nicht gegeben oder wo man es ihm genommen hat.«[153]

Heute geht es los, auf zur Ochsentour. Wir sehen uns in zehn Jahren im Bundestag, in zwanzig im Parteivorstand, und dann werden wir sehen, wer die nächste Kanzlerin wird.

Doppelbelastung: Kinder, Küche und Karriere

Als ich verheiratet war, arbeitete ich als Rechtsanwaltsfachangestellte 40 Stunden pro Woche mit einem Chef, der mich mochte und der meine Leistung schätzte. Als er die ersten Berichte über meine Arbeit bei Femen las, neigte er zu Scherzen: »Soll ich Ihnen Kaffee mitbringen?«, fragte ich, als ich zur Küche ging, um mich selbst zu versorgen. »Nur wenn Sie barbusig servieren«, antwortete er. Als ich zurückkam, sagte ich: »Der wird Ihnen hoffentlich auch ohne weiteren Service schmecken.« Und wir lachten.

Zu Hause gab es weniger zu lachen. Da erwartete ein Ehemann, dass ich die Hälfte meines kleinen Einkommens zum Haushaltsgeld abgab und allein den Haushalt führte – ohne Bezahlung. Das hatte ökonomische Gründe, die sich in Macht verwandelten: Er verdiente als Bankangestellter das Sechsfache. Mir war bewusst, dass das keine gleichberechtigte Beziehung war, aber ich hatte das Gefühl, dass es sich so gehört. Und außerdem, so sagte es mir mein Gefühl, machte das jede Frau, der an einer funktionierenden Beziehung gelegen ist. Nach fünf Jahren Ehe und insgesamt zwölf Jahren Beziehung schaffte ich es endlich, die Reißleine zu ziehen.

Vor einem halben Jahrhundert durften Ehefrauen mit oder ohne Kinder zu Hause bleiben. Bis Feministinnen sagten, sie mussten bleiben, gezwungen von traditionellen Männern. Die US-Autorin Barbara Ehrenreich hatte jedoch kein Mitleid mit Frauen, und zwar jenen aus der Mittel- und Oberschicht, für sie war deren Haltung »parasitär«. Sie zitierte einen Artikel aus dem *Playboy*, der zeigte, dass auch Männer im Jahr 1963 so dachten:

»HABEN SIE GENUG VOM KONKURRENZKAMPF? HABEN SIE DIE NASE VOLL VON DER JOBROUTINE?

Nun, dann ... würden Sie sicherlich gerne 8000, 20 000, bis zu 50 000 Dollar und mehr verdienen, indem sie zu Hause in ihrer Freizeit arbeiten? Kein Verkauf! Kein Pendeln! Keine Stechuhren! WERDEN SIE IHR EIGENER BOSS!!!

Ja, ein sicheres, lebenslanges Einkommen wartet jetzt auf Sie in Form eines leichten, bequemen Teilzeitjobs, der es Ihnen erlaubt, die meiste Zeit jedes einzelnen Tages so zu verbringen, wie Sie wünschen!

Ausruhen, fernsehen, Karten spielen, Freunde treffen!«

Diese »Anzeige« stand über einem Artikel, der mit den Worten begann: »Auch wenn es unwahrscheinlich klingt, das obige Angebot ist vollkommen legitim. Mehr als 40 Millionen Amerikaner sind bereits so angestellt.«[154] Die Rede war von Hausfrauen.

Das war natürlich Polemik, auch in den USA war es keinesfalls die freiwillige Entscheidung aller amerikanischen Frauen, »nur« Hausfrau zu sein. Aber die meisten Ehen beruhten damals tatsächlich auf einem Abkommen, das uns heute antiquiert erscheint: Der Mann verpflichtete sich, Geld zu verdienen, mit dem er seine Frau bezahlen konnte, von der er dafür auch noch sexuelle Dienstleistungen erwarten durfte. Schlimmer noch in Deutschland: Da konnten Männer ihren Frauen untersagen, einen Beruf auszuüben. Weil Frauen ihren Männern bis 1958 an deren Wohnort folgen mussten – das sah das Bürgerliche Gesetzbuch so vor –, verlor beispielsweise Elly Heuss-Knapp ihren Landtagssitz in Baden-Württemberg, als ihr Mann als Bundespräsident nach Bonn ging.

Heute erwartet alle Welt, dass auch Mütter schuften – nicht nur zu Hause, sondern auch irgendwo draußen, gegen Geld. Die meisten müssen es. Ich bin seit Juni 2017 Mutter einer bezaubernden Tochter: Edda. Geburt und die ersten Wochen waren ein überwältigendes Ereignis. Wer könnte leugnen, dass das Gefühl, gebraucht zu werden, eine bewegende Erfahrung ist: Ein Kleinkind zu stillen, ihm die noch enge Welt zu zeigen, es in den Schlaf zu wiegen, das möchte jede Mutter miterleben. Der Vater darf und soll, wenn er zu Hause ist, gern helfen, aber unverzichtbar ist die Mutter. Ich wollte Edda im ersten Jahr keinesfalls in eine Krippe geben. Hätte ich es mir finanziell leisten können, hätte ich ein Jahr lang nicht gearbeitet, um nur für dieses neue Leben da zu sein. Das ist aber nicht möglich. Wer könnte von 300 Euro Elterngeld und 194 Euro Kindergeld leben? Das reicht kaum für die Miete. Ich habe Glück, dass der Vater mit uns zusammenlebt. Aber als freiberuflicher Journalist ist auch er nicht abgesichert. Würde er erkranken, müssten wir zum Jobcenter, um Hartz IV zu beantragen. Deshalb habe ich keine Wahl. Ich muss arbeiten.

Abgesehen davon, dass Hausfrau und Mutter zu sein alles andere als eine Kur war und ist, gehört die Zeit von Müttern ihren Kindern. Sie fordern das ein. Deshalb haben diese Frauen einen 24-Stunden-Job und richten sich nach den Bedürfnissen anderer. Ausruhen? Karten spielen? Nägel lackieren? Dafür ist selten Zeit. Mütter stellen ihre Interessen und ihren Egoismus hintan, sie haben sich aufopferungsvoll um die Kinder zu kümmern. Und weil heutzutage nur noch wenige Frauen diesen »Beruf« in Vollzeit wählen können, weil ein Mann nur noch selten allein die Mittel für die Familie erwirtschaften kann, gehen sie schnell wieder arbeiten. So oder so, jede Entscheidung von Müttern erzeugt Widerspruch: Wer gut ausgebildet ist und sich zu Hause um Kinder und Haushalt kümmert, gilt den einen als faul, wer die Kinder betreuen lässt und schnell wieder ins Büro geht, ist eine Rabenmutter.

Dass es auch Mütter gibt, die sich »ins klassische Rollenmodell« zurückziehen, sobald Kinder da sind, passt einer Feministin wie Alice Schwarzer selbstredend überhaupt nicht. Wenn akademisch ausgebildete Frauen das tun, handelten sie unfair, sagt sie, weil das Geld, das die Ausbildung gekostet hat und nicht in Form von Steuern zurückkommt, verschwendet sei. Aber weshalb sollten Frauen sich nicht intensiv um ihren Nachwuchs kümmern? Ist das keine Arbeit? Arbeit, welche die meisten Frauen bisher gegen einen staatlichen Appel namens Kindergeld und ein Ei in Form von Haushaltsgeld des Mannes leisten. Und doch machen es viele Frauen gern und überzeugend freiwillig. Sie fragen: Wieso sollte ich mein Kind vernachlässigen, um mich dem Arbeitsmarkt zur Verfügung zu stellen und mich mit einer doppelten Last zu beschweren?

Ich bin Feministin, aber ich sage auch: Es gibt Wichtigeres als das Streben nach einer Karriere. Das Glück meiner Tochter. Was ist falsch, wenn Mütter sich entscheiden, es mit ganzer Kraft zu fördern? Es ist genauso richtig, wenn Mütter sich entscheiden, möglichst bald wieder gegen Geld arbeiten zu gehen. Diese Wahl zu haben, auch dafür müssen Feministinnen einstehen.

In den vergangenen Jahrzehnten hat sich einiges verändert. Inzwischen haben Frauen Anspruch auf Erwerbstätigkeit, Männer die Pflicht, sich auch um die Familienarbeit zu kümmern. Frauen dürfen, wenn sie wollen, Männer müssen – arbeiten nämlich und Hausarbeit leisten sowieso. Für beide haben die neuen Erwartungen Folgen, die bisher ausschließlich Frauen beklagen, und zwar mit dem Schlagwort von der Doppelbelastung.

Die Fakten aber erzählen eine andere Geschichte: Von den deutschen Erwerbstätigen zwischen 15 und 64 Jahren sind 53 Prozent Männer, 47 Prozent Frauen. Knapp die Hälfte der erwerbstätigen Frauen arbeitet in Teilzeit, unter den Männern tun das nur 11 Prozent. Drei Viertel der Männer arbeiten in sogenannten Normalarbeitsverhältnissen: mehr als 20 Stunden, sozialversicherungspflichtig, unbefristet, direkt für den Arbeitgeber; unter den

Frauen sind das nur 60 Prozent. Viel mehr Frauen als Männer arbeiten in Teilzeit von bis zu 20 Stunden, geringfügig oder in befristeten Arbeitsverhältnissen.[155]

61 Prozent der Mütter von Kindern bis 17 Jahren sind aktiv erwerbstätig. Etwa zwei Drittel der Mütter von Kindern im Alter von bis zu neun Jahren arbeiten Teilzeit, Ehefrauen häufiger als Alleinerziehende. 30 Prozent beziehen Transferzahlungen.[156] Mütter von kleinen Kindern arbeiten seltener als Frauen ohne Kinder. Väter dagegen arbeiten häufiger als kinderlose Männer.[157]

Das Statistische Bundesamt liefert Details, die im Geschlechterkampf in der Regel in der Mülltonne landen. Unter den 30- bis 44-Jährigen leisten Männer durchschnittlich zwei Stunden mehr Erwerbsarbeit (5,16 vs. 3,13 Stunden täglich), Frauen schuften zwei Stunden mehr im Haushalt und bei der Betreuung der Familie (2,45 vs. 4,44). Männer sind ein bisschen mehr im Ehrenamt tätig (0,18 vs. 0,15) und haben ein wenig mehr Zeit übrig für »soziales Leben und Unterhaltung (2,19 vs. 2,12); sie verwenden mehr Zeit für Sport, Hobbys und Spiele (2,08 vs. 1,41), Frauen ein wenig mehr für den »persönlicher Bereich, physiologische Regeneration« (10,25 vs. 10,48).

Auch bei den 44- bis 64-Jährigen arbeiten die Männer mehr für Geld als die Frauen (8,23 vs. 7,07 Stunden täglich), die Frauen verbringen mehr Zeit für Haushalt und Familie (2,56 vs. 4,06); im Ehrenamt sind Männer geringfügig aktiver (2,09 vs. 2,02), die Zeit für soziales Leben und Unterhaltung ist gleich, Männer machen mehr Sport und Spiel (1,57 vs. 1,46) und nutzen länger Medien (3,36 vs. 3,02), dafür steht den Frauen mehr Zeit für Privates zur Verfügung (10,42 vs. 11,02).

Das sieht nach einer fairen Verteilung der Arbeit aus; Frauen arbeiten mehr zu Hause, Männer auswärts, und unterm Strich kommt annähernd die gleiche Zahl von Stunden heraus. Noch immer scheint ein Rest traditionellen Familienverständnisses geblieben zu sein. Warum? Wer zwingt Frauen dazu, mehr zu Hause zu arbeiten, was treibt Männer an Werkbank und Schreibtisch? Könnte es sein, dass wir Frauen uns auf diesem Gebiet selbst zu Opfern machen, weil wir den Haushalt wie selbstverständlich zu unseren zusätzlichen Pflichten zählen? Und könnte es vielleicht so sein, dass nicht alle Frauen dem Karrierediktat folgen möchten? Ergibt sich diese Aufgabenteilung freiwillig? Beim einen Paar ja, beim anderen siegt die normative Kraft des Faktischen – zum Beispiel, weil der Mann den einträglicheren Arbeitsplatz hat.

Wollen wir Erwerbs- und Hausarbeit jeweils gleich verteilen, müssen wir Grundsätzliches ändern. Männer werden erst dann ihren Teil an der heimischen Arbeit übernehmen, wenn sie im Beruf entlastet werden. Und das zu Recht! Was also müssen wir tun? Wir müssen die ökonomische Ungleichheit brechen, die den Sexismus nährt.

6. TIME'S UP: GEMEINSAM GEGEN SEXISMUS IM ALLTAG

Gretchen Carlson, US-TV-Moderatorin und ehemalige Schönheitskönigin, hat ein Buch geschrieben, in dem sie über allerlei sexuelle Übergriffe berichtet. Auf einer Autofahrt in Virginia begann der Kameramann, mit dem sie unterwegs war, einen Monolog darüber, wie sehr es ihm gefallen habe, ihre Brüste zu berühren, als er ihr das Kabel für ein Mikrofon unter der Bluse nach oben schob. Sie begann zu zittern und presste sich gegen die Beifahrertür und hoffte, nicht aus dem fahrenden Wagen springen zu müssen. Zurück im Büro, bemerkte ihr Boss, dass sie zitterte. Auf seine Frage, was vorgefallen sei, antwortete sie: »Ich habe Magenschmerzen.«[158]

Wieso macht sich diese Frau zum Kaninchen, das vor der Schlange erstarrt? Der Kameramann ist nicht einmal der Mächtige in dieser Begegnung, er kann sie zu nichts zwingen. Warum sagt sie ihm nicht, dass er den Mund halten soll? Vermutlich hat sie nicht gelernt zu widersprechen, schon gar nicht einem Mann. Sie hat offensichtlich die patriarchischen Regeln mit der Muttermilch aufgesogen, so kuscht sie, so ist sie wahrscheinlich starr vor Angst. Und sicher nicht zum ersten Mal in ihrem Leben.

Das muss aufhören. Wir müssen Nein sagen, wenn ein Mann zu weit geht. Wir müssen uns eine Welt schaffen, in der wir nicht nur mitspielen dürfen, wenn wir uns devot und dekorativ auf die uns von den Kerlen zugewiesenen Plätze drapieren lassen. Wir wollen keine Kaninchen mehr sein. Wir wollen auch keine Kaninchen mehr heranzüchten.

Das schaffen wir nur, wenn wir nicht mehr nur Objekt der Bewunderung oder gar Anbetung sein wollen. Denn, das dürfte ja wohl keine Frage sein: Schönheitskönigin, Model für irgendetwas oder Dekoration für alles sein zu wollen taugt nicht mehr als Lebenskonzept. Welche Gefahren aus solchen falschen Lebenskonzepten entstehen können, erleben Frauen täglich, wenn sie ohnmächtig wie Gretchen Carlson auf Männer treffen, die wiederum gelernt haben, dass Frauen Spielzeug sind, ihr Spielzeug.

#MeToo hat uns offenbart, dass es – anders als von Feministinnen wie mir erhofft – noch immer verängstigte Häschen gibt, die einem Männerwort nichts entgegenzusetzen haben. Wir haben gesehen, wer noch immer wen auf welche Weise dominiert. Und doch hat #MeToo etwas verändert. #MeToo hat Frauen gelehrt, dass sie nicht alles mitmachen müssen. #MeToo hat mächtigen Machos gezeigt, dass ihre Zeit möglicherweise doch zu Ende geht und früher oder später ihre Taten ans Tageslicht gelangen. Offenbar wächst die Zahl derer, die nicht mehr willens sind, ihre Befehle und Bevormundung hinzunehmen. #MeToo und alles, was sich daraus noch entwickeln wird, hat in den USA und in Europa die Waage der Geschlechtergerechtigkeit dem Gleichgewicht ein Stückchen nähergebracht.

Die Zeit der Machtmänner läuft ab. Wenn wir es richtig anstellen, heißt es bald: Der König ist tot, der Alleinherrscher ist weg. Es lebe die Königin. Noch besser: Es lebe das Königspaar. Aber wir haben – und das ist das zweite dunkle Ergebnis der #MeToo-Kampagne – die alten Barrikaden wieder hochgezogen, vor denen »die Männer« als Täter stehen, dahinter »die Frauen« als Opfer. Die Debatte hat hysterische Züge angenommen, das wirksamste Wort führen nun radikalfeministische Rechthaberinnen, generalisierende Gendergirls, simplifizierende Hashtag-Scharfrichterinnen und emotionalisierte Emanzen, deren zerstörerisches Bild von »den Männern« nicht auf Fakten beruht, sondern auf Gefühlen – ihren eigenen, und zwar die jeder einzelnen. Sie raten zur Abschottung mit Blog-Postings wie diesem: »Frauen, wir müssen aufhören, Männer für gefühlige Erklärungen guter Absichten und ihre #MeToo-Reaktionen zu loben.«[159] Ich warne vor diesen selbst ernannten Hüterinnen der Deutungshoheit. Sie lassen eine ehrliche Analyse der Ursachen von Ungleichheit nicht zu.

Die Debatte ist heiß gelaufen, weil die Leidensgemeinschaft der Frauen den Opfern einen riesigen Empathie- und Vertrauensvorschuss gewährte, gleichgültig ob eine Vergewaltigung beklagt wurde oder ein aus dem Ruder gelaufener Flirt, eine flüchtige Berührung oder ein missverständliches Wort. Es ist erstaunlich, was Kampagnistas, Blogger- und Twitterinnen heute als sexuelle Gewalt bewerten. Die Neigung, jedes missglückte Kompliment zu skandalisieren, verhöhnt die Opfer tatsächlicher körperlicher Übergriffe und torpediert das Miteinander der Geschlechter. Mehr noch: Es redet allen Frauen ein, dass jede einzelne mit absoluter Sicherheit im Laufe ihres Lebens Opfer von sexueller Gewalt wird, und versetzt sie damit in einen Zustand permanenter Angst.

Damit Frauen sich nicht wieder in die »Da ist nichts zu machen«-Depression zurückziehen, müssen wir die Hashtag-Furien in die Schranken weisen. Wir müssen aufhören, Frauen einzureden, dass sie die geborenen Opfer sind. Wir müssen beginnen, Frauen beizubringen, dass sie über genügend Macht und Kraft verfügen, um diese Rolle abzulegen. Dazu sind nicht einmal Kampfsportkurse nötig, auch wenn die nicht schaden und innere Stärke auch nach außen ausstrahlt. Macht liegt allein schon in der Erkenntnis, dass ein Job oder eine Karriere es nicht wert sind, sich demütigen zu lassen. Wenn alle Frauen – wie wir ja behaupten –

Sexismus und Gewalt glaubhaft bekämpfen wollen, dann müssen sie alle aufhören, sich an Männer zu verkaufen. Mit den »Waffen der Frau« Vorteile zu erzielen ist Prostitution. Prostitution, gleich welcher Art, festigt Sexismus und das patriarchale System. Liebe Geschlechtsgenossinnen, wir brauchen mehr Mut und weniger Egoismus.

Wenn wir uns von unseren Fesseln befreien möchten, müssen wir Mut beweisen und uns überwinden. Jede Frau kann sich nur selbst befreien – aus der Ehe mit einem bevormundenden Gatten, von den sexuellen Avancen eines mächtigen, drohenden Chefs oder von einem übergriffigen Unbekannten. Mich hätte niemand aus meiner Ehe befreit, eine »Partnerschaft«, die von Gleichberechtigung so weit entfernt war wie die westfälische Hausfrau vom britischen Königinnenthron. Auf Hilfe von außen hätte ich nicht hoffen können, in den meisten Beziehungen um uns herum herrschten die gleichen Verhältnisse. Also musste ich den Weg allein gehen.

Wenn Frauen nicht mehr kuschen, sondern aufbegehren, in letzter Konsequenz sogar ausbrechen wollen, dann hat das Konsequenzen. Sich aus seiner Unmündigkeit zu befreien kann etwas kosten: Ich tauschte ein großes Haus und finanzielle Sicherheit gegen ein selbstbestimmtes Leben. Das ist es allemal wert. Frauen sollten sich diesen Satz der Journalistin Kathrin Spoerr einhämmern: »Ein Nein zerstört die Harmonie, aber es rettet die Würde.«[160]

Das gilt auch für ein Nein zu Sex, auch und gerade im privaten Bereich. Wie die Statistiken ja hinreichend belegen, gibt es vor allem dort Gewalt gegen Frauen. Wir müssen endlich zu einer Übereinkunft finden, wo die Grenze zwischen dem gesellschaftlich Üblichen und Tolerablen und einem sexuellen Übergriff verläuft. Diese Grenze ist erreicht, wenn eine Frau laut und deutlich Nein sagt. Wenn Männer und andere Übergriffige das endlich akzeptieren könnten, brauchen wir keine weiteren Gesetze, die alles Zwischenmenschliche regeln. Und selbstverständlich sind Griffe an Körperstellen, die hier aufzulisten unnötig ist, ohne ausdrückliches Ja verboten.

Gefragt wären außerdem Differenzierung und weniger Aufgeregtheit. Leider gilt unter Ego- und Genderfeministinnen Differenzierung ebenso als Verrat wie Ironie oder gar Selbstironie. Die Suche nach gemeinsamen Zielen, Kompromissen und Harmonie erzeugt bei ihnen nur ignorantes, bockiges, konsterniertes Kopfschütteln. Alles ist Kampf. Das ist Krampf. Geschlechterkrampf.

Männer aus den feministischen Debatten auszuschließen ist keine Maßnahme gegen mansplaining – die Neigung mancher Männer, den Frauen die Welt erklären zu wollen –, sondern fördert Geschlechterapartheid und Sexismus. Es schadet auch dem Feminismus, wenn wir »die Männer« als Feinde sehen, statt uns mit denjenigen zu verbünden, die unsere Ziele und Wünsche verstehen. Wenn wir gemeinsam auf dieser Welt leben wollen, wenn Männer und Frauen (und selbstverständlich alle, die sich irgendwo um diese beiden alten Geschlechter herum finden) eine gemeinsame Zukunft haben wollen, dann müssen wir sie gemeinsam bauen. Ich kenne viele Männer, mit denen das noch nicht gelingen könnte, aber wir könnten ja mit den selbstkritischen und aufgeklärten beginnen, welche die Menschenrechtscharta leben, nach der niemand aufgrund von Alter, Rasse oder sexueller Identität benachteiligt (aber auch nicht bevorzugt) werden darf; Männer, die einer Frau noch gern die Tür aufhalten, ohne dafür eine Gegenleistung zu erwarten. Warum sollten sich nicht all diejenigen Menschen solidarisieren, die wissen, was sich gehört und was nicht? Lasst uns gemeinsam an einem Gesellschaftsmodell arbeiten, in dem alle Menschen so leben können, wie sie möchten. Das wäre wirkliche Gleichberechtigung.

Was wir brauchen, sind Männer, die gelernt haben, Frauen zu respektieren. »Schlampe« oder »Bitch« sind keine Worte, die von Respekt zeugen. Wir brauchen eine Rückkehr zu Höflichkeit, Zurückhaltung und Geduld. Frauen sind keine Bedürfnisbefriedigungsmaschinen, auch wenn der Anspruch vieler Menschen in einer egomanen Gesellschaft heute zu sein scheint, ihre Wünsche seien gefälligst zu befriedigen, und zwar sofort. Umgekehrt müssen Frauen den Mut haben, klar Nein zu sagen und wenn nötig Widerstand zu leisten – verbal und auch körperlich. Ich habe seit meinem Zwischenfall mit dem Juristen nicht mehr erlebt, dass ein Mann, dem ich mit fester Stimme entgegne, sich nicht besonnen hätte.

Im nächsten Schritt müssen wir gemeinsam über die alte philosophische Frage nachdenken, wie wir künftig leben wollen. Ich fürchte, wir Frauen sind in eine Falle geraten. Wir haben die Hausfrauenehe abgewählt, weil wir uns beruflich »verwirklichen« wollten. Frauen können heute alles erreichen – jedenfalls diejenigen, welche Aufstieg und Macht mit derselben Zielstrebigkeit und Ignoranz gegenüber einer ausgewogenen Work-Life-Balance ansteuern wie ein Teil der Männer. Seither klagen berufstätige Mütter über die Doppelbelastung. Aufstrebende Frauen mit Ganztagsstelle und einem ebenfalls gut verdienenden Mann lassen ihre Kinder tagsüber von Dritten erziehen.

Wenn es Feministinnen um das Recht der Frauen geht, so zu leben, wie sie das wollen, dann müssen sie auch tolerieren, wenn Frauen sich dafür entscheiden, Vollzeitmütter zu sein. Das kann verschiedene Gründe haben, und einer lautet: Ich will für mein(e) Kind(er) da sein, für die Familie. Wenn der Mann genügend Geld verdient und beide das traditionelle Familienmodell leben wollen, müssen wir die Entscheidung dieses Paars akzeptieren. Wir müssen sogar akzeptieren, wenn die Frau eines Besserverdieners keine Lust hat, sich als Altenpflegerin ausbeuten zu lassen, Ingenieurin zu werden oder Männer in einer noch immer männlichen Berufs-welt zu kopieren. Der Gedanke müsste Feministinnen eigentlich überzeugen.

Die meisten deutschen Familien leben von einem Vollverdie-ner, einer Mini- oder Teilzeitjobberin und vom Kindergeld. Frau-en erwirtschaften in Deutschland nur 23 Prozent der Familienein-kommen, so wenig wie in keinem anderen europäischen Land.[161] Zwar haben inzwischen mehr Mütter als je einen Job, aber die meisten arbeiten nur in Teilzeit oder wenige Stunden. Die vollbe-schäftigten Männer überlassen den Haushalt weitgehend den Müttern. Das dürfen wir ihnen nicht verübeln, solange sie mehr Erwerbsarbeit leisten.

Dabei scheint es unter Müttern viele zu geben, die gern mehr arbeiten würden. Und unter Männern scheint es viele zu geben, die bedauern, dass sie die Entwicklung ihrer Kinder versäumen. Ihnen wäre mit mehr Betreuungseinrichtungen geholfen; um ih-nen mehr Freiheit für Erwerbsarbeit zu verschaffen und natürlich gleichzeitig den Kindern zu nutzen, wurde zuletzt immens in die »frühkindlichen Bildung, Betreuung und Erziehung« (FBBE) in-vestiert. Den Männern müsste im Gegenzug ebenfalls die Wahl bleiben zwischen reinem Versorger, Hausmann oder Teilzeitar-beit. Wir müssen sie von dem Joch befreien, das sie als Alleinver-diener auf sich lasten spüren.

Wie soll das gehen?

Seit 1871 schrumpft in Deutschland die Regelarbeitszeit, von 72 Stunden pro Woche auf 48 im Jahr 1918 und 40 Stunden von 1963 an; in der Metallindustrie und in Druckereien müssen die Be-schäftigten seit 1995 nur noch 35 Stunden malochen. Weshalb sollte diese erfreuliche Entwicklung ausgerechnet im digitalen

Zeitalter aufhören, in dem Produktivitätszuwächse durch Maschinenarbeit eine unvorstellbare Dividende versprechen? Weshalb sollte diese Dividende an die Besitzer der Produktionsmittel gehen?

Wir arbeiten alle zu viel. Wo Maschinen viele Dinge effizienter und billiger erledigen können, wird die Lohnarbeit der Menschen obsolet. Das ist die Chance, die Wochenarbeitszeiten zu reduzieren, ohne die Löhne kürzen zu müssen. Das würde nicht nur die Zahl der berufsbedingten Erkrankungen reduzieren, sondern mehr freie Zeit hieße, dass Erwachsene sich um Kinder kümmern könnten, auch um Ältere und Bedürftige. Zeit bliebe auch für bürgerschaftliches oder politisches Engagement, für Kultur, Bildung und Sport. Das führte zu besserem Wohlbefinden und besseren Leistungen am Arbeitsplatz. Es wäre der nächste Schritt hin zu einer menschlicheren Welt.

Wir müssen wegkommen vom Gedanken, die Familienwelt würde besser, wenn Väter weiterhin in Vollzeit mit Überstunden arbeiten und Mütter noch mehr als bisher leisten. Es ist an der Zeit, dass Männer sich mit der Frage auseinandersetzen, wie ein erfülltes, befriedigendes Leben in Familie und Beruf möglich ist. Wir müssen die Arbeitszeiten der Männer verringern und jedem Kind eine angemessene Summe zugestehen, die es Eltern ermöglicht, Kinder ohne Not großzuziehen – ein Betreuungsgeld pro Kind, eine Art Grundeinkommen, das die bisherigen Maßnahmen ersetzt, nämlich Kindergeld und Kinderfreibetrag, Sozialhilfe für Kinder sowie das Ehegattensplitting, das auch Kinderlosen zugutekommt und die Alleinverdienerehe zementiert.

Warum sollten wir nicht nach den Elternzeitmonaten finanziell fördern, wenn Eltern zum Wohl der Kinder die Erwerbsarbeit in beiderseitige Teilzeit verwandeln? Wir kämen weg vom alten Haupt- oder Alleinverdienermodell, das doch so offensichtlich allen missfällt: Vätern, Müttern, Eltern und Kindern. Stattdessen sollten wir solchen »neuen Familien«, die sich Erwerbsarbeit teilen und beruflich kürzertreten, zum Ausgleich und Ansporn ein steuerfreies Grundeinkommen pro Kind bezahlen. Bei 500 Euro kostet das den Staat im ersten Jahr maximal 4,5 Milliarden Euro (minus die Kosten für die »alten« Maßnahmen) – wenn alle Eltern das für jedes der 750 000 Kinder des ersten begünstigten Jahrgangs beantragten. Im zweiten Jahr verdoppelt sich diese Summe – theoretisch, wieder unter der Voraussetzung, dass alle mitmachen. Vielleicht lohnte es sich, im Familienministerium durchzurechnen, welche Kosten bleiben, wenn die neue Familienförderung auf ein nominal gleiches Grundeinkommen pro Kind umgestellt wird.

Wir werden weder zufriedene Männer noch Frauen haben, wenn wir die existierenden familien- und kinderunfreundlichen Strukturen beibehalten: von Überstunden, gar unbezahlten, bis hin zu abendlichen Konferenzen. Die Zahl der Geburten wird sich nicht erhöhen, wenn sich die Förderung der Eltern und Kinder auf 14 Monate Elterngeld und Kindergeld beschränkt. Was Eltern und Kindern fehlt, ist gemeinsame Zeit.

Familienministerin Kristina Schröder (CDU) hatte bereits 2011 die 30-Stunden-Woche vorgeschlagen. Was spricht dagegen, die 40, 50, 60 Stunden Erwerbsarbeitszeit von Eltern auf zwei Köpfe zu verteilen – und die Familienarbeit ebenfalls? Klingt das nicht vernünftig? Mütter könnten sich mehr als bisher der Welt der Erwerbsarbeit zuwenden, Männer sich aus der Vollzeitknechtschaft befreien und Kinder sich darüber freuen, mit täglich präsenten Müttern und Vätern aufzuwachsen. Nicht das entschiedene Mehr für Frauen an Teilhabe in der Arbeitswelt löst das Problem der Doppelbelastung, sondern das Weniger für Männer hier und das Mehr an Teilhabe zu Hause. Nur so entsteht Chancengleichheit, hier wie dort. So ginge Geschlechtergleichheit, so entstünde Fairness, so überwinden wir alte Rollenmuster. Je gleicher Erwerbsarbeit unter Eltern verteilt ist, je gleicher die Einkünfte, desto besser kann die Familienarbeit verteilt werden. So erreichen wir gleiche Wertschätzung, so erreichen wir Gleichstellung, dadurch Gleichberechtigung und damit auch weniger Sexismus.

Wer sagt: »I have a dream« (Ich habe einen Traum), denkt an den Bürgerrechtler Martin Luther King (geboren 1929, erschossen 1968). Vor 250 000 Gegnern der Rassentrennung hielt er am Denkmal für US-Präsident Abraham Lincoln eine begeisternde Rede, mit diesen legendären Worten.

Auch ich habe einen Traum: Vor hundert Jahren, am 30. November 1918, erhielten Frauen in Deutschland das aktive und passive Wahlrecht, verankert in Artikel 109 Absatz 2 der Weimarer Verfassung vom 1. August 1919: »Männer und Frauen haben grundsätzlich die gleichen Rechte und Pflichten.« Nur 18 Jahre zuvor hatte noch niemand geahnt, dass Frauen jemals – zumindest auf dem Papier – den Männern gleichgestellt sein könnten. Im Jahr 1900 nämlich war das Bürgerliche Gesetzbuch (BGB) in Kraft getreten. Dort wurde die Rechtsstellung der Frau im Sinne der patriarchischen Tradition mit seinen Regelungen zu Ehe und Familie zementiert: Der Ehemann hatte das alleinige Entscheidungsrecht in Fragen des Ehe- und Familienlebens.

Und heute? Heute sind diese Traditionen noch immer nicht vollständig überwunden. Nicht nur das: Noch immer gibt es Männer, die sich Frauen überlegen fühlen, für die Frauen mehr schön, mehr geil, mehr dumm, mehr Ding sind – und weniger wert, weniger ernst zu nehmen, weniger selbstverständlich, weniger Mensch. Nicht an allem sind »die Männer« allein schuldig. Dies zu erkennen, müssen wir Frauen auch zulassen.

Jetzt, genau jetzt ist es Zeit, aus dem dunklen und trostlosen Tal der Geschlechterungerechtigkeit und des Sexismus aufzubrechen und den hellen Weg der Gerechtigkeit für Frau und Mann zu beschreiten. Wenn nicht jetzt, dann hätten wir nach #aufschrei mit

#MeToo die nächste große Chance vertan, die Welt zugunsten aller zu verändern. Ob es eine dritte geben wird, weiß niemand.

Heute sage ich allen Menschen, Frauen und Männern: Trotz aller Schwierigkeiten, Streitigkeiten, Ungereimtheiten, Uneinigkeiten, Ungerechtigkeiten, mit denen wir bis heute zu kämpfen haben, habe ich einen Traum. Ich habe einen Traum, dass eines Tages Männer verstehen, dass Frauen wie sie selbst nichts anderes als Menschen sind. Und Frauen erkennen, dass es Ziel sein muss, Mensch zu sein, nicht das andere Geschlecht, das nur mehr Rechte fordert. Du bist Mensch, ich bin Mensch, er ist Mensch, sie ist Mensch. Dann sind wir gleich.

Ich habe den Traum, dass eines Tages der von Martin Luther King wahr wird, dass Menschen sich erheben und es für wahr und selbstverständlich halten, »dass alle Menschen gleich erschaffen sind«.

Ich habe den Traum, dass meine Tochter in einer Welt leben wird, in der sie wegen ihres Geschlechts weder benachteiligt noch bevorzugt wird, sondern ihr Charakter und ihr Können zählen, nicht ihr Körper, nicht ihre Bereitschaft zur Unterwerfung und nicht eine Quote. In dieser Welt sind sich Frauen ihrer Stärken bewusst, die sie davor bewahren, überhaupt erst in eine Opferrolle zu geraten. Das ist meine Hoffnung.

Ich habe den Traum, dass alle Menschen Humanisten werden. Wenn es dazu kommt, dann brauchen wir keine Lobbyisten mehr, keine Sozialisten oder Kommunisten, ja nicht einmal mehr Feministinnen.

ANMERKUNGEN

1 Kathrin Spoerr: »Zana Ramadani: ›Seid wütend auf die muslimischen Frauen‹«, *Welt online,* 14.1.2016. https://www.welt.de/vermischtes/article150989935/Seid-wuetend-auf-die-muslimischen-Frauen.html

2 Georg Mascolo, Konstantin von Hammerstein: »Ich übe noch«, Interview mit Joachim Gauck, *Der Spiegel,* 4.3.2013. http://magazin.spiegel.de/Epub-Delivery/spiegel/pdf/91346549

3 Fabian Reinbold: »#Aufschrei gegen Gauck«, *Spiegel online,* 6.3.2013. http://www.spiegel.de/politik/deutschland/sexismus-debatte-aufschrei-gegen-gauck-a-887170.html

4 Jenavieve Hatch: »Journalist Katy Tur Recounts Moment Trump Came Out Of Nowhere And Kissed Her«, *Huffington Post,* 12.9.2017. https://www.huffingtonpost.com/entry/journalist-katy-tur-recounts-moment-trump-came-out-of-nowhere-and-kissed-her_us_59b80ff4e4b031cc65cd32ec?ncid=inblnkushpmg00000009

5 Susan Brownmiller: »Gegen unseren Willen«, S. 22. Zit. in: Sanyal, Mithu M.: »Vergewealtigung«, Edition Nautilus, Hamburg, 2016, S. 38.

6 Caroline Kitchens: »It's Time to End ›Rape Culture‹ Hysteria«, *Time,* 20.3.2014. http://time.com/30545/its-time-to-end-rape-culture-hysteria/

7 Gina Thomas: »Der witzelnde Professor verliert seinen Posten«, *FAZ,* 17.7.2015.

8 Laurie Penny: »Unsagbare Dinge. Sex, Lügen und Revolution«, Hamburg, 2017, S. 120.

9 Sanyal, a. a. O., S. 10 f.

10 Marc Allroggen, Miriam Rassenhofer, Andreas Witt, Paul L. Plener, Elmar Brähler, Jörg M. Fegert: »Prävalenz sexueller Gewalt. Ergebnisse einer bevölkerungsrepräsentativen Stichprobe«, *Deutsches Ärzteblatt,* März 2015, Seite 130 ff. https://www.aerzteblatt.de/pdf/PP/15/3/s130.pdf?ts=10%2E03%2E2016+16%3A59%3A56

11 Jodi Kantor und Megan Twohey: »Harvey Weinstein Paid Off Sexual Harassment Accusers for Decades«, *The New York Times,* 5.10.2017. https://www.nytimes.com/2017/10/05/us/harvey-weinstein-harassment-allegations.html?_r=0 /

Den ganzen Text des Statements gibt es hier: https://www.nytimes.com/interactive/2017/10/05/us/statement-from-harvey-weinstein.html

12 Ronan Farrow: »From Aggressive Overtures to Sexual Assault: Harvey Weinstein's Accusers Tell Their Stories«, *The New Yorker,* 10.10.2017.

13 »›I had to defend myself‹: the night Harvey Weinstein jumped on me. Léa Seydoux«, *The Guardian*, 11.10.2017. https://www.theguardian.com/commentisfree/2017/oct/11/harvey-weinstein-lea-seydoux

14 https://www.instagram.com/p/BaJiAhyn7Y5/

15 Lisa Respers France: »Cara Delevingne adds her voice to Harvey Weinstein allegations«, CNN, 12.10.2017. http://edition.cnn.com/2017/10/11/entertainment/cara-delevingne-harvey-weinstein/index.html

16 Regina F. Graham: »›I ducked, dived and ultimately got out‹: Actress Claire Forlani details how she ›escaped‹ hotel meetings with Harvey Weinstein, but says sexual misconduct happened with other men throughout her career since age 14«, *Daily Mail*, 12.10.2017. http://www.dailymail.co.uk/news/article-4975356/Claire-Forlani-shares-escaped-Harvey-Weinstein.html

17 Verena Lueken: »Die entblößte Macht«, *FAZ*, 27.12.2017.

18 Andrew R. Chow: »Woody Allen Warns of ›Witch Hunt‹ Over Weinstein, Then Tries to Clarify«, *New York Times*, 15.10.2017. https://www.nytimes.com/2017/10/15/movies/woody-allen-harvey-weinstein-witch-hunt.html

19 Alexander Kohnen: »Die bizarren Familienverhältnisse des Woody Allen«, *Berliner Morgenpost*, 6.2.2014. https://www.morgenpost.de/vermischtes/article124605853/Die-bizarren-Familienverhaeltnisse-des-Woody-Allen.html

20 Dylan Farrow: »Why has the #MeToo revolution spared Woody Allen?« *Los Angeles Times*, 7.12.2017. http://beta.latimes.com/opinion/op-ed/la-oe-farrow-woody-allen-me-too-20171207-story.html

21 Dylan Farrow, a. a. O.

22 Glenn Whipp: »38 women have come forward to accuse director James Toback of sexual harassment«, *Los Angeles Times*, 22.10.2017. http://beta.latimes.com/entertainment/la-et-mn-james-toback-sexual-harassment-allegations-20171018-story.html

23 Anna Graham Hunter: »Dustin Hoffman Sexually Harassed Me When I Was 17«, *Hollywood Reporter*, 1.11.2017.

24 Hunter, a. a. O.

25 »Die Hauptstädte des Sex«, *Der Spiegel*, 2.9.1985.

26 Anna Graham Hunter: »Dustin Hoffman Sexually Harassed Me When I Was 17«, *Hollywood Reporter*, 1.11.2017.

27 Carlos Widmann: »Vorgeführt im Herrenclub«, *Der Spiegel*, 21.10.1991. http://www.spiegel.de/spiegel/print/d-13492051.html /
Detail am Rand: Anita Hill übernahm Ende 2017 den Vorsitz der in Hollywood gegründeten »Anti-Sexual_Harassment Commission«.

28 Volker Schlöndorff: »Dieses gefährliche Gewerbe«, *Die Zeit*, 9.11.2017.

http://www.zeit.de/2017/46/filmindustrie-sexuelle-belaestigung-dustin-hoffman-volker-schloendorff/komplettansicht

29 Daniel Holloway: »Dustin Hoffman Accused of Exposing Himself to a Minor, Assaulting Two Women«, *Variety*, 14.12.2017. http://variety.com/2017/biz/news/dustin-hoffman-2-1202641525/

30 Shermin Langhoff: »Frauen sind nicht sicher«, *Der Tagesspiegel*, 25.10.2017.

31 Lupita Nyong'o: »Speaking Out About Harvey Weinstein«, *New York Times*, 19.10.2017. https://www.nytimes.com/2017/10/19/opinion/lupita-nyongo-harvey-weinstein.html

32 Friederike Freiburg und Daryl Lindsey: »Bushs Grabsch-Gate«, *Spiegel online*, 27.7.2006. http://www.spiegel.de/panorama/massierte-kanzlerin-bushs-grabsch-gate-a-428806.html

33 Jochen-Martin Gutsch: »Männer«, *Der Spiegel*, 28.10.2017.

34 Interdisziplinäres Zentrum für Frauen-und Geschlechterforschung der Universität Bielefeld (im Auftrag des Bundesministeriums für Familie, Senioren, Frauen und Jugend): »Sicherheit und Gesundheit von Frauen in Deutschland. Eine repräsentative Untersuchung zu Gewalt gegen Frauen in Deutschland«, 2004. https://www.bmfsfj.de/blob/84316/10574a0dff-2039e15a9d3dd6f9eb2dff/kurzfassung-gewalt-frauen-data.pdf

35 »Aktiv gegen digitale Gewalt: bff startet neues Projekt«, bff 7.3.2017. https://www.frauen-gegen-gewalt.de/pm/bff-pressemitteilung-07-03-2017-aktiv-gegen-digitale-gewalt-bff-startet-neues-projekt.html

36 Thomas Fischer: »Im Medienrausch der Sexismus-Debatte«, *Zeit online*, 5.12.2017. http://www.zeit.de/gesellschaft/zeitgeschehen/2017-12/sexualstrafrecht-sexismus-debatte-zahlen

37 Fischer, a. a. O.

38 Alle Beispiele aus: Samantha Schmidt: »#MeToo: Harvey Weinstein case moves thousands to tell their own stories of abuse, break silence«, *Washington Post*, 16.10.2017.

39 Kate Maltby: »Damian Green probably has no idea how awkward I felt«, *The Times*, 1.11.2017. https://www.thetimes.co.uk/article/kate-maltby-damian-green-you-probably-have-no-idea-how-awkward-i-felt-j2kk88frj / »Mays Stellvertreter stolpert über Pornoskandal«, T-online, 21.12.2017.

40 Harry Cole, Matt Dathan and Tom Newton Dunn: »Fallon admits touch«, *The Sun*, 30.10.2017. https://www.thesun.co.uk/news/4804165/michael-fallon-julia-hartely-brewer-westminster-sexual-allegations/

41 Jane Merrick: »I won't keep my silence: Michael Fallon lunged at me after our lunch«, *The Guardian*, 4.11.2017. https://www.theguardian.com/politics/commentisfree/2017/nov/04/michael-fallon-lunged-at-me-jane-merrick

42 Melissa Kite: »Knee-touching MPs? I took advantage of men to get ahead at Westminster«, *Daily Mail*, 14.11.2017.

43 Margarete Stokowski: »Weg mit den Pimmelwitzen«, *Spiegel online*, 9.1.2017.

44 In einem Video auf Docupy, *WDR*: https://www.facebook.com/docupy/videos/559761274367613/

45 https://www.facebook.com/docupy/videos/559761274367613/

46 https://www.youtube.com/watch?v=b1XGPvbWn0A

47 https://www.youtube.com/watch?v=wyrpN0uIaaE

48 https://www.youtube.com/watch?v=35KqGNa1FGA

49 https://www.youtube.com/watch?v=P78EM5tpR9o

50 Claire Berlinski: »The Warlock Hunt«, *The American Interest*, 6.12.2017. https://www.the-american-interest.com/2017/12/06/the-warlock-hunt/

51 Im Original unter: Soo Youn: »Natalie Portman on Hollywood's Sexual-Harassment Problem: ›I Have 100 Stories‹«, *Vulture*, 20.11.2017. http://www.vulture.com/2017/11/natalie-portman-on-hollywoods-sexual-harassment-problem.html

52 »Nous défendons une liberté d'importuner, indispensable à la liberté sexuelle«, *Le Monde*, 9.1.2018. http://www.lemonde.fr/idees/article/2018/01/09/nous-defendons-une-liberte-d-importuner-indispensable-a-la-liberte-sexuelle_5239134_3232.html

53 https://twitter.com/kevinspacey?lang=de

54 Thea Dorn zur Sexismus-Debatte: »Das ist ein neuer Totalitarismus«, *Deutschlandfunk Kultur*, 10.11.2017, Moderation: Stephan Karkowsky. http://www.deutschlandfunkkultur.de/thea-dorn-zur-sexismus-debatte-das-ist-ein-neuer.1008.de.html?dram%3Aarticle_id=400306

55 Thea Dorn, ebd.

56 Catherine Hakim: »Erotisches Kapital. Das Geheimnis erfolgreicher Menschen«, 2011.

57 Emma Duncan: »Why, aged 19, I didn't rebuff a sleazy boss«, *The Times*, 13.1.2017. https://www.thetimes.co.uk/edition/comment/why-aged-19-i-didn-t-rebuff-a-sleazy-boss-02kqvspkg

58 Volker Schlöndorff: »Dieses gefährliche Gewerbe«, *Zeit online*, 8.11.2017. http://www.zeit.de/2017/46/filmindustrie-sexuelle-belaestigung-dustin-hoffman-volker-schloendorff

59 »Madonna hält Rede auf Anti-Trump-Demo«, *Berliner Zeitung online*, 21.1.2017. https://www.berliner-zeitung.de/politik/ueberraschungsauftritt-madonna-haelt-rede-auf-anti-trump-demo-25590244

60 Alfons Kaiser: »›Er war ein Triebtäter‹«, *FAZ*, 15.1.2018. Im Internet unter

dem Titel »Testino war ein Triebtäter«: http://www.faz.net/aktuell/stil/
mode-design/belaestigungsvorwuerfe-gegen-testino-und-weber-15398390.
html

61 So der Titel eines Buchs von Birgit Kelle.

62 Sanyal, a. a. O., S. 88.

63 Melissa Batchelor Warnke: »Survivors of sexual violence don't owe anyone
our stories. Here's why I'm telling mine. #MeToo«, *Los Angeles Times*,
16.10.2017.   http://beta.latimes.com/opinion/opinion-la/la-oe-warnke-
metoo-sexual-violence-20171016-story.html

64 »Alltäglicher Sexismus. ›Dumme Sprüche sind Teil einer Vergewaltigungskultur‹«, Stefanie Lohaus im Gespräch mit Kathrin Hondl, *Deutschlandfunk*,
22.10.2017. http://www.deutschlandfunk.de/alltaeglicher-sexismus-dumme-
sprueche-sind-teil-einer.694.de.html?dram:article_id=398804

65 Ryan Parry: »Marvel creator Stan Lee, 95, is accused of groping nurses and
demanding oral sex in the shower at his $20m Los Angeles home – but says
he is victim of a ›shake down‹«, *Mail Online*, 9.1.2018.
Alison Flood: »Stan Lee: Marvel creator denies sexual harassment of care
nurses«, *The Guardian Online*, 10.1.2018. https://www.theguardian.com/
books/2018/jan/10/marvel-creator-stan-lee-denies-sexual-harassment-
care-nurses

66 »Louis C.K. Responds to Accusations: ›These Stories Are True‹«, *New York
Times*, 10.11.2017. https://www.nytimes.com/2017/11/10/arts/television/
louis-ck-statement.html

67 Chris Gardner: »Andy Dick Fired From Movie Over Sexual Harassment
Claims«, *Hollywood Reporter*, 31.10.2017. https://www.hollywoodreporter.
com/rambling-reporter/andy-dick-fired-movie-sexual-harassment-
claims-1053162

68 Paul Farhi: »Michael Oreskes, top NPR newsroom official, resigns amid
harassment allegations«. *The Washington Post*, 1.11.2017. https://www.
washingtonpost.com/lifestyle/style/top-newsroom-official-at-npr-resigns-
amid-harassment-allegations/2017/11/01/d26d682c-bf1e-11e7-8444-a0d-
4f04b89eb_story.html?utm_term=.3aa73fdaf545 sowie Farhi: »NPR's top
editor placed on leave after accusations of sexual harassment«, ebd.,
31.10.2017.

69 Debra Birnbaum: »Loud House' Showrunner Chris Savino Fired From
Nickelodeon for Sexual Harassment Allegations«, *Variety*, 19.10.2017.
http://variety.com/2017/tv/news/loud-house-showrunner-chris-savino-
fired-nickelodeon-sexual-harassment-charges-1202594788/ sowie »Fired
Nick Showrunner Chris Savino Responds to Sexual Harassment Allega-

tions: ›I Am Deeply Sorry‹«, ebd. 23.10.2017. http://variety.com/2017/tv/news/loud-house-showrunner-chris-savino-sexual-harassment-allegations-1202596465/

70 Farhi, Paul; »Michael Oreskes, top NPR newsroom official, resigns amid harassment allegations«. *The Washington Post,* 1.11.2017. https://www.washingtonpost.com/lifestyle/style/top-newsroom-official-at-npr-resigns-amid-harassment-allegations/2017/11/01/d26d682c-bf1e-11e7-8444-a0d-4f04b89eb_story.html?utm_term=.3aa73fdaf545

71 Die Schauspielerin Rose McGovan hatte getweetet: »@jeffbezos I told the chef of your studio that HW raped me. Over & over I said it. He said it hadn't be proven. I said I was the proof.« https://twitter.com/rosemcgowan/status/918567880865628161?lang=de

72 Thomas Fischer, a. a. O.

73 Gisela Friedrichsen: »Der völlig unnötige Prozess«, *Der Spiegel,* 8.9.2005.

74 Sanyal, a. a. O., S. 66.

75 Sabine Rückert: »Lügen, die man gerne glaubt«, *Die Zeit,* 7.11.2011. http://www.zeit.de/2011/28/DOS-Justiz/komplettansicht

76 Julia Jüttner: »Keine Wiedergutmachung möglich«, *Spiegel online,* 13.9.2013. http://www.spiegel.de/panorama/justiz/fall-horst-arnold-heidi-k-wegen-freiheitsberaubung-verurteilt-a-922097.html

77 Ian Gallagher: »The nightmare will stay with me forever: Teacher at a £33,000-a-year school who was falsely accused of rape by a student is now unemployed and living off benefits despite being cleared by a jury in just 15 minutes«, *Mail on Sunday,* 16.4.2017. http://www.dailymail.co.uk/news/article-4415196/Nightmare-two-years-teacher-falsely-accused-rape.html

78 »Victory for Due Process: Student Punished for Alleged Sexual Assault Cleared by University of North Dakota; Accuser Still Wanted for Lying to Police«, *Fire,* 18.10.2010. https://www.thefire.org/victory-for-due-process-student-punished-for-alleged-sexual-assault-cleared-by-university-of-north-dakota-accuser-still-wanted-for-lying-to-police-2/ »Wrongly Accused UND Student Will Not Return To UND«, 25.10.2011. http://www.wdaz.com/sports/2618194-wrongly-accused-und-student-will-not-return-und

79 Ann-Kathrin Gerstlauer: »Wann das ›Ja‹ ein ›Ja‹ ist«, *Zeit online,* 17.11.2014. http://www.zeit.de/studium/uni-leben/2014-09/sexueller-missbrauch-kalifornien

80 Jerry Saltz: »Die 19 besten Ausstellungen des Jahres«, *Monopol,* 25.12.2014. http://archiv.monopol-magazin.de/blogs/der-kritiker-jerry-saltz-blog/2013465/Die-19-besten-Ausstellungen-des-Jahres.html

81 Rudy Novotny: »Keine Vergewaltigung auf der Matratze«, *Zeit Campus,* 19.7.2017. http://www.zeit.de/2017/30/columbia-university-new-york-vergewaltigung-deutscher-student
Über Falschbeschuldigung war im Januar 2018 auch in England zu lesen, und zwar die Fälle Oliver Maers und Liam Allan: https://www.thetimes.co.uk/edition/news/two-year-rape-case-against-student-oliver-mears-dropped-by-cps-x7wr6cb9c und http://www.bbc.com/news/uk-england-london-42399802

82 Martin Niewendick: »Sexismus-Vorfall: DIG wirft Chebli Ungereimtheiten vor«, *Berliner Morgenpost,* 16.10.2017. https://www.morgenpost.de/berlin/article212256247/Sexismus-Vorfall-DIG-wirft-Chebli-Ungereimtheiten-vor.html

83 Laura Himmelreich: »Der Herrenwitz«, *Stern,* 24.1.2013. https://www.stern.de/politik/deutschland/stern-portraet-ueber-rainer-bruederle-der-herrenwitz-3116542.html

84 https://www.vice.com/de.

85 Kester Schlenz: »Die Erkenntnis von #aufschrei: ›Sexismus existiert‹«, *Stern online,* 25.9.2014. https://www.stern.de/familie/leben/anne-wizorek-im-stern-die-erkenntnis-aus--aufschrei---sexismus-existiert--3839102.html

86 So nannte es Angela McRobbie im Interview mit der *taz:* »›Es gibt neue Allianzen‹«, *taz,* 16.5.2013. http://www.taz.de/!116325/

87 Jenna Behrends: »Warum ich nicht mehr über den Sexismus in meiner Partei schweigen will«, https://editionf.com/sexismus-parteien-jenna-behrends

88 Kathrin Spoerr: »Diese Frau hat schnell gelernt, wie Politik funktioniert«, *Die Welt,* 25.9.2016. https://www.welt.de/politik/deutschland/article158356714/Diese-Frau-hat-schnell-gelernt-wie-Politik-funktioniert.html

89 »Ich wurde vor manchen Abgeordneten gewarnt«, *Emma,* 30.9.2017.

90 Christian Langbehn: »Verona Pooth nimmt Kameramann in Schutz«, *Bild,* 13.11.2017. http://www.bild.de/unterhaltung/leute/ard/entschuldigung-bei-verona-pooth-fuer-kamera-schwenk-53844584.bild.html

91 Mithu Sanyal: »Warum Gina-Lisa Lohfink unsere Heldin ist«, *Missy Magazine,* 14.6.2016. https://missy-magazine.de/blog/2016/06/14/warum-gina-lisa-lohfink-unsere-heldin-ist/

92 Ansgar Siemens: »Muss ich erst umgebracht werden?«, *Spiegel online,* 11.6.2016. http://www.spiegel.de/panorama/justiz/fall-gina-lisa-lohfink-muss-ich-erst-umgebracht-werden-a-1097049.html

93 »Freispruch für Andreas Türck«, *Der Tagesspiegel,* 8.9.2005. http://www.tagesspiegel.de/weltspiegel/vergewaltigungsprozess-freispruch-fuer-andreas-tuerck/640504.html

94 »Schweden treibt die sexuelle Korrektheit auf die Spitze«, *Welt online*, 20.12.2017. https://www.welt.de/vermischtes/article171720005/Schweden-Einverstaendnisgesetz-fordert-Frage-um-Erlaubnis-zu-Sexualkontakt.html?wtrid=socialmedia.sociaflow.n24...facebook

95 Staffan Heimerson: »Metoo en häxjakt med drag av Stalins utrensningar«, *Aftonbladet*, 27.11.2017. https://web.archive.org/web/20171127101228/ https://www.aftonbladet.se/nyheter/kolumnister/a/Eo43MA/metoo-en-haxjakt- med-drag-av-stalins-utrensningar

96 Carolin Würfel: »Sexismus in der Kulturszene: Wir wissen es«, *Zeit online*, 16.11.2017. http://www.zeit.de/kultur/2017-11/sexismus-kulturszene-berlin-schweigen-brief

97 »Im Zwielicht«, *Zeitmagazin*, 3.1.2018. http://www.zeit.de/zeit-magazin/ 2018/02/dieter-wedel-regisseur-sexuelle-uebergriffe-vorwuerfe

98 »Vor Dieter Wedels Garderobe standen die Frauen Schlange«, *Bild*, 4.1.2018. http://www.bild.de/bild-plus/unterhaltung/leute/dieter-wedel/ sonja-kirchberger-ueber-ihre-arbeit-mit-dem-regisseur-54380010, view=conversionToLogin.bild.html

99 Philipp Crone: »»Racheakte 20 Jahre später finde ich grenzwertig‹«, *Süddeutsche Zeitung*. http://www.sueddeutsche.de/muenchen/jutta-speidel-im-interview-racheakte-jahre-spaeter-finde-ich-grenzwertig-1.3814323?reduced =true

100 Gisela Friedrichsen: »Mediale Hinrichtung per #MeToo – Schluss damit!«, *Die Welt*, 4.1.2018. https://www.welt.de/vermischtes/article172184533/Nun-auch-Dieter-Wedel-Mediale-Hinrichtung-per-MeToo-Schluss-damit.html

101 Stefanie Lohaus und Anne Wizorek: »Die Rape Culture wurde nicht nach Deutschland importiert – sie war schon immer da«, *Vice*, 6.1.2016.

102 http://ausnahmslos.org/

103 http://ausnahmslos.org/

104 »Biodeutsch« meint deutsche Menschen ohne Migrationshintergrund, der Begriff steht für die autochtone Bevölkerung.

105 Zana Ramadani: »Die verschleierte Gefahr. Die Macht der muslimischen Mütter und der Toleranzwahn der Deutschen«, Europa Verlag, 2016.

106 Ausführlicher in: Ramadani, a. a. O.

107 Dietrich Oberwittler und Julia Kasselt: »Ehrenmorde in Deutschland. Eine Untersuchung auf der Basis von Prozessakten«, Köln 2011. Der Anteil männlicher Opfer liegt bei 43 Prozent. Häufig werden zusammen mit den weiblichen Opfern auch deren unerwünschte Partner angegriffen, in einigen Fällen auch nur diese. Zusammenfassung der Ergebnisse: https://www.mpicc.de/files/pdf1/honourkillings_summary_deutsch.pdf

108 So auch bei Abû Hamid Muhammad Al-Ghazali: Das Buch der Ehe, Hildesheim 2000, S. 168.

109 Ausführlicher in: Ramadani, a. a. O.

110 Jean Hatchet: »Alle Terroristen sind Männer – und das ist nicht das Einzige, was sie gemeinsam haben«, *Huffington Post*, 30.8.2017. http://www.huffingtonpost.de/jean-hatchet/terroristen-maenner-missbrauch_b_17867010.html

111 Ramadani, a. a. O.

112 Katherine Lindemann: »Female terrorists – a surprisingly timeless phenomenon«, *ResearchGate*, 21.12.2015. https://www.researchgate.net/blog/post/female-terrorists-a-surprisingly-timeless-phenomenon. Übersetzung auf *Welt online*: »Was Frauen zu Selbstmordattentaten antreibt«. https://www.welt.de/politik/ausland/article150212034/Was-Frauen-zu-Selbstmordatten taten-antreibt.html

113 Siehe: Masoud Aqil: »Mitten unter uns. Wie ich der Folter des IS entkam und er mich in Deutschland einholte«, Europa Verlag, München, 2017, S. 168 ff.

114 Alice Schwarzer: »Liebling Macron«, *Emma*, Mai/Juni 2017.

115 Martina Meister: »Brigitte Emmanuel. Ein Liebespaar im Élysée«, *Emma*, Jan./Feb. 2018.

116 Martina Meister, ebd.

117 http://www.lancaster.ac.uk/law/news-and-events/news/2017/dr-siobhan-weares-research-on-male-victims-of-sexual-violence---press-coverage/ Zusammenfassung der Ergebnisse: http://eprints.lancs.ac.uk/87216/4/Forced_to_Penetrate_Cases_Lived_Experiences_of_Men_Project_Report.pdf

118 »17-Jährige vergewaltigt 19-Jährigen. Wie kann eine Frau einen Mann überhaupt zum Sex zwingen?« *Bild online*, 19.1.2017.

119 B. Schilz: »Vierfach-Mutter (32) verführte Nachbarsjungen (13)«, *Bild online*, 15.12.2017. http://www.bild.de/regional/dresden/kindesmissbrauch/vierfach-mutter-verfuehrte-nachbarsjungen-54195644.bild.html

120 Angelika Treibel et al.: »Alltagsvorstellungen über Gewaltopfer in Abhängigkeit von Delikt und Geschlecht – eine internetbasierte Studie«, Monatsschrift für Kriminologie und Strafrechtsreform, 6/2008.

121 Kommentar zum Beitrag von Bernd Kramer und Wlada Kolosowa: »Na, Süßer?«, *Zeit online*, 9.10.2017. http://www.zeit.de/arbeit/2017-10/sexuelle-belaestigung-mann-arbeit#comments

122 Marc Allroggen, Miriam Rassenhofer, Andreas Witt, Paul L. Plener, Elmar Brähler, Jörg M. Fegert: »Prävalenz sexueller Gewalt. Ergebnisse einer be-

völkerungsrepräsentativen Stichprobe«, *Deutsches Ärzteblatt,* März 2015, Seite 130 ff. https://www.aerzteblatt.de/pdf/PP/15/3/s130.pdf?ts=10%2E0 3%2E2016+16%3A59%3A56

123 Antidiskriminierungsstelle des Bundes: Factsheet zur Pressekonferenz zum Start des Themenjahres, 3.3.2015. http://www.antidiskriminierungsstelle.de/SharedDocs/Downloads/DE/publikationen/Umfragen/Handout_Umfrage_sex_Belaestigung_am_ArbPlatz_Beschaeftigte.pdf?__ blob=publicationFile&v=3

124 Die Zahl addiert »Vergewaltigung und sexuelle Nötigung §§ 177 Abs. 2, 3 und 4, 178«, »Vergewaltigung überfallartig (Einzeltäter) § 177 Abs. 2 Nr. 1, Abs. 3 und 4 StGB«, »Vergewaltigung überfallartig (durch Gruppen) § 177 Abs. 2 Nr. 2 StGB« und »Vergewaltigung durch Gruppen § 177 Abs. 2 Nr. 2 StGB«. https://www.bka.de/DE/AktuelleInformationen/StatistikenLagebilder/PolizeilicheKriminalstatistik/PKS2016/Standardtabellen/standardtabellenOpfer.html?nn=65720

125 Sanyal, a. a. O., S. 18.

126 »Zu selten geweint«, *Spiegel*-Gespräch mit Alice Schwarzer, 22.8.2016.

127 Gul Rouhani: »Ich bin muslimisch und habe sehr viel Sex. Problem damit?«, *bento,* 19.5.2016. http://www.bento.de/gefuehle/muslimisch-und-liebe-warum-der-islam-und-sex-zusammen-558041/

128 https://www.dm.de/make-up/beauty-magazin/blogger-beauty-favoriten/04-marvyn-macnificent-hybris/ https://www.dm.de/bh-cosmetics-marvycorn-by-marvyn-macnificent-13-color-shadow-und-highlighter-palette-p849953009384.html

129 Tessa Stuart: »A Timeline of Donald Trump's Creepiness While He Owned Miss Universe«, *Rolling Stone,* 12.10.2017. http://www.rollingstone.com/politics/features/timeline-of-trumps-creepiness-while-he-owned-miss-universe-w444634

130 Barbara Kuchler: »#OhneMich«, *Zeit online,* 12.11.2017. http://www.zeit.de/kultur/2017-11/sexismus-metoo-sexuelle-uebergriffe-aussehen

131 Barbara Kuchler, ebda.

132 Claire Cain Miller: »It's Not Just Mike Pence. Americans Are Wary of Being Alone With the Opposite Sex«, *New York Times,* 1.7.2017. https://www.nytimes.com/2017/07/01/upshot/members-of-the-opposite-sex-at-work-gender-study.html

133 Alanna Vagianos: »Good2Go Is An App For Consenting To Sex«, *Huffington Post,* 6.12.2017. https://www.huffingtonpost.com/2014/09/30/consensual-sex-app-good2go_n_5903036.html

134 Kathrin Spoerr: »Wir wollen doch alle nur spielen«, *Die Welt,* 23.10.2017.

https://www.welt.de/debatte/kommentare/article169911081/Wir-wollen-doch-alle-nur-spielen.html

135 https://www.facebook.com/jennifer.weist.official/posts/1435486346480807

136 So zum Beispiel in der *Süddeutschen Zeitung*: »Islands Frauen als Vorreiter«, 25.10.2013. http://www.sueddeutsche.de/panorama/gleichstellungsbericht-des-weltwirtschaftsforums-islands-frauen-als-vorbilder- 1.1803763

137 »Studie: Gleichberechtigung dauert 170 Jahre«, *ntv*, 25.10.2016. https://www.n-tv.de/politik/Studie-Gleichberechtigung-dauert-170-Jahre-article18940801.html

138 World Economic Forum: »The Global Gender Gap Index 2016. http://www3.weforum.org/docs/GGGR16/WEF_GGGR16_Full_Report.pdf. Beim Score »politische Ermächtigung« landete Deutschland auf Rang 10 (mit 0.428 Scorepunkten; erster Rang: Island mit 0,719).

139 Abschnitt: »Égalité entre les femmes et les hommes. La loi a changé, maintenant la vie doit changer«, https://en-marche.fr/emmanuel-macron/le-programme/%C3%A9galit%C3%A9-hommes-et-femmes. »Il est régulièrement rappelé que les inégalités entre femmes et hommes sont régies par la »règle des 20%« (environ 20% de tâches ménagères accomplies par les hommes, 20% d'écart de salaires, 20% de femmes parlementaires) et mises en évidence par des chiffres accablants : seulement 14% de femmes maires, à peine plus de 20% de femmes parlementaires, 1 femme tuée tous les 3 jours sous les coups de son conjoint, 2 femmes sur 10 violées au cours de leur vie, 90% des femmes victimes de harcèlement dans les transports …«

140 »Sollen wir dem Sozialismus noch eine Chance geben? Und was ist eigentlich eine ›reale Utopie‹? Ein Interview mit dem Soziologen Erik Olin Wright über Schwächen und Stärken des Kapitalismus, das gute Leben für alle und die Frage, ob das bedingungslose Grundeinkommen endlich kommen sollte«, *Frankfurter Allgemeine Sonntagszeitung*, 23.7.2017.

141 http://www.equalpayday.de/startseite/

142 Constanze von Bullion: »Das arme Geschlecht«, *Süddeutsche Zeitung*, 2.1.2015. http://www.sueddeutsche.de/karriere/ungerechte-gehaelter-fuer-frauen-das-arme-geschlecht-1.2288075

143 Hans-Peter Klös: »Lohnungleichheit – Fakten, Daten, Analysen«, 26. Wissenschaftliches Kolloquium gemeinsam mit der Deutschen Statistischen Gesellschaft am 23. und 24. November 2017 in Wiesbaden, https://www.destatis.de/DE/Methoden/Kolloquien/2017/06_Kloes.pdf?__blob=publicationFile

144 »Drei Viertel des Gender Pay Gap lassen sich mit Strukturunterschieden

erklären«, 14.3.2017. https://www.destatis.de/DE/PresseService/Presse/
Pressemitteilungen/2017/03/PD17_094_621.html

145 https://twitter.com/chsommers/status/664172152992722944?lang=de

146 Constanze von Bullion: »Frauen für blöd verkauft«, *Süddeutsche Zeitung*, 3.11.2015.

147 Anna Dreher: »›Profi-Männerfußball ist ein anderer Planet‹«, *Süddeutsche Zeitung*, 21.7.2017.

148 »Weibliche Vorstände verdienen erstmals mehr als Männer«, *manager magazin*, 29.9.2017. http://www.manager-magazin.de/koepfe/gehalt-frauen-in-dax-vorstaenden-verdienen-mehr-als-maenner-a-1170676.html. »Frauen verdienen mehr als Männer!«, *Orange by Handelsblatt*, 2.6.2017. https://orange.handelsblatt.com/artikel/28173

149 Susanne Amann: »Frauen und Karriere: ›Ich verzweifle nicht.‹ – ›Ich schon!‹, *Der Spiegel*, 16.10.2017. http://www.spiegel.de/spiegel/karriere-als-frau-siemens-personalchefin-und-telekom-vorstand-im-interview-a-1172910.html

150 Elke Holst und Martin Friedrich: »Führungskräfte-Monitor 2017«, *Deutsches Institut für Wirtschaftsforschung*, 2017. https://www.diw.de/documents/publikationen/73/diw_01.c.561925.de/diwkompakt_2017-121.pdf

151 Andrea Dernbach: »Im neuen Bundestag mehr als doppelt so viele Männer wie Frauen«, *Der Tagesspiegel*, 26.9.2017. http://www.tagesspiegel.de/politik/wahl-und-geschlecht-im-neuen-bundestag-mehr-als-doppelt-so-viele-maenner-wie-frauen/20375912.html

152 Oskar Niedermayer: »Parteimitglieder in Deutschland: Version 2017 NEU«, Freie Universität Berlin, 2017.

153 Louise Otto-Peters: »Das Recht der Frauen auf Erwerb«, Leipzig, 1997, S. 99. Zit. in: Mechthilde Vahsen: »Louise Otto-Peters«, Bundeszentrale für politische Bildung, 13.1.2009. https://www.bpb.de/gesellschaft/gender/frauenbewegung/35309/louise-otto-peters?p=1

154 Barbara Ehrenreich: »Die Herzen der Männer. Auf der Suche nach einer neuen Rolle«, Reinbek 1984. Zit. in: Peter Köpf/Alexander Provelegios: »Der Winterschlaf der Männer ist vorbei. Für eine neue Allianz von Adam und Eva«, Stuttgart 2000, S. 54 f.

155 Statistisches Bundesamt: »Normalarbeitsverhältnisse nehmen an Bedeutung zu«, Pressemitteilung vom 21.8.2015. https://www.destatis.de/DE/PresseService/Presse/Pressemitteilungen/2015/08/PD15_301_132.html

156 Statistisches Bundesamt: »Internationaler Frauentag: Mütter sind immer häufiger erwerbstätig«, 4.3.2015. https://www.destatis.de/DE/ZahlenFakten/ImFokus/Bevoelkerung/ErwerbstaetigkeitFrauenMuetter.html

157 Statistisches Bundesamt: »Erwerbstätigkeit: Mütter arbeiten seltener, Väter häufiger als Kinderlose«, 12.5.2014. https://www.destatis.de/DE/Zahlen-Fakten/ImFokus/Arbeitsmarkt/VereinbarkeitVonFamilieUndBeruf.html

158 Gretchen Carlson: »Be Fierce: Stop Harassment and Take Your Power Back«, Oktober 2017. Laura Kipnis: »Kick Against the Pricks«, *New York Review of Books*, Dezember 2017. http://www.nybooks.com/articles/2017/12/21/kick-against-the-pricks/

159 http://junksmash.com/blog/2017/10/19/we-must-stop-praising-men-for-their-metoo-reactions. Im Original: »Women we must stop praising men for emotive declarations of good Intentions for their #MeToo reactions.«

160 Kathrin Spoerr: »Ohne Mut wird #Metoo zu Mimimi«, *Die Welt*, 8.11.2017.

161 OECD: »Dare to share – Deutschlands Weg zur Partnerschaftlichkeit in Familie und Beruf«, 20.2.2017.